中国国际贸易学会"十二五"规划教材
全国高等院校服务外包专业统编教材

BPO 基础知识

主　编　严世清　焦　杨

组　编　中国外包世界(香港)有限公司

中国商务出版社

图书在版编目（CIP）数据

BPO基础知识/严世清，焦杨主编·—北京：中国商务出版社，2012.6

中国国际贸易学会"十二五"规划教材·全国高等院校服务外包专业统编教材

ISBN 978 - 7 - 5103 - 0736 - 2

Ⅰ.①B… Ⅱ.①严…②焦… Ⅲ.①服务业—对外承包—高等学校—教材 Ⅳ.①F719

中国版本图书馆 CIP 数据核字（2012）第 135786 号

中国国际贸易学会"十二五"规划教材
全国高等院校服务外包专业统编教材

BPO 基础知识
BPO JICHU ZHISHI

主编　严世清　焦　杨
组编　中国外包世界（香港）有限公司

出　版：中国商务出版社
发　行：北京中商图出版物发行有限责任公司
社　址：北京市东城区安定门外大街东后巷 28 号
邮　编：100710
电　话：010—64269744　64218072（编辑一室）
　　　　010—64266119（发行部）
　　　　010—64263201（零售、邮购）
网　址：www.cctpress.com
邮　箱：cctp@cctpress.com
照　排：中国农业出版社印刷厂
印　刷：北京市松源印刷有限公司
开　本：787 毫米×980 毫米　1/16
印　张：15　　字　数：273 千字
版　次：2012 年 7 月第 1 版　　2012 年 7 月第 1 次印刷

书　号：ISBN 978 - 7 - 5103 - 0736 - 2
定　价：28.00 元

编　委　会

BPO 基础知识

主　编：严世清　焦　杨

组　编：中国外包世界（香港）有限公司

前　言

本书是继《服务外包概论》、《ITO接包实务》之后又一本介绍外包的书。"外包"尽管在欧美是一个很热门的流行词语，但是在中国的公司词汇中，它相对来说还是一个最近才出现的词，这一术语很有可能从现在开始在商业词典中占据永久的位置。

外包并不完全是一个新概念，早在20世纪60年代中期，计算机的应用外包服务就为金融和营运领域提供了支持。到了20世纪80年代，外包的范围变得更广。随着金融危机的不断产生，世界经济格局的变化、以中国为代表的东方国家的崛起，越来越多的欧美公司迫于商业竞争的加剧不得不重新调整它们的组织机构、减少雇员人数，并且开始以非常缜密的方式来考虑公司的战略优势、定价方案以及成本问题。与此同时，新的通信技术在全球的应用出现了"虚拟"组织，这使处于不同地方的多方位参与者都能够分享信息。在这种环境里，公司开始将外包视为逻辑上能替代现有工作结构的一种商业解决方案。

现在外包行业的发展路线主要起源于信息系统，在这个领域取得的成功将外包引入了制造业、服务业、物流业、人力资源（HR），最终涉及到培训和教育领域。

外包是一条始终贯穿着人类商业和产业历史的线。今天，在发达经济体中，外包已成为很重要的趋势。美国外包专业者协会（IAOP）主席Michael Corbett表示，外包被视为一种重要的管理工具，超过90%的组织都在使用这一工具。这一趋势不仅在大公司中普遍存在，而且在小公司中也很流行。当我们展望未来时，对于外包的需求会变得更加强烈。

国际上的一般定义是：外包是授权一家合作伙伴管理自己的部

分业务或者服务。通俗地说就是"做你认为最好的，而把其他非核心的业务及服务交给更专业的公司去做"，也就是说把自己做不了或者做不好或者别人做得更好、做得更便宜的事交由别人做。由此可见，外包是指企业将生产或者经营过程中的某一个或几个环节交给其他专门公司完成。在外包的广泛定义里，存在着集中不同的业务模式，本书专门介绍其中一个重要的模式：业务流程外包（Business Process Outsourcing，BPO）。BPO 是指企业检查业务流程以及相应的职能部门，将这些流程或职能外包给供应商，并由供应商对这些流程进行重组。

中国也早在 20 世纪 90 年代就开始了 BPO 业务，近两年国内用户的 BPO 需求日益增长，打算外包的业务活动范围也逐步拓展。BPO 已不再是一个功能问题，它已成为受到广泛讨论的战略问题。正如许多商业工具一样，在刚开始时外包受到了很大的欢迎，被认为是能解决所有主要问题的方案。在 20 世纪 90 年代早期，首次发表了一些比较重要的以外包为主题的文章和实例，外包的潜在好处看上去似乎是无穷无尽的。汇丰银行以及 Kodak 公司的成功为扩大外包的应用领域提供了有力的支持。种种迹象表明，外包正成为一种不断增强的商业趋势。在认识到外包市场的扩张之后，许多供应商重新调整了其服务类型，开始提供"外包"服务。与此同时，一些咨询公司也进入到这个领域，利用它们拥有的各种各样的系统与工具来为大企业提供外包咨询。

事实上随着市场竞争的加剧，专注于自己的核心业务成为了企业最重要的生存法则之一。将企业的核心资源集中到企业的核心业务上，剥离分散企业核心业务能力的干扰要素，是形成企业核心竞争力的工作重心之一。美国著名的管理学者德鲁特曾预言："在 10 年至 15 年之内，任何企业中仅做后台支持而不创造营业额的工作都应该外包出去。"

在过去的 40 年里，企业 IT 部门的主要任务是实现"四面墙壁"内的运营单元的自动化，提高它们的效率。但现在全球性的激烈竞争迫使企业专注于自己的核心业务，迫使企业寻找降低成本的途径，这一需求更积极地促使 BPO 在国内的发展与传播。

人们现在对外包的观点已变得更加明智、更加平衡，这不仅来自于牢固的经验基础，而且来自于独立性的研究。各类型的研究报告都认同了外包能带来的主要好处：战略重点、可获得专门的知识或技术、更大的客户需求、更快的发展以及下降或相对稳定的成本。报告中还指出，想成功地实施外包并获得成功，需要做到如下几项工作：谨慎的规划、强有力且有效的管理以及供应商的水平。同时，还会涉及到一些风险：对控制问题的担忧、由变化引起的一些困难、放弃一项重要的工作引起的失落感、不受公司管理的供应商、过高的成本以及对专门的知识或技术的缺乏。同样，当问题出现时，它们通常不仅仅与单个来源联系在一起，而是与进行合作的公司和服务商都有关系。本书作为一个基本知识读本，通过几个章节逐一地展开介绍，其中还包括了成功案例。

几年前，外包只是为了节省成本，而今天外包意味着获取人才和保持业务灵活性。对于将来从事和致力于外包领域、外包事业的在校学生、从业人员来说，我们在这本书中既要将BPO概念、应用领域、运用方法、运行模式介绍清楚，又要将其中只有外包才具有的关键特征提示出来，将外包与那些传统的消费者和供应商关系区分开来。

为了让学生们和初入门的外包实践者了解BPO，首先这本书仔细讲解了BPO的概念、产业格局、企业类型以及业务操作，同时还通过很多案例让学生们看到了BPO是一个与人力资源关系非常密切行业。

到目前为止，在中国教科书市场上还没有一本书是从学生和初入门从业者的角度来解析外包，并定位在外包服务商角色来阐述外包的。中国在未来的数十年是向高端服务业快速挺进的时刻，位于外贸最前沿的外包领域中一定会有更多的公司进入到外包服务商行列，从开始执行外包订单到开始管理外包业务，从接触单一的外包订单到涉足相对复杂甚至非常复杂的综合外包业务。这对于我们的公司组织结构是一个巨大的挑战。一个公司从"业务管理盈利模式"进入到"通过人力资源管理盈利模式"是企业成长的重要标志。这种模式要求外包服务商对于提供巨大需求的发包商承诺它们除了在专门知识或技术、专门培训体系和手段上有绝对的优势和百分百的质量保障外，还需要有人力资源管理的核心竞争力。这对于我们所有读者来说都是一个强大的商业信号，要想跻身于 BPO 行业，就需要与公司一起接受挑战，使自己成为一个具备专门知识和专业技术的人才。那么 BPO 公司的大门将会向你敞开，通向国际化的人生之路会变得越发具有吸引力。

作为本书的作者，我们想告诉读者们的是，服务外包在我国由无到有，规模不断扩大，领域逐步拓宽，业务范围涉及电子信息产业、生产性服务业以及文化创意产业，涵盖 IT 服务、人力资源、客户关系/呼叫中心、金融、保险、财会、仓储、物流、研发、产品设计、咨询等众多领域，服务对象囊括北美、西欧、日本、韩国、印度等主要发包地区和国家。服务外包产业是智力人才密集型的现代服务业，尽管不同领域、不同岗位的从业人员从事着不同的工作，包括软件开发/测试、数据录入、客户服务、物流管理、产品设计等，要求掌握的具体专业知识、技能有所不同，但服务外包基于信息技术交付、发包方和接包方密切的协作关系、发包方管理模式占主导地位等特点决定了服务外包从业人员必须是国际化人才，需要满足一些共性的要求，如具有良好的职业素养，了解发包方文化及商务礼仪，能够从契约文明和法治市场的角度出发，理解西方民商法及契约经济，具有较强的法律观念和知识产权与商业机密保护意识；熟悉国际或行业通用的标准、规范，能够在严格的流程的约束下进行工作；外语水平良好，能够以发包方语言（通常为英语或日语）作为工作语言，通过口头或书面形式进行沟通以解决技术、管理、商务问题等。这些都需要同学们在学习过程中去领会和掌握，也给有志于投身到服务外包行业的初入门者一个职业和事业上的引领。

作为本套丛书的主要组编和撰写机构，公司已经伴随着中国的外包事业走过了波澜壮阔的 20 世纪末，来到了崭新的、具有划时代意义的"十二五"规划面前。我们清醒地认识到中国已经发展成为国际服务外包一个重要的承接中心，"中国制造"也在向"中国服务"大步迈进。中国外包世界（香港）有限公司从 1996 年精心策划和组织的国内第一个以项目外包为主题的博览会徐徐拉开帷幕的那一时刻开始，在艰辛的耕耘之后收获了属于自己的"外包季"。公司开始在外包服务促进领域扎根、成长，真诚与热忱、独特的资源、专业的技能支撑着她在国际外包市场与国内外包产业之间架起了一座沟通与合作的桥梁。多年来，在公司的不懈努力下，国际知名外包机构加强了与国内外包业界的交流，提升了对中国的"外包印象"，众多海外客户得以享受国内外包企业提供的优质服务。

近年来中国外包世界（香港）有限公司已经转型成长为一家专门致力于服务外包产业技术发展、知识转化，提供行业人才培养总体方案的专业机构，并根据市场需求研发出与国际标准接轨的外包技术人才培养标准和知识体系，为国内企业培养具有复合能力的国际化新型人才。公司自主研发的服务外包人才测评系统得到国家商务部和工业和信息化部的认可，2012年起将在全国推广。公司2011年上线的用于院校实验教学辅助的服务外包职业能力实训工程实验室从根本上解决了中国外包服务业基础人才与中级人才的培养内容、培训手段、测评标准等一系列问题，对中国服务外包业人才培养与选拔机制的升级起着革命性的引导和推动作用。2012年公司又作为商务部中国国际贸易学会主导的"全国服务外包岗位专业考试"项目的技术支持机构，再一次协同商务部有关部门将人才培养、标准化、国际化专业指导提升到国家战略层面，积极而努力地为实现国家"十二五"国策做着实在的工作。

作为一家由炎黄子孙组成的国际化高科技企业，为祖国培养优秀的国际服务外包人才无疑是我们天赋的使命。为使公司多年来积累的知识型资源和业务经验能够与业内同仁一起分享，为使国际上先进的服务外包理论能够更有效地指导国内企业的业务实践，我们编著了这部《BPO基础知识》。她将与《服务外包概论》、《ITO接包实务》组成一个系列，同时由于BPO涉及的行业很多，我们还会继《BPO基础知识》之后，继续编著针对呼叫中心、通讯电信、金融保险等多个领域的业务接包实务。这些教材的问世凝聚着公司全体同仁对服务外包这项事业的热爱，也承载着我们对推动中国服务外包产业发展的愿望。

在正式论述展开之前，我们想为读者简单归纳一下本书的特点。

首先，这是一部如庖丁解牛一般深入浅出地对 BPO 进行整体解析，能够使学生和初入门的外包实践者全面、深入、透彻地了解 BPO 的业务模式和流程，并掌握 BPO 整个流程如何运转的专著。本书读者群清晰，入门容易，适宜作为广大在校学生和外包新人的培训教材。

其次，这是一部以理论和实践相结合的方式，将 BPO 概念、应用领域、运行模式、运用方法、操作技能等融会贯通加以阐述，具备了外包业务实操指南功能的工具书。

最后，这也是一部视角独特、见解独到的商业参考书，她定位于接包商的角色来阐述 BPO，将其中只有外包才具有的关键特征揭示出来，从而将外包与那些传统的消费者和供应商关系区分开来，为企业的经营管理活动提供必要的借鉴。

在未来，外包是一个充满阳光、充满梦想和可以实现梦想的领域，让我们一起努力去实现梦想。万丈高楼平地起，希望本书能够让我们携起手来，共同铸就服务外包这座大厦的基石，让我们的服务外包事业"更上一层楼"。

致谢

本书执行主编焦杨联合严世清对全书进行了编写，名誉主编李宝民对全书进行了统筹、规划、审校和修改，并率领公司团队车莎莎、姚立楠对海外文献、研究报告、数据资料、体例进行了翻译和整理。在本书的编写过程中，参考了许多相关的资料和书籍，在此恕不一一列举（详见参考文献），编者在此对这些参考文献的作者表示诚挚的感谢。

在本书的出版过程中，来自洛阳国家高技术创业服务中心、重庆服务外包企业协会、天津鼎韬服务外包有限公司、纬创软件（北京）有限公司、北京信必优信息技术有限公司、海辉软件（国际）集团公司、北京京北方信息技术有限公司、365 客服世界、石家庄经济学院、湖南现代物流职业学院、大连综合中等专业学校、西安外事学院、北京航空航天大学软件学院、北京联合大学管理学院、黑龙江大学外国语学院、贵州财经学院的领导和老师们提出了许多宝贵的意见或建议，得到了商务部和中国国际贸易学会领导们的悉心指导，也得到了中国商务出版社给予的支持和帮助，在此向所有关心和支持本书出版的人士表示感谢。

受水平所限，错误疏漏之处在所难免，恳请各位专家和读者朋友们不吝赐教和批评指正。对此，编者将深为感激。

编者于北京

2012 年 2 月

目　　录

第一章　BPO 概念

本章导读

随着中国改革开放政策的不断深化实施，中国企业面临很大的发展机遇。纵观当今世界发展趋势，许多欧美企业把产业外移到包括东南亚和中国在内的亚洲市场。

在当今世界各大企业都纷纷将制造基地转向中国的大趋势下，产业外移中的一个最显著特点就是外包，可以说外包已经成为全球企业界的一股潮流。

中国正在发展成为世界上最大的软件外包承包商之一。软件及其服务外包正在得到越来越多的关注，它可以帮助企业节省成本并且更加关注于自己的核心业务。

本章学习目标

本章要求学生了解BPO的起源和发展趋势，掌握BPO的定义、范畴和分类，了解BPO的发展对社会经济的意义。

当今，每个公司最重要的任务之一就是控制成本。降低成本就相当于增加收入，增加收入就是盈利的一切，它使得公司能够制定较低的价格，能够将更多的资金投向新产品，能够提供更好的顾客服务[①]。公司怎样才能制定有竞争力的成本结构呢？业务流程外包（Business Process Outsourcing，简称 BPO）正是这样一种应对策略[②]。

国际上的一般定义是：外包是授权一家合作伙伴管理自己的部分业务或者服务。通俗地说就是"做你认为最好的，而把其他非核心的业务及服务交给更专业的公司去做"。也就是说，是把自己做不了或者做不好或者别人做得更好、

---

①　詹晓宁，邢厚媛．我国承接服务外包的战略思考［J］．中国对外贸易，2005，(2)：4～5.

②　亚太总裁协会，国际外包中心．2008全球服务外包发展报告．中国网，2009-01-09.

做得更便宜的事交由别人做。由此可见，外包是指企业将生产或者经营过程中的某一个或几个环节交给其他专门公司完成。

BPO 是指业务流程外包，比如说：

（1）你到银行开一个账户，表格有某个人在系统中帮你更新，你很快收到一封邮件，告知新账号和密码。

（2）你旅游回来到办公室后提交账单，某人核对账单并把它记入你的银行账户。

（3）你买个手机，服务商办公室的某人需要为你开设提供正常服务的网络和服务。

（4）一位教师开展调查，想要得到一个地区的具体图示，却没有时间浏览具体的网页。他寻找某人作为调查助理帮他来做。

（5）一家保险公司想要为一份保险产品确定适合的最高年龄人群。他们有图示，但想要某人来做分析。

（6）你的个人电脑崩溃了，需要急用必须找人及时修理。你拨打生产商的免费电话，某人帮你解决这个问题。

（7）你需要订一张机票，打电话给航空公司。某人以最高的效率帮助你订票、用信用卡结账，并且发给你电子确认信。

（8）美国发生了一场事故，求救电话是 911。某人接了电话，采取一系列行动，旨在最快解决伤者问题。

1.1　BPO 定义

一、BPO 定义及其范围

软件与信息服务外包是一种依托于信息技术的服务模式，是指企业为了将有限的资源专注于核心竞争力，由外部专业服务商的知识劳动力使用信息技术手段来完成原先由企业内部承担的工作，从而使企业实现降低成本、提高效率、增强企业市场应变能力并优化企业核心竞争力的目标。

按工作性质，外包的范围可以分为"蓝领外包"和"白领外包"。"蓝领外包"指产品制造过程外包；"白领外包"也指"服务外包"，是技术开发与支持其他服务活动的外包，其中技术开发与支持的外包一般采用一次性项目合同的方式寻求第三方专业公司的服务，称为"合同外包"；其他服务活动的外包多通过签订长期合同的方式交由专业外包提供商进行，称为"职能外包"①。

按地域分类，软件与信息服务外包可分为离岸外包和在岸外包；按企业的业务层级分类，可分为战略外包、职能外包和操作外包；按业务性质分类，可以分为与IT职能直接相关的信息技术外包（ITO）和与IT职能非直接相关的业务流程外包（BPO）。

BPO是指企业检查业务流程以及相应的职能部门，将这些流程或职能外包给供应商，并由供应商对这些流程进行重组。BPO是将职能部门的全部功能（比如事务处理、政策服务、索赔管理、人力资源、财务）都转移给供应商。外包供应商根据服务协议在自己的系统中对这些职能进行管理。一些BPO合同是根据服务水平进行支付的，将供应商的收入与业务绩效或成本节约程度联系起来。

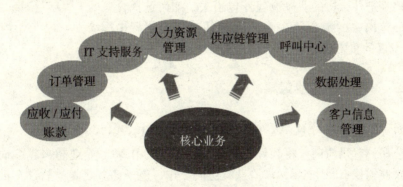

图 1 - 1　BPO 核心业务

虽然BPO依然是外包领域中的新生儿，但是根据Everest研究院的调查结果，它已经占据了整个外包市场超过1/3的份额了。早在2005年，美国的外包市场中BPO已经占据36%，这足以说明BPO的强势②。

中国也早在20世纪90年代就开始了BPO业务，近两年国内用户的BPO需求日益增长，打算外包的业务活动范围也逐步拓展。BPO已不再是一个功能问题，它已成为受到广泛讨论的战略问题。事实上，许多公司正考虑设一个专门的总裁级人员（CXO）负责流程外包战略和实施。这个总裁级人员应该解决的问题有：

　　• 实行外包的时机是否符合组织的业务需要？

---

① 江小娟. 服务外包与中国服务业发展. 北京：人民出版社．2008：40～45.

② 苏敬勤，孙大鹏. 资源外包理论与管理研究［M］. 大连：大连理工大学出版社，2006（12）：12 - 1.

- 外包是否会提升绩效？
- 哪些流程适合进行外包？
- 组织如何了解和控制成本？
- 怎样从制造外包或软件开发外包转到业务流程外包上来？
- 一个实行外包的组织如何在管理供应商关系过程中培养出色的人力资源多面手？
- 外包如何影响团队获得、合并或者销售外围业务？
- 采用离岸外包供应商有哪些好处和坏处？
- 谁来管理项目的财政和绩效部分？
- 外包服务的业务计划是什么？
- 是否有退身策略？

但是把什么样的业务流程外包出去、如何选择合适的 BPO 供应商、怎样管理外包出去的流程等一系列问题却一直困扰着中国企业，成为影响中国 BPO 发展的重要抉择。

二、BPO 的其他范畴

1. 业务应用外包（Business Application Outsourcing）

公司 A（供应商）将软件出租给公司 B（使用者）。企业越来越多地通过租赁来获得像 ERP、CRM、消息与协同工作、电子商务之类的软件，供应商提供重要的企业应用的主机服务和管理。这样做的目的是减轻企业的日常管理工作、降低总拥有成本（TCO），供应商的主机服务保证了应用的性能和可靠性，这也称为 ASP 服务。

2. 业务流程离岸外包（Business Process Offshoring）

业务流程离岸外包是将业务任务（如医疗转录）或业务流程（如呼叫中心）转移到低成本的国家（如印度、菲律宾）。供应商与企业之间的交互主要通过电话和网络进行。离岸外包通常包括的任务有会计处理、信用卡处理、呼叫中心、翻译、转录等，大部分任务不需要与人进行交互。支持职能的离岸外包还是相对较少的。离岸外包的风潮开始于 20 世纪 80 年代，在 90 年代加速发展，到 2000 年达到了巅峰。随着全球经济增长放缓，离岸外包成为节约成本的有效措施。

3. 企业转型外包 (Business Transformation Outsourcing)

企业转型外包是更加战术性的 BPO 模式的自然拓展，它涉及所有后勤功能的外包，以及全面的企业转型管理流程外包。它的目的是实现 BPO 运作长期利益最大化，进行全面的企业转型。转型外包不是战术性问题，而是一种前瞻性的战略变革工具，它的理论基础是：只有通过企业转型才能获得大幅度的绩效提升。

4. 多方外包 (Multioutsourcing)

多方外包是将不同的业务流程外包给多个 BPO 供应商。比如说，将人力资源流程外包给最擅长此道的供应商，而将物流外包给另一个供应商，IT 开发与维护则又是一个供应商。多方外包主要是为了避免风险过高，防止套牢在一个供应商上，以达到最佳组合的优势。

5. 共享服务或"内包"(Shared Services/Insourcing)

共享服务是某种形式的"内包"，它让企业通过创建独立的内部实体执行特定服务（如工资管理、应付账款、差旅费处理）以达到规模经济。典型的共享服务能够利用公司的应用和其他技术帮助公司进一步提高流程（如财务、会计、采购、IT、人力资源）质量。

三、BPO 的分类

服务外包分为信息技术外包（Information Technology Outsourcing，ITO）和业务流程外包（Business Process Outsourcing，BPO）。

ITO 是指企业向外部寻求并获得包括全部或部分信息技术类的服务，服务内容包括系统操作服务、系统应用服务、基础技术服务等；BPO 是指企业将自身基于信息技术的业务流程委托给专业化服务提供商，由其按照服务协议要求进行管理、运营和维护服务等，服务内容包括企业内部管理服务、企业业务运作服务、供应链管理服务等。

BPO 是一种极具创新意义的业务战略，它涉及公司多个业务部门的外包，尤其是与客户相关的部门、人力资源部门、财务会计部门、物流部门和后勤服务部门，它可以帮助公司降低成本、提高顾客满意度。

根据不同的标准，服务外包有不同的分类：

1. 按地域分类

在岸外包（Onshore）：外包业务转移方和服务承接方来自同一个国家，外包工作在境内完成。

在岸外包通常是指国内制造企业的服务外包，主要是在货物生产和其他服务投入过程中发挥作用，在岸外包更强调核心业务战略、技术和专门知识、从固定成本转移至可变成本、规模经济、重价值增值甚于成本减少。

在岸外包范围十分广泛，涉及 IT 服务、人力资源管理、金融、保险、会计、物流、研发、产品设计等众多领域，是通常意义上生产性服务业的重要组成部分。

近岸外包（Nearshore）：转移方和服务承接方来自于邻近国家，邻近国家很可能会讲同样的语言，在文化背景方面比较类似，通常具有一定的成本优势。

转移方和承接方来自于邻近的国家，它们之间很可能会讲同样的语言，在文化背景方面比较类似，且通常具有一定的成本优势。

时区（Time Zone）：近岸外包提供与发包商处于相同时区的开发人员、支持团队并能同时服务相同的用户群体，时区是外包活动需要考虑的最重要因素。

地理相邻（Geographic Proximity）：外包项目能够正常运行通常要面对面地交流，这不仅是项目经理的主要工作，具体的实施人员同样需要面对面的沟通。地理的相邻近是构建有效合作关系的重要因素。

移民优势：合作期间，双方都需要进行拜访。一个海外项目的 CIO 需要进行国内和国外的旅行，拜访合作伙伴和公司员工，对于护照以及贸易条款也要有一定的了解。《北美贸易协定》（NAFTA）规定，近岸工作的专业人员可以享受灵活的签证待遇，即在美国、加拿大、墨西哥可以延长停留时间。

知识产权保护（Intellectual Protection）：《北美贸易协定》对知识产权提供更多的保护，这对于近岸外包活动的知识产权提供了方便而有力的保证。

文化相似性（Cultural Affinity）：除语言之外，近岸外包具有更近的工作关系。当两个国家相邻并具有相同的历史溯源，如美国和墨西哥都有300 多年的历史，两个国家的文化也具有更大的相似性。当两个国家的人员共同参与一个复杂项目的时候，相似的文化背景更容易促使项目更好地完成。

成本优势（Cost Advantage）：所有之前提及的优势都必将归结到成本优势中。

离岸外包（Offshore）：转移方和服务承接方来自不同国家，外包工作跨境完成。

以往离岸服务外包中被外包的业务流程仅仅是劳动密集型以及重复性的，比如数据录入、采购委托、销售代理等。

当前离岸服务外包的业务主要有三类：IT（应用开发、编程、测试及网络支持）、客户关系（呼叫中心、客户支持及销售）、运营服务（金融及会计、数据处理和管理、项目管理）。

2. 按照公司类型的不同分类

发包商内部或独资的服务中心：即只在海外为自己的发包商提供服务的离岸服务外包中心，像 GE、英国航空等公司在爱尔兰、印度、菲律宾设立的服务中心就属于此种类型。

大发包商的子公司：如 Sabre 从事航空订票业务，这类公司利用其在该领域的专业性为母公司以及其他发包商提供服务。

专业服务提供商：如 ADP 提供人力资源服务，这类公司专注于非核心、非关键性业务中的某一流程，为全球范围内的发包商提供专业可靠的服务。

提供广泛服务的服务商：如 PWC 提供成套的 ITO/BPO 服务，这类服务商不仅在某个流程的处理上非常专业，而且往往还可以提供整套的外包服务。如某一专业服务提供商只为客户提供人力资源方面的服务，而从属于本类的服务提供商则可以提供综合人力资源、金融、数据处理等多种流程的整套服务。

3. 根据服务业务类型的不同分类

计算机及相关服务；

金融服务；

医疗服务；

互联网相关服务；

影视和文化服务；

商务服务；

高等教育和培训服务；

各类专业服务。

4. 根据服务外包所处行业的不同分类

金融业，如银行将信用卡相关信息的数据录入工作外包；

高科技/电信业，如电信业将维护的工作外包；

制造业，如将财务工作外包；

运输和物流业，如将运输过程中的仓储外包；

零售业，如将营销策划外包；

公共事业，如将信息处理工作外包；

汽车行业，如将销售工作外包；

航空业，如将订票系统外包；

医药业，如将新药的实验外包；

软件业，如将软件编写外包；

影视，如将后期制作外包。

5. 按照发包商外包目的的不同分类

战略性外包；

非战略性外包。

6. 按照发包商外包程度的不同分类

部分外包：即发包商将自己的部分业务流程外包；

全面外包：即发包商将所有的非核心业务流程外包。

7. 服务外包的业务范围

财务外包；

人力资源外包；

金融银行外包；

文件管理外包；

CRM 外包；

营销外包；

物流外包。

目前国内市场比较主流的服务外包业务分为：

市场调研：通过电话对消费者进行调研，比如某公司一些会流利外语的客户中心员工通过电话对相应国家的消费者进行客户关怀或市场促销。

数据处理：将大量纸张或声音文件转化为电子文档。在大连，很多小型数据处理公司为日本发包商进行大量的数据录入工作。

应收应付账款业务：由业务提供商根据预先确定好的执行标准和原则来管理执行这些业务。

人力资源外包：发包商将人力资源的有关流程交给具有专门知识或技能的专业提供商。2003 年，宝洁公司将 80 个国家的近 9.8 万名宝洁员工的工资管理、津贴管理、补偿计划、移居国外和相关的安置服务、差旅和相关费用的管理以及人力资源数据管理交给 IBM 公司来运作。

BPO 就是企业将一些重复性的非核心或核心业务流程外包给供应商以降低成本，同时提高服务质量。由于进行 BPO 的流程是重复性的并采用了长期合同的形式，因此 BPO 远远超出了咨询的范围。如果 BPO 做得成功的话，它能够增加公司的价值。BPO 与传统的 IT 外包之间的区别在于 BPO 能够帮助公司更快地完成外包。

在一个典型的 BPO 合同中，外包服务供应商将承担公司的某个特定职能。有效的 BPO 不仅仅是将流程外包出去，外包供应商还将对流程进行重组。流程重组包括实施一种新的技术或是以一种新的方式使用技术以便改进流程。

1.2　BPO 起源

BPO 的时代已经来到了，我们坚信，BPO 和离岸外包是业务自动化的下一个大趋势，它利用外部供应商进一步实现业务流程和系统的自动化。

事实上随着市场竞争的加剧，专注自己的核心业务成为了企业最重要的生存法则之一。将企业的核心资源集中到企业的核心业务上，剥离分散企业核心业务能力的干扰要素是形成企业核心竞争力的工作重心之一。美国著名的管理学者德鲁特[①]曾预言："在 10 年至 15 年之内，任何企业中仅做后台支持而不创造营业额的工作都应该外包出去。"

在过去的 40 年里，企业 IT 部门的主要任务是实现"四面墙壁"内的运营单元的自动化，提高它们的效率。但现在全球性的激烈竞争迫使企业专注于自己的核心业务，迫使企业寻找降低成本的途径，这一需求更积极地促使 BPO 在国内的发展与传播。

BPO 理论的发展经历了六个主要部分：

---

① 　Kim Wu，Ellen Weber. The Impact of Process Standardization on Business Process Outsourcing Success. Information Systems Outsourcing. 2010：527~548.

（1）在沉重的成本削减压力下，企业已做好进行业务流程和应用外包的准备。在过去 40 年里，几乎所有的 IT 工作都围绕着实现业务流程自动化（如总账、制造、人力资源）展开。有了这些 IT 基础设施，企业现在希望通过进一步实现业务流程自动化获得更多的回报，同时要将核心业务流程，与外包伙伴紧密结合起来。

（2）流程进一步自动化的驱动力从本质上来说不是技术，而是竞争的变化以及业务运作模式的变化。竞争的加剧和产品生命周期的缩短迫使企业将业务流程外包给外部供应商，以降低成本、提高效率、加快产品进入市场。

（3）尽管企业在应用上进行了很多投资，但实现 BPO 业务流程和外包供应商关系管理自动化所需的基础设施和应用还没有到位。实现 BPO 需要相互依赖的基础设施网络、服务、软件和门户，这些都代表了未来的投资方向。

（4）在架构层，BPO 基本上是由集成合作伙伴的 Web Services 以及一些定义好的接口实现的。我们的分析主要集中在几个方面[1]：

①企业应用是实现业务流程自动化的引擎；

②网络是实现客户与供应商关系自动化的最有效的工具；

③BPO 关系是集成的 Web Services 模块，通过 Internet 实现客户与供应商关系的自动化。

（5）目前，国内正处在 BPO 生命周期的起始阶段，它将通过以下三个步骤逐渐发展：

①基于 IT 项目的外包；

②基于任务的外包，如呼叫中心；

③业务流程外包，如人力资源外包。

每个阶段都会产生一些好处，开始是成本削减，然后是产品成本降低，长期还会产生全公司范围内的好处，包括提高能力利用率、增加收入。

（6）BPO 是一个多阶段的投资循环，在未来几年内将产生巨大的经济效益。最主要的供应商有 Accenture、IBM、Infosys、Wipro，这些公司都有可能成为 BPO 市场的领导者。

1.3　BPO 的发展趋势

BPO 并不是新生事物，一些最前沿的关系在十年前就已经出现过了。简

---

①　李灿强 . 基于业务模型的服务编排技术研究［D］. 北京：清华大学，2009：2～4.

单地说，业务流程外包就是通过合同的形式把公司自身的业务流程或功能交由外部组织来负责运行，业务流程外包成功的关键就在于了解企业的动态组织结构并且明确希望从外包中得到好处。

外包决策有三个主要因素：外包服务供应商的能力、成本与收益以及文化的一致性。每个因素都要进行详细的评价，企业的目标很明确，就是找到可以确保企业取得长期成功的方法。

目前，业务流程外包不再局限于技术基础设施和应用维护。外包服务供应商要保证流程的运转，保证和其他公司有效沟通以及达到期望的结果。一般来说，企业在应用业务流程外包时要遵循这样一个基本原则，即把非核心的业务外包给合适的外包服务供应商来达到成本降低和把精力集中到战略问题上。现在，控制和管理的问题是业绩改善的关键点。

BPO潜在的发展范围和影响已经发生了很大的变化。一些公司仍然只是把流程外包作为降低成本的工具，但是更多的公司开始利用外包达到不同的目标。最常见的目标包括：

(1) 提高门槛：企业不仅仅把业务流程外包作为降低成本的工具，而是更多地利用它作为战略工具来获得并维持竞争优势。

(2) 外包多个流程给一个供应商：尽管有95％的业务流程外包支出仍集中在具体的流程上，比如账单或工资管理等，但有61％的企业利用单一的外包服务供应商来处理多个流程，这样有利于简化关系和提高整合度。

(3) 外包的战术和战略性流程：只有35％的公司外包限于低战略价值的流程，65％的公司外包的流程则是中高战略价值的流程。

(4) 扩展经营界限来推动价值创造：企业不再只寻找便宜的劳动力成本。企业在不削弱其核心业务竞争优势的情况下愿意和它们的竞争者分享其业务流程，从而取得规模效益。网络外包（外包服务通过互联网运行）提供了自我服务流程和大量新涌现的技术带来的好处。

随着BPO业务的发展，两个趋势同时出现：一个是从交易流程到战略业务流程外包；另一个是单一流程外包到综合性多流程外包，从而获得更多的益处。合作性应用以及网络技术和业务流程外包的融合加速了向多流程外包发展的趋势。多个流程外包给一个供应商可以使得各流程数据完全平滑地共享，这也会给企业带来更多的益处。

过去，公司可能会把各个流程外包给不同的供应商，例如将工资发放和福利发放外包给不同的供应商。现在，越来越多的公司正在把不同的业务流程外包整合成一个体系。供应商现在提供一系列业务流程外包的服务或者作为整合者，也可能把多流程外包供应商作为它们的客户。

以前，向多流程外包过渡的方法是阶段性的方法，通过多个合同的扩展而不是"大爆炸性"的外包合同。最近，企业把综合的服务中心作为最终目的，企业实行加速的方法即一步过渡到多流程外包。下面对两种运作战略进行了比较①：

（1）传统外包：公司把支持系统外包给专业的外包服务供应商可以降低成本，并且能使管理人员将精力集中于核心问题。

（2）合作性外包：公司和外包服务供应商建立合作关系来升级改造它们的流程，达到降低成本和提高灵活性的双重目标。

（3）业务转型外包：公司为了取得较高的、持久的改善，公司和其合作伙伴转变它们的经营方法，这通常建立在利用新的 IT 系统和业务流程的基础上。

一种新的外包模式正推动诸如人力资源管理、呼叫中心等职能的根本性变革，而 BPO 模式既能降低成本又能进行业务流程重组，能够快速地实现投资回报率的最大化，因此所有应用 BPO 模式的公司进行外包时都要经历合作伙伴选择、合同谈判、转移管理、流程改进，绩效管理等五个阶段。

阶段一：分析

在 BPO 模式中，供应商拥有资源，它运营这些资源（包括基础设施、应用、人员）向顾客提供服务流程。在将业务流程转移给供应商之前，首先要进行彻底的分析计划：对将要外包的流程进行研究和培训、购买市场报告分析竞争对手的活动、将当前的业务流程与最佳实践比较，以便将来建立更加有效的业务流程；进行风险分析，评估流程的核心竞争力；设定目标——成功的要素有哪些？估计外包的总成本，包括基础设施、管理、知识获取、培训费用等。

阶段二：计划

BPO 合同是长期合同，因此有必要对未来进行规划。很多因素会影响合同的长期效果，比如政策、基础设施的质量、人力资源、设备的地点。下面是企业在外包之前应该完成的计划工作：检查现有的流程、制订主要的改进目标、决定哪些流程和职能进行外包；进行成本效益分析，为多个流程决定是否进行离岸外包（对于离岸外包项目，最好是进行实地考察，检查当地是否能够满足外包要求）；评估企业是否已做好外包准备，进行离岸外包风险分析，制定一个包括多级风险的框架；制订冲突解决方案；制订进行重新配置、转移的

---

① 褚博洋. 我国发展服务外包的战略选择［J］. 合作经济和科技 2009，（02）：42～45.

人力资源计划。

阶段三：转移

进行外包的企业实际上是将自己的命运交给了另一个公司。它们应该考虑一些棘手的战略问题，比如在选择 BPO 供应商时要考虑哪些因素？怎样设计服务协议？如何控制流程和质量？这个阶段要完成的任务有[①]：发出 RFQ，制订标准评估投标方，对可能的合作伙伴进行访谈，根据供应商的声誉、行业经验、企业文化等选择供应商；在理解成本模式、人力资源问题、业务持续性、指标、支付模式、条款、变化管理的基础上拟定合同；谈判合同，确定支付条款；制订转移时间表，管理转移过程，制订双赢的激励措施；与外包伙伴就合同和责任进行充分沟通，确定项目的具体范围，制订意外运营问题、外包关系终止、数据保护方面的计划，降低风险；确定哪些知识要由本企业持有、哪些知识可以转移；培训新员工；远程管理项目。

阶段四：治理

如果没有合适的检查与控制，企业可能会由于无法提供一致的、优质的服务，无法提高生产率，从而损害与客户的关系。企业怎样才能保证 BPO 的质量呢？

对主要流程进行变革；制订 BPO 运营流程和工具；克服阻力推进变革，为变革准备好所需的资源，充分沟通新的流程、程序、角色、责任；培训员工；进行外包关系管理；进行外包质量管理；制订业务持续计划[②]。

阶段五：改进

外包的一个重要目标就是进一步改进服务的质量，虽然企业可能已经在内部采用六西格玛对服务进行了质量改进。这要求企业进行以下活动：根据主要指标跟踪绩效，运用新的能力进行持续创新；改进设计流程。

服务水平协议是服务供应商和顾客之间的合同，它规定了交付什么样的服务、服务的质量和频率。它也规定了顾客如何保证所得到的服务是符合需求的、及时的。客户通常通过制订绩效指标来控制服务水平。

服务水平协议十分关键，它规定了服务供应商和客户各自的责任。它应该

---

① Biswajit Nag. Business process outsourcing: impact and implications, Bulletin on Asia-Pacific Perspectives 2005, (2): 1~6.

② 陈秀莲. 服务外包，机遇与挑战并存 [J]. 大经贸，2007 (1): 21~39.

包括以下内容：供应商应该向客户提供哪些服务？服务的质量如何？服务的期限是多长？服务如何交付？服务供应商如何控制服务质量？修改服务水平协议的程序是什么？

服务水平协议的范围和内容往往随现实情况而变化。有些公司将整个职能部门都外包出去，而有些公司仅仅只是外包一些项目。但总体来说，BPO 已经成为一种不可逆转的趋势，每一个公司都应该抓住适合自己的外包机会，利用外包降低成本、重组流程，才能在激烈的市场竞争中立于不败之地。

1.4 BPO 的社会经济意义[①]

目前，业务流程外包（BPO）是企业业务发展的大势所趋。大部分企业非核心业务流程效率相对低下，成本较高。BPO 不仅可以帮助企业降低成本，还可以提高企业经营的灵活性，使企业运营更加高效。采用 BPO 可以实现这些流程高效率、低成本的管理和运作，提高企业绩效，并促进企业业务变革。

BPO 还可以使企业业务有更好的柔性。通过 BPO 扩大了企业经营规模，使企业专注核心业务。美国管理咨询公司 Diamond Cluster International 调查表明，当问及 BPO 带来的好处时，许多企业甚至把解放内部资源、提升效率和生产力排在前面，而降低成本则位居其次。由此可见，随着 BPO 服务商在特定业务流程上的专业化程度不断提高，企业已经不仅仅将 BPO 作为控制成本的手段之一，而是依靠外包流程提升行业竞争力。

在一份普华永道关于外包的调研报告中写道，绝大多数（87%）被访者同意外包服务确实按照最初的业务规划创造了价值，无论是部分还是全部，并且绝大多数企业表示会继续使用外包服务，而且大多数将会增加外包服务的应用范畴。

当前，企业选择 BPO 的原因不能一概而论，除了传统的降低成本因素，其他越来越多因素影响了企业做出外包的选择。几年前，外包只是为了节省成本，而今天外包意味着获取人才和保持业务灵活性。

一般来说，企业选择外包会综合考虑以下因素：降低成本，出让一些别人更擅长的业务活动，增加业务模式的灵活性，获取人才资源，改进客户关系，细分市场的扩张，帮助企业发展新产品/服务，地域扩张等。BPO 使企业无需

---

① 温晓红. 国际服务外包发展趋势及其对中国的启示［J］. 福建财会管理干部学院学报，2008(1)：1~22.

进行高昂的技术投资即可体验新技术带来的竞争优势，从而避免了为优化流程而进行的盲目投资。此外，依靠外包服务商的服务、资源，企业可以发现并开拓新的业务，减少风险，从而带来新的商业机会。

本章小结

当今每个公司最重要的任务之一就是控制成本。降低成本就相当于增加收入。而收入就是一切。它使得公司能够制订较低的价格，能够将更多的资金投向新产品，能够提供更好的顾客服务。公司怎样才能制订有竞争力的成本结构呢？业务流程外包（BPO）正是一种应对策略。

BPO不再是一个功能问题，它已成为受到广泛讨论的战略问题。

业务流程的架构正经历着一些结构性的变化。在以成本为中心的竞争环境中，全球化趋势进一步发展，Internet也广泛传播，这一切都推动了一个新的商业趋势——业务流程外包（BPO）。BPO是一种极具创新意义的业务战略，它涉及公司多个业务部门的外包，尤其是与客户相关的部门、人力资源部门、财务会计部门、物流部门和后勤服务部门，它可以帮助公司降低成本，提高顾客满意度。

关键词或概念

服务外包（Service Outsourcing）
业务应用外包（Business Application Outsourcing）
业务流程外包（BPO）
业务流程离岸外包（Business Process Offshoring）

简答题

1. 什么是BPO？
2. BPO的核心业务有哪些？
3. BPO按照服务业务类型的不同分为哪些？
4. 简述BPO的发展对社会经济的意义。

第二章 BPO 产业

BPO代表业务流程外包，对于每个在BPO工作的员工来说，BPO的核心理念是通过高效的生活方式服务于顾客，让利于顾客，处理呼叫中心业务需求，按BPO流程操作并在规定的时间内进行交易，还要照顾好员工。

工资单外包、招聘流程外包、员工品牌、培训、咨询甚至营销都是可以外包的领域。它们不仅为公司节省了成本，而且对公司未来的核心业务有所帮助。

交易流程也可外包——公司要集中于转化流程，外包工作中最重要的是要有一个充满活力的流程。不是简单地把自己公司不做的业务外包出去，你自己不能解决的问题，你的卖主也不能。一旦你已经在一个活动中获得了稳定，并且流程也用文件记录并证实，那么BPO流程也就容易操作了。

本章学习目标

本章从各个方面详细介绍了BPO产业，要求学生通过学习熟悉BPO业务外包的流程，理解BPO的发包方和需求方，并能够掌握BPO主要的接包形态和业务模式。

业务流程外包（BPO）的组成要素主要包括客户交互服务、后勤事务处理、IT/软件运作、财务会计服务、人力资源管理、知识服务等几个方面，如图2-1所示[1]。

例如，在图2-1中，人力资源管理服务包括工资服务、医疗管理、招聘雇用流程、人员培训、退休福利管理等内容。以上这些工作可以由企业独立完成，也可以将其中的一项或几项外包给相关的外部利益团体（如社会福利部

---

[1] 褚博洋. 我国发展服务外包的战略选择. 合作经济与科技，2009，（3）：13～16.

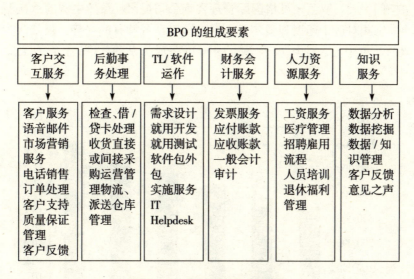

图 2-1 BPO 的组成要素

门、咨询培训公司等)。一般情况下,企业的员工薪酬标准可以外包给咨询公司协助确定,日常工资的计算可以由本企业的财务人员计算,工资的发放可以外包给银行或其他金融机构;医疗管理可以外包给社会福利部门;一般岗位员工的招聘可以由企业直接招聘或外包给中介机构;重要岗位的招聘可以而且应该外包给猎头公司;一般员工的培训可以由本单位具有丰富实践经验的老员工完成,而高层次的管理人员的培训工作应该外包给知名的咨询培训公司;退休职工的福利管理可以外包给社会福利部门。当然,在确定一项业务流程是否外包时,需要考虑"成本—效益"原则,以期为企业增加更多的利润。

2.1 BPO 市场

我国从 20 世纪 90 年代已经开始了 BPO 业务,之所以在开始阶段步履维艰主要是由于 BPO 实施所需的一些关键要素在我国还不完全具备。这些要素有:具备恰当的互联网基础设施和接入条件、政府的有力支持、充足的投资、备有一支训练有素的技术劳动力队伍以及通晓客户使用的主要语言等。

BPO 发展至今,我国政府和企业已经逐渐意识到发展 BPO 的重要性,在积极提供 BPO 实施所需关键要素的同时,逐渐形成了自身的竞争优势。进入新世纪,全球服务外包仍将继续保持快速发展势头。据联合国贸发会议估计,未来几年全球外包市场将以 30%~40%的速度递增。我国服务外包起步较晚,未来的发展空间很大。罗兰·贝格国际管理咨询公司提出,虽然中国的承接服务外包综合实力相对逊于印度和爱尔兰,但中国以自身特有的优势,被公认为是一个新兴的外包中心。Gartner 预测,中国正在成为从事 BPO 业务的主要国家之一。

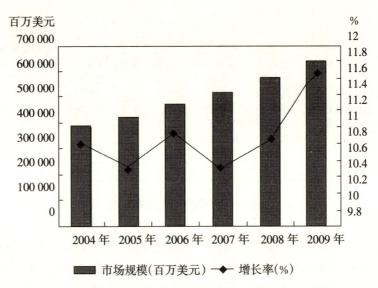

图 2-2 Gartner 公司对全球 BPO 市场分析及预测

资料来源:全球及美国业务流程外包服务 (BPO) 2004—2009 年预测

典型的"业务流程外包服务"(BPO)业务清单如表 2-1 所示。

表 2-1 典型 BPO 业务清单

银行业服务	账户查询和增进限制	人力资源服务
开户服务		薪水和津贴处理
账户信息获取	账目和付款调和	培训和发展
客户查询		退休投资和津贴管理
支票处理	保险业务	雇佣和职员
支票付款调和	政策决策服务	招募
账单处理	需求处理	行政和另行安排职务服务
自动取款机调和	事务处理和再保险	薪水处理
投资账户管理	法令报告	津贴规划
贷款管理	养老金处理	行政和调节执行

续　表

银行业服务	账户查询和增进限制	人力资源服务
信用卡、借记卡服务	津贴管理	网站相关服务
支票处理	客户信息获取	网站设计
捐款	风险评估和保费计算	网站管理
客户账户管理	政策制定和账户监管	个性化站点
抵押贷款服务	需求管理	行销站点
申请查证和处理	付款调和	搜索引擎
支出和收入管理	资产管理服务	网站最优化和配置服务
偿还调和	账户创建	
账户信息更新	账户维护	目录管理
抵押贷款维修	转账和增加	网站分析
金融服务	股息支付	数据库设计
文件管理	经济人回扣支付	网站安全性服务和综合客户关系管理
票据	管理信息系统报告	后台系统管理
股东服务	客户服务	网站授权和后续服务
需求处理	健康服务	电子账单描述和支付服务
可接受的账户	病例本服务	制图和动画
可支付的账户	病人照料	网站接触邮件处理
一般分类账	病人服务	网站基础帮助
账目服务	病人分析	网站基础聊天工具
财政运作管理	电话中心	电子学习：网站基础的在线教育服务
信用卡服务	病人信息服务	电子出版
申请和发行信用卡	病人亲属管理	
客户账户管理	销售和市场服务	
捐款和客户维持	电话销售服务	
	市场行销和销售活动	

资料来源：联合国《2003年电子商务和发展报告》，联合国贸易和发展委员会

对中国公司来讲，新兴的 BPO 细分市场主要包括：

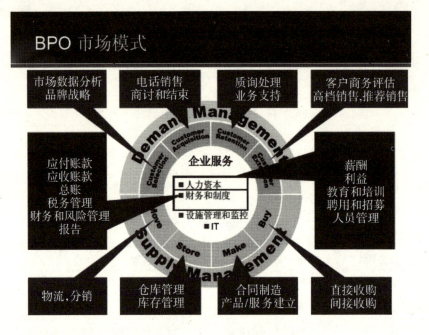

图 2-3 BPO 市场模式

垂直行业市场：

银行和资产管理后台办公；

信用卡，抵押贷款流程；

保险业后台办公；

航空公司后台办公；

零售（顾客忠诚度，合作品牌卡）；

电信（计费，账单）。

更广阔的市场：

法律的流程；

动画；

医学的转录；

数据数字化/文档管理；

研究开发（工程，自动化，航行器，制造，引擎，原型，模型）。

总体来说，中国的 BPO 市场仍处于起步阶段，其主要特点表现为：

(1) 国内的 BPO 产业仍然以软件外包为主，尚未形成全面发展的产业结构。

(2) 中国的 BPO 业务绝大多数来自日本，欧美市场有待进一步开拓。

（3）国内的BPO产业区域分布相对集中。目前在北京、上海、深圳、大连、西安、杭州等几个主要城市已形成了区域外包中心。其中，大连在开拓日本服务外包市场方面表现突出，已初步形成对日软件出口开发的骨干企业群。预计我国东部地区，尤其是珠三角、长三角、京津冀都市圈一带，由于形成了产品配套程度很高的产业集群，为承接服务业国际转移提供了便利条件，BPO业务将会有较快的发展。

（4）中国大多数外包企业还停留在产业链的最底层，技术含量有待进一步丰富。未来中国的发展应该以成本优势为立足点，提高产品的质量和附加值，从而增强自身的国际竞争力。

（5）中国承接BPO业务规模小但发展迅猛。

以软件外包为例，中国企业所占的市场份额有限，如图2-4所示。

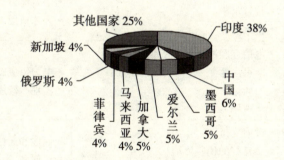

**图2-4 主要外包业务承包国在美国IT
外包市场上所占的份额**（％）

中国在美国IT外包市场上所占的份额仅为6％，略高于墨西哥、爱尔兰和加拿大，但不到印度所占份额的1/6。但根据赛迪顾问数据显示，随着中国BPO企业的崛起和壮大，未来5年中国BPO产业将保持年均39％左右的增长速度，经过总量的持续快速扩张，开始进入调整和升级的过程。Gartner预测，中国正在成为从事BPO业务的主要国家之一。

2.2 发包方和需求方

尽管BPO可进入的业务种类广泛，但作为发包方的企业并非盲目转移企业内部业务流程。由于企业的正常运转必须依赖这些被转移的任务或业务，而外包抑或是离岸外包企业内部业务必然会加大企业控制的难度。为了减少控制风险，发包企业会慎重选择接包的地区和企业。

BPO 的选择过程一般会遵循"先地区，后企业"的决策过程。对于发包方而言，BPO 是与企业自身发展紧密关联的长期合作业务，因此国家或者地区品牌成为企业选择发包对象的首要考虑条件。贸发会议评判成功外包地区的标准为我们判断发包方的决策依据提供了借鉴：第一，具备良好的 IT 基础设施和接入条件；第二，政局稳定，政府支持有力；第三，充足的投资；第四，训练有素的技术劳动力队伍；第五，通晓客户方语言。而麦肯锡公司则从五个关键标准回答了 BPO 的地区选择依据，如表 2-2 所示。

表 2-2　BPO 地区选择的五个关键标准①

标　准	主要关注点	
人才库	• 人才库的可用性 • 教育水平 • 技术能力	• 语言能力 • 人才费用
商业基础设施	• 电信互联网 ——可用性 ——质量 ——费用	• 电力供应的费用和可靠性 • 房地产费用
环境	• 政府支持 ——良好的税收环境 ——外国直接投资（FDI）政策 ——友好的劳动法律 ——没有官僚政治负担	• 商业和居住环境 ——便利 ——没有贪污腐败 ——生活质量
风险预测	• 破坏性事件 • 雇员的安全风险 • 知识产权风险	• 法规风险 • 投资风险
供应商能力	• 经验 • 服务水平保证	• 运营规模

根据不同公司的实际情况，发包方在选择接包企业时所考察的因素也不相同。国际外包理论研究专家 Gupta 和 Ravel 曾指出六种主要因素：外包双方的良性沟通、建立合伙关系而不只是合约关系、互相可以信任依靠、重视人性方面因素、掌握外包管理的项目、彼此不断学习。

也有学者根据部分项目实践总结出 15 项因素：双方合作态度与信息人员

---

① 刘宁. 通过国际并购快速推进 BPO 业务海外拓展. 中国外资. 2010，(4)：21～26.

沟通能力、供货商的支持、外包企业在应用系统发展上的配合、合约管理规范与执行、供货商对于外包企业的了解、外包系统的品质与弹性、双方合作伙伴关系、外包企业使用者的配合、项目外管理、外包企业的授权程度、项目组织的成立与功能、外包企业信息部门的技术能力、供货商的选择与采购方式、外包企业的系统特性、外包企业高阶主管的计算机知识等。

2.3　主要接包形态[①]

IDG 的统计数据表明，全球软件外包市场规模达到 1 000 亿美元，全球软件外包的发包市场主要集中在北美、西欧和日本等国家，其中美国占 40％，日本占 10％。外包接包市场主要是印度、爱尔兰等国家；其中美国市场被印度垄断，印度软件产业 80％的收入依赖软件外包业务，印度已经成为软件外包的第一大国，而欧洲市场则被爱尔兰垄断。现在，菲律宾、巴西、俄罗斯、澳大利亚等国家也加入了世界软件外包的竞争行列。

目前，主要接包方从事的软件和信息服务业务格局如下表所示。印度已占据了呼叫中心、软件开发、工程及设计以及后台运算等多方面的先发优势；爱尔兰凭借其良好的软件人才培养体系和地缘经济优势，成为欧洲软件和信息服务外包业务的转包中心；新加坡根据自身优势立志成为亚洲信息港，并提供金融服务和后台支持，其他主要接包国也都根据自身优势积极开拓软件和信息服务外包领域。

表 2-3　主要接包方从事的软件和信息服务业务格局

	韩国	中国	菲律宾	新加坡	马来西亚	印度	俄罗斯	爱尔兰	以色列	加勒比
从事的软件和信息服务业务	动画游戏	数据处理软件外包	呼叫中心动画数据输入医学影像处理	亚洲信息港金融服务和后台支持	后台运作客户服务 ASE-AN 信息	呼叫中心软件开发工程及设计后台运作/数据输入	软件	欧洲外包中心	研发中心软件	数据输入呼叫中心（近岸）

① Fagan Sen. Michael Shale. From business process outsourcing（BPO）to knowledge process outsourcing（KPO）：Some Issues［J］. Human System Management，2010，25：145～155.

越来越多的欧美国家大型 IT 企业、金融机构和其他服务型企业在尽量不降低产品质量的前提下，通过业务流程服务外包（BPO）使企业资源得到最佳分配，降低了企业的生产成本，减少了经营风险，从而增强了企业的核心竞争力；而面对蕴含大量商机的国际服务外包市场，越来越多具有接包能力的国家也正在成为欧美企业理想的海外转包地。国际外包业市场已经形成了以印度市场为核心，同时包括诸如中国、菲律宾、马来西亚等新兴 BPO 市场的整体格局。

依托中国已有的各项优势，服务外包的各种业务类型均已在中国出现。根据调研情况，中国的民族软件外包企业直接从事离岸外包的业务量并不大，其主要采取的是"近海作业"的业务方式，即大多数业务来自跨国公司在中国的分公司。外包企业通过在中国市场承接业务间接为外国企业提供服务，而主要的 BPO 接包形态则分为 3PL 和 4PL。

第三方物流（3PL）：第三方物流在物流外包领域中已经处于领先地位。规划第三方物流的核心业务，无论它负责承运、转运还是仓储，都为客户提供服务，它为商品/服务物流提供商展示了一条获得更多利润和捆绑服务的经营途径。消费者非常急切想要减少成本，而这正是第三方物流所能提供的服务。对外包物流提供商而言，无论是中国、国际甚至全球，潜在的市场机会都是巨大的。

外包通常需要承担一系列的工作、任务、责任或者功能，并将这些工作、任务等传递给外界服务提供商。业务流程外包服务提供商带来了一个与现有功能截然不同的视角、知识、经验和技术。业务流程外包也能和企业一同运作，并且改进原有流程或设计新的流程。这是一个基于产出的结果，而不仅仅是一个纯成本减少的问题。新的流程将会以一种新的方式影响或者整合进入企业，这种方式能够为客户带来价值、期望利润以及股东价值。

门户网站之类的东西不能满足客户的特殊需求，它们满足的是承运商或第三方物流的需求。承运商或代运商关注的则是运输，是货箱。装货、履行服务合同及利润最大化是承运商和代运商的最终目标，而这些东西对于帮助客户管理订单毫无帮助，这就为 4PL 提供了一种客户需求。

第四方物流（4PL）：由于第三方物流企业遗留了服务空间，第四方物流产生了。第四方物流提供商和第三方物流提供商是截然不同的。第四方物流是业务流程外包的提供商。这种领先的物流提供商将带来价值并且为满足客户需要设计一种新的方法。第四方物流是中立的，它将管理物流流程，而不考虑与企业合作的送货者、承运人和仓储方是谁。第四方物流能够而且将会管理与客户合作的第三方物流提供商。

　　这种新的国际物流服务提供商将会根据每个客户唯一和特殊的需求度身定做解决方案，与此同时也不需要考虑母公司提供的服务和运作。公司了解流程、人员和技术成功的关键。一个优秀的第四方物流在向预期客户提供服务方面具有良好的经验和远见。这意味着对于复杂的客户需求的准确把握、提供各种可行的解决方案，以此保持客户满意度并保留现有客户。为了取得预期目标和产出，业务流程外包提供商寻找定义关系的激励和特征，和每个客户进行合作。第四方物流希望将自己定位成客户的延伸和合作伙伴。业务流程提供商通常都认识到在管理流程过程中信息技术的重要作用。

　　第四方物流示例分析：亚洲的供应链管理

　　对于美国而言，亚洲是主要的贸易区域。较为复杂的物流问题之一是从亚洲开始的内陆供应链管理。你怎样来管理在不同国家和不同时区中关键的供应链和位于数千英里以外的供应商呢？管理供应链中这个重要的组成部分是令人头痛的，也是耗费时间的。为了满足送货的需要，卖方确定装船日期、订单的不确定性、对混载者或第三方物流提供指导都是需要面对和处理的挑战。它不仅是一种无缝流程，它的功能比流程要多得多。

　　亚洲供应商经常不对供应链及其客户对送货时间的要求进行必要了解，只是一味追求便宜的运价。对于美国公司来说，业务中的这一部分是极为重要的，同时又是复杂多变的，因此较难运作。时间差异使通信受限于电子邮件、传真以及夜间简单电话等形式。库存调拨、订单管理、远方供应商管理、远方第三物流的海洋承运商或船商管理、集装箱在美国的运输以及每个订单的全程跟踪都会变得困难。电子邮件和传真对于管理和跟踪订单、管理供应商乃至管理整个供应链显得苍白无力，延误及供应链失灵会导致美国公司的混乱。

　　国际物流业务流程外包提供商将与客户合作，使它们了解自己的特殊情况及其需求，全面了解各个供应商以及其中的重点对象，定义关键点。第四方物流将重新设计流程，重点针对某些特殊供应商或承运商，以便了解并改进服务中的不足。第四方物流将研发性能指标，通过合作解决问题并提供衡量方法、异常报告，使供应商和运输绩效做到及时、完整、准确。整个流程是事先计划而非事后反应的。

　　根据 Gartner 公司的分析，我国发展 BPO 的环境并非优良，仅仅是一般，可见政府在优化 BPO 发展环境方面还有很多工作需要加强。

表 2-4   不同国家发展 BPO 的环境分析

	印度	爱尔兰	菲律宾	南非	波兰	中国
语言（英语）	4	5	4	5	1	1
政府支持	5	4	5	2	2	4
劳动力库	5	3	3	2	3	5
基础设施	2	4	2	2	2	4
教育系统	4	4	3	3	3	2
费用	5	4	3	4	3	5
政治稳定性	3	3	2	2	3	3
文化兼容性	3	5	3	5	4	3
数据/知识产权安全	3	5	3	3	2	1
总体评价	4	3	3	2	2	2

注："1＝差"、"2＝一般"、"3＝好"、"4＝很好"、"5＝极好"

资料来源：Gartner，西安"中国发展 BPO 国际论坛"

世界各国及中国 20 多年改革开放的经验证明，要想做大做强 BPO 产业，必须融入全球经济结构中，根据自身条件把握各种发展机遇，选择合适的切入点，在较短的时间内实现规模增长，才能具备持续发展的可能性。中国经济 20 多年来保持了高速增长，稳定的政治环境和社会环境，人民生活水平大为提高，投资环境大为改善，国内市场繁荣并有极大的拓展空间，中国巨大的经济推动力正在促使大量的外包项目从美国流入中国，因此，把握承接国际 BPO 浪潮对于我国而言是一次重大的发展机遇。

2.4   BPO 发包国、发包地区之间的比较

由于文化、法律以及商业环境的差异，不同发包方的外包业务特点不同，下面以美国、加拿大、日本为例加以说明。

美国公司外包业务特点：

在交给中国软件公司项目时，会先提供它们已经完成的项目作为测试项目，考察中方接包软件公司的流程控制、技术水平和产品质量，在测试阶段美方支付一定金额以抵补中方的项目成本。但是测试完后，美方仍然保持十分谨

慎的态度。它们将项目分包给两个软件公司，支付同样的酬金，选择其中较优的产品。这对美方而言，相当于建立了软件外包的备份系统。

日本公司外包业务特点：

相对于美国公司而言，日本公司更加"以人为本"。它们会派出谈判专家，和中国软件公司谈上一年半载，并要求中国软件公司输出工程师到日本，由日方公司支付中方工程师薪酬和生活费用；中方工程师在日本要停留一年的时间，学习项目管理及其他知识，再返回中国软件公司进行对日项目开发与实施。与日本做项目，短期资金收付的风险不大。但是对于企业长期发展方向比较模糊，容易产生依附感。

加拿大公司外包业务特点：

加拿大的软件公司比较信任转包商。在实施项目前，它们会委托转包商，派出项目经理对中方软件公司进行考察，时间大概半个月。正式开始项目时，加方会派人到中国进行监督，保证中方软件公司能够按照加方的商业标准开发。在验收阶段会进行三方验收。

在需求确认阶段，美国、日本、加拿大三方都有相同的表现。它们严格按照协议执行，中方软件公司若多开发了一些功能，它们不会采用，但是缺漏了一个功能，它们却是绝不允许。如果对中方开发成果持有异议，它们会在需求确认、原型确认、功能测试等不同阶段提出，不会像国内企业一样把风险堆积到最后、赖着不付账。

除了严格按照协议办事之外，它们的时间观念也非常强。通过在事前进行严密分析和论证，它们能够切合实际地提出开发进度的要求。相比之下，国内企业显得比较心急，往往提出一些不合理要求迫使软件开发商接受，但是最后由于客观实际的影响仍然实现不了。

与加拿大做项目，它们显得比较稳健。但是它们对企业规模有一定要求，因为它们很多项目都来自政府，涉及诸如 AS400 等大型机开发的高端项目，国内如果这方面经验不足则难以承接。

最后在付款方式比较方面，美国、加拿大一般分阶段进行项目支付，比如在需求确认完毕后支付一次，然后在原型确认、功能测试阶段支付一次。如果遇到大的财团，它们可能会通过其在中国的财务公司转账支付，收款比较有保证。

日本则会在谨慎考察后预先支付一部分费用，待到项目完工后再支付其余费用，一般也比较迅速。可能会采用银行转账或托收等方式。

【案例分析】　树立品牌——如何让自己与众不同

从 1995 年到 2009 年，BPO 年增长率超过 8%，人们的购买力增强，中产阶级把大型商场拥塞得水泄不通。在这个生产范围和质量前所未有的大繁荣时期，作为新的市场引领者，让我们回顾一下树立了多少品牌。

最近笔者曾给 Airtel 的呼叫中心打电话要求解决宽带连接的问题。我是周五下午三点半打的电话，电话立即接通并回复如下："先生，我们明天九点半前解决您的问题，否则将付给您 500 美元的赔偿金。"我听了一阵惊喜，第一次遇到这样的事没往心里去。没有等到第二天，问题当天五点半就解决了。

我们为什么没有自己的麦当劳？为什么在品牌大战之前 Thumbs Up 就出售给了可口可乐公司？为什么 Haldiram 这样广为喜爱的成功品牌只有不到 10 家商店？这些成功的品牌和公司尝到了成功的甜头，却没有扩大规模、快速成长为最知名的国际品牌的欲望，它们应该继续前进。

国家不缺企业家，但他们大多数人缺少耐力和马拉松长跑的毅力。BPO 行业的成长为员工招聘、培训、背景调查和运输业务开辟了道路。机会是巨大的——仅 IT 和 BPO 的招聘市场额就接近 110 亿美元，IT 和 BPO 品牌公司的核心价值是低成本，这个项目战略很好。如果你是世界上最大的公司，策略就必须改变了。我们 BPO 行业里每人每小时实现的价值是 10 美元到 18 美元，很明显这在全世界是最低的，而我们对于利润的欲望却是最高的。这必然导致的结果是我们竭尽全力榨取每一分利润。

作为职业的市场营销和 IT、BPO 品牌树立的投资是有限的。财政紧张——只有不到 1% 的收入，并且主要花在顾客相关的事物上。营销投资被看做是销售人员的增加。在生产快速移动消费品（FMCG）的公司，营销是 CEO 的主要任务。行业从商业学校吸引了一些最聪明的人。最好的营销人才不在 IT 和 BPO 公司，他们在这里的作用不大。预算往往是根据季度利润，所做的营销工作也是常见的——建立网站、创造担保品、几份影音材料，有时为公司交流。

组建一个涵盖顾客、雇员和生态系统的营销团队动力缺乏。能把这些组合在一起并且吸引来最好人才运作的公司从长远来看将会因为树立一个稳定的品牌价值而与众不同。品牌不一定总是由中心营销团队完成。应用营销是必需的。包装内容、建立与员工和有发展前途的雇用者的清晰的沟通都将起到积极的作用。

我们做的每件事都需要营销策略。我们分析每个步骤所需信息和接触点，从一个人进来面试到他完成导入程序。然后我们观察一下同一信息被问了好几次的地方。我们看到在选人过程的不同阶段发放的不同的复印表格，全都分析后把所有信息汇集在一起，最后一起来看可以节省成本和时间。成百上千名应聘者回来后说这是他们第一次看到的。

我们继续改变录用信说话的方式，使它简洁并且在里面回答一些常见问题。结果是在开始的 30 天里，公司需要澄清的事少多了。新员工收到第一份报酬时没有什么意外的不悦。营销可用于你做的任何事。人力资源、财务、经营——每个经理都要有意识地用它来改进周围的事物。CEO 的奖品如何包装、纪念品如何根据顾客要求设计、印刷宣传品如何设计才能与众不同——要想起作用每个步骤都有很多的事要做。

树立品牌可以产生持久印象——最后的感觉是重要的。

Nilgiris 是班加罗尔和 Chennai 的主要零售连锁商，1905 年建立，有几家商店，近期在 Koramangla 新开了两家店，在我所在的班加罗尔郊区开了一家。商店开在主干道上，外观很漂亮——白色的墙很招眼。我们决定进去，每月购物一次。店里商品摆放整齐，过道通畅，有导购引领，我们发现在那里购物是种享受。这家店顾客盈门，整整一辆购物车的东西有些难以推动。

我们来到收银台——有三个收银台，但只有两个有工作人员（月初高峰期）。我们花了 20 分钟才排到结账（购物花了 20 分钟），收银员是一个不到 18 岁的、看起来不太和蔼的女孩。她用的扫描仪不太好使，扫了两三次都不行，最后只能人工敲入条形码。我惊奇地发现 50％ 的商品条码都扫描不进去，这就是结账慢的原因。

这是最终印象的一个很好的例子。你在显眼地点开了家漂亮的商店，支付高额房租，最后却在扫描仪上省钱。它破坏了整个购物体验。我在 Reliance Retail 也有过类似的经历，决定再也不去那里了。

零售业最重要的两个感触点——购物车和结账体验。如果这两方面做得不好，整个品牌体验就会下降。

我们为什么非要在最后一点上省钱呢？餐厅经常吝惜餐巾纸，不愿多给顾客一张。连印度的麦当劳在给番茄酱的数量上都开始变得小气起来。如果你要区分和提供高级服务，就要收取更多费用。如果你要树立品牌，千万不要小处精明大处糊涂。

为什么 BPO 公司不同呢？如果服务质量好，为什么品牌不能给它们带来高出当前 40％ 到 50％（仍比全球比率低得多）的利润率呢？这样的想法会启动我们对这个行业的整体改变。

BPO 公司为推销自己做了什么？BPO 可能是唯一一个 10 年里可以给你提供 50 个不同工作角色的公司。它收入高，给员工快速成长和学习的机会，但在市场上却不是人们理想的工作。

2.5 用 SWOT 原理对中国 BPO 市场做分析[①]

目前，BPO 已经成为企业为了降低成本提高效率的新的发展模式，并逐渐从事务性的任务外包向战略性的流程外包转变，企业不再将 BPO 视为管理性或战术性工具，而是将其视为获得竞争优势的战略性工具。

一、中国 BPO 市场的竞争优势

和其他国家相比，中国承接 BPO 业务有着明显的竞争优势：

（1）中国经济保持了平稳快速增长，为我们在 BPO 领域中提供了良好的外部环境。现在中国已经成为吸收外资最多的国家之一，特别是中国加入世界贸易组织（WTO）以后，中国国内市场的开放度进一步扩大，中国政府信守承诺，降低关税水平，扩大了银行、证券、律师、海运、特别是服务领域对外开放的很好的环境。

（2）政府支持软件产业发展，创造良好的发展环境。为了尽快提高中国软件产业的整体水平和国际竞争力，中国政府出台了一系列鼓励企业开拓中国市场的政策措施。

（3）中国现在已经具有良好的 IT 设备和产品的制作能力。目前，中国一些硬件发展已经达到了一个很好的阶段，软件能不能跟上是衡量我们在下一个竞争阶段中有没有更强的综合竞争力的一个表现。

（4）国内市场前景广阔，中国软件外包优势在于国内软件市场需求继续扩大，一方面国内软件外包企业可以通过国内市场同时发展企业规模；另一方面由于国外软件大公司在开拓国内市场过程中，不仅能为中国培养高素质软件人才，而且也可将国外软件外包业务带给国内相关软件企业。

（5）具备大量高素质、低成本的专业技术人才。美国《商业周刊》文章提出，中国的低成本富有才干的软件技术人才是开展 IT 服务外包的一大优势。从大环境看，经过多年的教育积累，中国已经形成了较大的知识人才储备。同时，有些学校和机构还针对服务业的需求培养了大量的急需人才，如东软软件园产业公司为促进 BPO 业务的发展，成立了东软信息学院，重点培养学生的计算机和外语能力，毕业生在 BPO 业务中的实践能力非常强。以上各种渠道

---

① 王燕妮，李华. 欧美服务外包（BPO）的发展模式分析及启示——基于承包商的视角. 科技管理研究. 2008，（3）：18~24.

都为 BPO 产业提供了充足的白领劳动力资源。

二、中国 BPO 市场的竞争劣势

(1) 中国 BPO 发展滞后，面临的竞争更趋激烈

尽管近期美国对外包争论不休，还通过了一些限制外包的法案，但却不能从根本上影响全球 BPO 的发展趋势，各国承接 BPO 的积极性也未因此减弱。许多国家采取措施为承接 BPO 创造有利条件，积极抢占国际外包市场。如印度政府一方面采取开放的人才培养和流动政策，为承接外包创造有利的人力资源条件；另一方面积极为企业提供优惠政策和信息咨询服务支持，这直接促进了印度 BPO 出口的快速发展。承接 BPO 成为各国尤其是发展中国家竞争的重点，我国也被印度视为可能的最大竞争对手。

(2) 服务业整体发展滞后，服务水平低，难以承接高端 BPO 业务

另外，能流利讲外语的服务业人才偏少；整体服务意识欠缺，对知识产权保护力度不够。同时，由于 BPO 出口是一项复杂的系统工程，管理机构涉及商务部、科技部、信息产业部、海关总署等许多部门。目前由于政出多门、协调不畅、管理薄弱、政策含金量不高，导致我国 BPO 出口后劲不足。全球 BPO 发展迅速，对我国尽快研究制订管理和促进 BPO 发展的措施提出了更高要求。

(3) 开拓欧美市场的难度加大

据国际数据公司统计，全球软件外包业务主要来自欧美，美国的软件外包业务接近全球 40%，而日本仅占全球软件外包业务量的 10%。我国目前还无法承接来自欧美的软件外包大单，尽管在对日软件外包上取得了一定进展，但业务量小，远不足以支撑我国成为服务外包承接大国。最近一个时期外包问题成为美国国会的重要议题，美国通过一些限制外包的法案，并已开始指责我国争夺其白领工作，这对我国企业开拓欧美市场将产生一定不利影响。

(4) 中国外包服务业体制政策环境不完善

服务业发展对软环境的依赖大大高于制造业，消除体制障碍是我国成功承接服务业转移的当务之急。我国服务业整体管理水平不高，行业管理比较分散，法律法规不配套，部门之间的沟通协调不够，在服务业发展中地方分割和保护等问题都还非常突出。部分行业垄断经营严重，行业标准模糊不清，行业准入限制较多或门槛较高。我国尚未制定针对承接服务外包的优惠政策，而印度、爱尔兰、菲律宾等均对服务外包企业提供"零"税负或低税负的优惠政策；印度为承接软件外包还设立特殊区域，创造与国际接轨的小

环境。

(5) 知识产权保护意识薄弱

涉及业务系统的 BPO 外包对发包企业的知识产权保护有更高的要求，因为业务项目中往往富含商业机密和软件版权，因此客户对有效保护它的知识产权问题尤为关注。我国一直以来在知识产权保护方面的意识比较淡薄，许多外包企业并没有意识到西方客户对知识产权保护的关注程度，政府部门也还未对 BPO 外包面临的知识产权保护上的问题给予高度的关注。知识产权保护的不力导致跨国公司在进行业务外包时心存忧虑与恐惧，它们因担心自己知识产权尤其是商业秘密得不到有效的保护而不转移关键技术，这些都不利于中国 BPO 接包企业竞争力的提升和价值链的升级。许多业内人士认为知识产权保护问题是目前中国 BPO 产业环境上最大的问题。

三、中国 BPO 市场的发展机遇①

1. 全球 BPO 的快速增长和巨大的市场需求

随着世界 500 强企业在全球掀起"新千年公司发展新模式"的 BPO 浪潮，大量中型企业也开始采用 BPO。据国际著名咨询公司罗兰·贝格公司对世界跨国公司所做调查显示，目前准备选择离岸外包服务的企业的总比例已经上升到 45%，内容涉及金融、保险、医疗、人力资源、资产管理、顾客关系和营销领域。

2. 经济全球化以及信息通讯技术的飞速发展

20 世纪 90 年代前，国际服务外包发展缓慢，其中一个重要的障碍来自于电讯设施手段落后。由于跨国沟通和协调的成本比较高，因而使不同的企业进行国际合作具有很高的不确定性和风险，在这种情况下，跨国公司倾向于采取内部化策略，即通过国际直接投资将交易内部化以降低交易成本和风险。20 世纪 90 年代，随着全球化以及信息通讯技术的飞速发展以及网络带宽能力的不断增加和广泛应用，不仅使国际服务外包日益便宜和便利，而且使原来非贸易的服务变得可以交易，这意味着服务可根据各地区的比较优势和竞争力在远离公司母国的其他地区实现国际分工和合作，使国际外包服务发展成为一种可能性。

---

① 华德亚，董有德. 承接跨国公司服务外包对中国服务业发展的影响 [J]. 商业研究，2008 (1)：19～22.

四、中国 BPO 市场的挑战

1. 欧美市场份额需拓展

由于语言和文化理解上的优势，中国企业更多地选择日本外包业务，但日本并不是 BPO 外包市场的主流。据国际数据公司统计，全球软件外包业务主要来自欧美，美国的软件外包业务接近全球 40%，而日本仅占 10%，因此中国将来发展高端业务必须以欧美为突破口。从目前的 BPO 市场格局来看，欧美的市场已经被印度、菲律宾、爱尔兰和捷克所占领，而且各个外包承接国都有擅长的行业和领域。印度主要以软件行业的外包为主导；菲律宾主要承接呼叫中心、电脑软件开发和动画制作行业的外包；捷克的外包市场主要集中在生物研发领域。因此中国在开拓欧美市场时，会面临这些国家在位企业的强烈反击。此外，最近一个时期外包问题成为美国国会的重要议题，美国通过一些限制外包的法案，并已开始指责我国争夺其白领工作，这对我国企业开拓欧美市场将产生一定不利影响。

2. 价值链产业有待升级

中国大多数 BPO 外包企业还停留在产业链的最底层，多数业务处于外包价值链的低端。业务主要集中在嵌入式软件开发、应用软件开发、信息服务等劳动密集型领域，而产品研发、建筑设计、人力资源外包等还处于起步阶段。这种中低端的外包加工利润较低，不利于中国 BPO 外包业务的进一步发展。相比而言，印度外包业务中纯粹软件外包项目占 20%，爱尔兰在软件开发、工程及设计等高端业务上也占据优势。中国在商业服务和计算机信息服务方面的 BPO 附加值仅排在世界第 53 位和第 38 位，因此未来中国的发展应该以成本优势为立足点，提高产品的质量和附加值。

表 2-5　我国 BPO 市场的 SWOT 分析模型

优　势（S）	劣　势（W）
1. 低廉的劳动力成本 2. 充足的人力资源 3. 巨大的内需市场 4. 基础设施优势	1. 服务业体制政策环境不完善 2. 语言和文化上的差异 3. 知识产权保护意识薄弱 4. 专业人才缺乏 5. 管理水平落后
机遇（O）	挑战（T）
1. 全球 BPO 的快速增长和巨大的市场需求 2. 经济全球化以及信息通讯技术的发展	1. 欧美市场亟需开拓 2. 价值链有待升级

【案例分析】IBM 的 SWOT 和 BCG 分析案例（放弃 PC 业务）

2005 年对 IBM 来说是具有里程碑意义的一年。2005 年公司做出了重大的战略调整，公司通过这些调整，实现了收益的稳定迅速增长。该年公司聚焦于一些高价值产业领域，与前几年相比，IBM 的发展变得更为均衡、更为高效。

IBM 于 1981 年率先打开个人电脑市场，直到 1994 年之前一直是个人电脑领域的领头羊。但从那以后个人电脑销售额不断下滑，亏损有增无减。到 1998 年，个人电脑业务的亏损达到了 9.92 亿美元。在这样的情况下，若能剥离亏损的个人电脑业务，无疑会是一个明智之举。

2005 年 5 月 1 日，联想正式宣布完成收购 IBM 全球 PC 业务，至此 IBM 彻底结束了它在全球的 PC 业务，而联想以 130 亿美元的年销售额一跃成为全球第三大 PC 制造商。这样，IBM 不仅从此过程中获得了丰厚的利润，也更降低了总体成本，提升了自身的竞争力。IBM 在中国的这种战略选择还为它日后的战略调整做了最完美的铺垫。IBM 向联想出让 PC 业务并不是一次"蛇吞象"式的"逼宫"，而是 IBM 这个巨人的又一主动选择。联想作为亚洲最大的电脑生产企业，又获得了 2008 北京奥运会 TOP 赞助商的地位。将 PC 业务出让给这样的一家企业，于 IBM 的品牌价值、市场发展、与 IBM 该部分员工的安置与发展以及原有业务的延伸而言都是最理想的。

对此，我们也可进行 SWOT 分析：

首先，我们看 IBM 公司的优势（strength）：IBM 创建于 1914 年，是一家历史悠久、经验丰富、技术完善、实力雄厚的公司，它拥有一流的人才和无人堪与匹敌的企业精神，自 20 世纪 90 年代组织改造后完成战略转型，重新定位。IBM 不再以计算机硬件公司自居，而提供顾客以完整的解决方案，因此 IBM 积极进入顾客服务领域，成立全球服务部门，扩大软件的服务。此后，IBM 销售的成长几乎全来自服务和软件部门，并且它们逐渐成为 IBM 的优势。

其次，我们再来看 IBM 公司在 PC 部门的劣势（weakness）：在 PC 部门采取的外包和开发系统战略无法形成 IBM 的长久竞争优势。生产 IBM 兼容计算机，造成 IBM 兼容计算机的风行，唯一差异在于是否挂上 IBM 的品牌罢了，造成的第一个败笔是"没有模仿障碍"。正因为兼容机的出现，IBM 品牌优势不再明显，IBM 个人计算机的获利率逐渐降低，但最大的冲击在于个人计算机越来越快，使用界面愈来愈友好，功能越来越强大，在使用便利性上，IBM 大型计算机无法与之抗衡。当时大型计算机是 IBM 的"金母鸡"，毛利高达 70%，然而好景不长，逐渐受到个人计算机的侵蚀，获利逐渐衰退，因此

PC 部门着实成为 IBM 的劣势部门。

再次，我们来看 IBM 公司的机会（opportunity）：机会是组织外部环境的积极趋势。今天客户的需求正在转移，具体表现在它们的需求从零散的系统转为业务解决方案、从各自独立运作转向整合的基础设施、从专属转向开放的标准、从维护信息系统运营转向更加专注于业务创新、从手工操作变为自动化和自感式方向发展。在这样的趋势下，剥离 PC 业务后，IBM 将战略重点放在更高价值的领域，IBM 直面市场和客户需求的变化趋势，进一步加强系统科技、软件和服务方面的能力，提升核心竞争力，帮助客户实现价值。

最后，我们来分析 IBM 公司的威胁（threat）：威胁是组织外部环境因素的负面趋势。PC 业务早已不再"高深莫测"，利润也已经很微薄，IBM 当年在该领域的主要竞争对手——美国康柏公司已经退出了历史舞台，IBM 何苦还死死吊在这棵树上呢？

事实也证明，这种选择是正确的。转让 PC 业务对联想、对 IBM、对整个 IT 产业是一举数得。首先，从联想的角度来看：通过这次购并，联想发展历程的努力缩短了整整一代人。从 30 亿美元一下子进入 100 多亿美元，一下子跻身全球 IT 巨头的行列，而且联想换标和赞助奥运的几大举措效应由负面转为正面。一举多得，而且间接效应价值将远远超越直接购并耗费的成本。一流的产品、技术、品牌、市场、渠道、管理等直接获得，完全物有所值。这是一次巨大的升华。其次，整个中国 IT 产业成为最大的间接受益者。往往是少数企业的崛起带动整个产业和国家的崛起。三星等公司带动了韩国产业，Infosys 等带动了印度的软件业崛起。联想以及华为的全球崛起将直接带动中国高科技产业在全球的崛起。因此，这次购并对中国高科技产业乃至整个中国的经济发展都是一次极大的推动和促进。最后，对于 IBM 来说，这次购并对于它这个巨头来说几乎是一个"免费赠送"的举措。那么，IBM 真的那么慷慨吗？真的那么愚昧吗？完全不是。通过这次购并，IBM 达到了两大目的：一是放弃一个越来越不适合它做的业务，减少了损失；二是将直接痛击和制约几大竞争对手——英特尔、微软、惠普和戴尔，"变废为宝"。可谓真正的老谋深算，一箭双雕。所以即使"送"给联想，也不想高价卖给对手。这也解释了为什么这次购并是 IBM 处于主动地位。此外，IBM 结盟联想也将在中国市场获得更多的回报。

另外，我们也可以利用 BCG 矩阵来研究这个问题：

BCG 的精华在于动态的观点。由于产品生命周期变动的缘故，某些行业逐渐由问题行业成长为明星行业，而明星行业会随着产品生命周期的循环而成长率逐渐降低，进入成熟期，转化为金牛行业，等到了产品衰退期，产品开始没落，就由现金牛行业转为瘦狗行业。这正如 IBM 的 PC 产业，在 20 世纪 80 年代初时，由于它刚出现，市场需求很大，因此 IBM 大力研发，使之成为"明星产业"；但随着时间的推移，越来越多的厂商都能进行大规模生产，虽然 IBM 占有 70% 的市场份额，但 PC 行业的增长率变得很低，逐年变为"现金牛"事业，到 80 年代后期与整个 90 年代，由于没有模仿障碍、毫无差异化，IBM 创造了竞争者崛起的机会，这使得它在 PC 行业的市场占有率逐渐下降，伴随着 PC 部门极低的增长率，PC 行业基本无利可图，沦为了"瘦狗行业"。因此，果断处理掉 PC 部门绝对是一个明智之举。

在剥离 PC 业务后，IBM 将战略重点放在更高价值的领域，IBM 直面市场和客户需求的变化趋势，进一步加强系统科技、软件和服务方面的能力，提升核心竞争力，帮助客户实现价值。

今天客户的需求正在转移，具体表现在他们的需求从零散的系统转为业务解决方案、从各自独立运作转向整合的基础设施、从专属转向开放的标准、从维护信息系统运营转向更加专注于业务创新、从手工操作变为自动化和自感式方向发展。

在这样的趋势下，IBM 将自身的核心竞争力定位于帮助客户实现商业价值与 IT 价值的融合，在进行业务转型的同时，有效减少运营成本，使企业决策人能够将更多的精力付诸于创新和新的市场领域，从而带来业务上的突破。为实现这一目标定位，IBM 将在完善已有的软件、硬件和服务的基础之上，充分发挥和融合三者的能力和优势，帮助客户真正迈向随需应变：

第一，在服务领域，首先从业务咨询入手，帮助客户进行业务分析；其次，建立组件化业务模型，即将企业业务活动细分成独立插件但又彼此结合；最后，帮助实施业务转型外包，即利用整体运营流程方面的优势、专业技能和规模经济，帮助客户承担非核心业务甚至核心业务，提供客户更迅速、更成功和持久的业务转型。例如，在这一思路的指引下，IBM 已与宝洁签订价值 4 亿美元为期 10 年的全球人力资源业务流程外包协议。外包以其有效降低成本、增强企业的核心竞争力等特性成了越来越多企业采取的一项重要的商业措施。根据 Corbett Group 对 200 余家全球超大型企业的决策人物的一项关于外包市场的调查结果显示，外包已经成为一项企业用以提高核心竞争力、降低运营成本、巩固自己市场份额的战略性手段。2003 年 9 月 2 日，宝洁公司决定与 IBM 公司签订 BPO（商业处理外包）合同。作为合同的一部分，IBM 将为宝洁公司提供赔偿金、薪水、员工工作重新分配和旅行的安排。宝洁公司之所以将这些商业功能以低价外包给 IBM，是因为，公司意图将精力集中在产品的配送与公司资源的重组，这样宝洁公司将有更充足的精力致力开发核心的业务。

第二，在软件领域，帮助客户建立面向服务的架构、实现整合及保证业务灵活性。IBM 认为，随需应变的业务就是要能够把它的客户、供应商，所有的流程端到端地整合在一起，对客户的需求和市场的改变反应得更快。为此，IBM 将着眼于帮助企业实现战略跟 IT 战略的融合、技术跟业务方面的整合以及信息、流程、人员方面的融合。

第三，在硬件系统领域，IBM 认为未来 IT 基础设施正在不断从复杂走向简化。IBM 致力于通过服务器优化、存储整合、信息生命周期管理和灾难恢复，最终实现基础设施虚拟化，从而帮助客户将更多时间专注于业务创新并带来突破。在这点上，IBM 做得尤为成功。我们可以分别从服务器与存储整合两方面来具体考察：

1. 服务器

以往 IBM 服务器在中国市场总是给人以中高端称雄的印象，而在低端 IBM 优势则不是那么明显了，而且 IBM 一向追求的是以技术创新来领导市场，但经过新的战略调整，IBM 利用中低端产品的规模效应，力推低端 p 系列服务器、x 系列服务器和 BladeCenter 刀片服务器，并加强区域覆盖及渠道合作，使得 IBM 的产品市场覆盖力度得到进一步加大。从下面的调查报告中我们便可发现：

Gartner 提供的报告显示，IBM UNIX 市场收入份额实现了 3.7% 的年增长率。此外，IBM 刀片服务器收入实现了 82% 的年增长率，占据了第三季度刀片服务器市场收入超过 45% 的份额。

根据 Gartner 提供的数据显示，IBM 在多个关键领域都实现了增长，这份报告的重点内容包括：

➤ IBM 以 32.7% 的收入份额排名全球服务器市场收入第一，服务器总收入实现了 9% 的年增长率。

➤ 截至 2005 年三季度，IBM 的 UNIX 服务器收入已经连续 5 个季度实现了年增长，占据了 29.4% 的收入份额（增加了 3.7%），总收入年增长率达 12%。

➤ 截至 2005 年三季度，IBM 的刀片服务器收入份额已经连续 6 个季度处于领先，占据了超过 45% 的收入份额，总收入年增长率达 82%。

➤ IBM 在 2005 年三季度的全球 Linux 服务器总收入排名全球第一，占据了 29.7% 的收入份额，年增长率达 32%。

➤ IBM eServer i 系列系统收入年增长率为 25%。

2. 存储整合与信息生命周期管理

从 2003 年的存储年再到之后业界厂商先后提出的存储概念——"简约存储"、"简化存储"、"活性存储"等的出现都为今天存储市场的蓬勃发展奠定了基础。不难看出，存储产业正在经历着一场翻天覆地的变化。今天企业对于业务连续性以及信息生命周期管理等方面的需求增大，拉动存储市场继续高速增长。特别是近几年中小企业市场的蓬勃发展也让我们看到了中低端存储市场的巨大潜力，从高到低全面竞争的存储时代已经来临。

2005 年 3 月，IBM 存储系统事业部提出了三维存储的新概念，用高价值解决方案从业务连续性、信息生命周期管理和存储整合三个方面帮助企业实施全面的存储战略。面对存储问题，IBM 认为企业应当从业务层面、信息层面和基础架构层面有一个全盘的考虑，而不能一叶障目、以偏概全。

存储整合的目标是降低总拥有成本同时提高投资回报，帮助企业实现整合分散的存储资源并提供给它们自身数据统一的战略视图。同时采用先进的管理功能来打破传统存储管理的复杂性，通过创新来统一和简化异构存储环境；信息生命周期管理的出现使得存储与数据的价值保持匹配，为企业实现最大的投资回报，通过基于策略的方法来管理信息从创建到清除的全过程，降低管理成本；业务连续性确保企业的业务不间断运营，降低业务风险，保护业务安全稳定，提高业务弹性，从而保持企业的竞争优势。IBM 2005 年不断完善的解决方案涵盖快速数据恢复、数据备份和连续可用性等实现业务连续性的三大关键领域。

IBM 推出了全面的存储产品和解决方案，从上述三个方面为企业提供支持。可帮助企业简化基础架构及其管理，提供综合的业务连续性战略，在生命周期内对信息进行有效管理。企业借助这些产品可以降低成本、降低基础架构管理的复杂性、建立真正一体化的运营环境，同时实现业务模式转型并保持竞争的领先优势。

通过不断的自我完善，2005 年 IBM 在服务领域、软件领域、硬件系统领域取得了骄人的成绩：在服务领域，IBM 继续保持全球 IT 服务业的领头羊地位，2005 年来自全球服务业的收益为 474 亿美元，比 2004 年上升两个百分点；在软件领域，2005 年总收益达到 158 亿美元，比 2004 年上升 4 个百分点；在硬件系统领域，由于长时间的投资发展，2005 年总收益上升 5 个百分点。由于这些优秀的成绩，服务领域、软件领域、硬件系统领域便成为 2005 年 IBM 的主要盈利区，如下图所示：

在放弃 PC 业务后，IBM 不但在上述领域继续保持优势，还不断抓住机遇拓展新的市场。

（1）高增长市场

IBM 继续在世界上一些高增长市场扩展业务。2005 年剥除 PC 业务后，公司在下列地区均有增长：

巴西	29%
中国	9%
印度	59%
俄罗斯	29%

（2）新型商业转变机会

商业转变服务：提供转变经营服务，例如提供连锁管理、人力资源管理，这是一个具有 5 000 亿美元价值的市场。IBM 的 BPTS（business performance transformation services）抓住机会在 2005 年创益 40 亿美元，比 2004 年上升 28 个百分点。

SOA（service—oriented architecture）：建立在工业基础与网络服务软件的基础之上，是一种实现商业共享、整合先前碎片数据的十分重要的新方法。IBM 是 SOA 的主要提供者，在世界范围内有 500 个指定合作伙伴。

（3）突破式增长领域

剥离 PC 业务，2005 年 IBM 在下列关键领域也取得突破式增长：

医疗保健	20%
旅行 & 运输	16%
用户产品	11%
小型 & 中型商业	6%

（4）新出现的技术机遇

技术合并方案：这个新单元合并了 IBM 的许多技术优势，加快了其产品与服务的研究与开发。2005 年，工程与技术服务部门收益上升 39 个百分点。

现在我们可以将剥离个人计算机业务后的 IBM 收入与之前进行一下详细比较，参见表 2-6。

表 2-6　IBM 剥离个人计算机业务前后收入对比

截止到 12 月 31 日	2005 年	2004 年
收入报表		
全球		
服务	$ 47 357	$ 46 213
硬件	21 439	20 417
软件	15 753	15 094
全球		
融资	2 407	2 608
企业		
投资/其他	1 303	1 224
总计	$ 88 259	$ 85 556
截止到 12 月 31 日前	2005 年	2004 年
工业部门		
财政		
服务	$ 23 789	$ 23 393
公共	13 556	12 858
工业	11 437	11 702
分销业务管理成本	8 722	8 309
通信	8 458	8 391
小型 & 中型商业	16 387	15 393
原始设备生产商	3 271	2 885
其他	2 639	2 625
总计	$ 88 259	$ 85 556

资料来源：2005 年公司年报

　　评论：几乎所有数据显示，剥除 PC 业务后，IBM 在软件，硬件，服务及其他各项领域的收入都有所增加，这也是在预期之内的。由于剥除利润已很微薄的 PC 业务，IBM 可以投入更大的精力，财力去开发研究完善其他领域，而这些领域的回报率比 PC 部门的回报率要高得多。

　　由于策略上的正确选择，IBM 在 2005 年发展势头良好，业绩稳步快速增长，季度业务数据可参照表 2-7。

表 2-7 IBM 季度业务数据

（以百万为单位除了每股价格和股票价格）

2005 年	1—3	4—6	7—9	10—12
收入	$22 908	$ 22 270	$ 21 529	$ 24 427
毛利润	$8 254	$8 775	$8 738	$10 765
持续运营的收入	$1 407	$1 851	$1 516	$3 220
（减去）停产的运营收入	(5)	(22)	——	(24)
会计原则中的累计变化之前的收入	1 420	1 829	1 516	3 223
会计原则中的累计变化数				(36)
净收入	1 420	1 829	1 516	3 187
普通股每股收益：				
权益摊薄：				
持续营业	$ 0.85	$ 1.14	$ 0.94	$ 2.01
停止经营	——	(0.01)		
在会计原则中累积累计变化前	0.84	1.12	0.94	2.01
会计原则中的累计变化数	——	——	——	(0.02)
总计	0.84	1.12	0.94	1.99
普通股每股股息	0.18	0.20	0.20	0.20
股票价：++				
最高	$99.1	$91.76	$85.11	$89.94
最低	$89.09	$71.85	$74.16	$78.7

资料来源：2005 年公司年报

评论：从图表中可以发现，总收入在二三季度略有下滑，但在第四季度迅速上升并超过年初水平；来自持续经营的一些领域的收入基本呈上升趋势，尤其在第四季度上升尤为明显，因此也易发现在继续经营的一些领域的股票的每股价格也呈上升趋势，第四季度更为明显，公司状况良好，因此每股分红也比年初要高。

2.6 中国 BPO 产业的发展现状及发展趋势

随着全球竞争的加剧，专业化和注重核心竞争力的发展模式成为企业发展的新浪潮。国际上越来越多的跨国公司采用 BPO 模式，全球 BPO 行业总产值迅猛增长，其市场规模也形成快速增长的趋势。根据 IDC 预测，至 2010 年全球 BPO 产值已经超过 7 000 亿美元。从全球 BPO 市场的地区分布来看：北美的 BPO 市场占主导地位，英国的 BPO 有较快的发展，亚太地区作为新兴的 BPO 市场增长最快，已经逐步从业务流程的离散部分转向全面业务流程服务，一些公司的业务流程管理水平已经接近美国和西欧的跨国公司。据全球行业分析公司（Global Industry Analysts）的一份报告显示，到 2015 年全球 BPO 市场规模有望超过 9 300 亿美元。国际 BPO 市场中，美洲国家处于领先地位，占全球总支出的 59％；欧洲是第二大市场，占 22％；增幅最大的亚太地区占全球 BPO 支出的 15％。中国在 BPO 市场所占的份额还比较小，对于中国服务外包企业来说，投资 BPO 是可以大有作为的，有可能在快速发展的 BPO 市场上扮演重要角色，成为外包服务市场上的亮点。

2011 年 1 月 18 日中国外包网发布的《2010 年中国服务外包企业 BPO 业务最佳实践 TOP20》白皮书体现出了我国 BPO 产业的迅速成长。据 IDC 的报告预测，BPO 已成为中国 IT 服务市场增长速度引人瞩目的领域。截至 2010 年，我国从事业务流程外包的企业已经超过 1 000 家，超过千人规模的大型服务外包企业不断涌现，企业资产总额和营业额快速增长、通过 CMM/CMMI、ISO9001、ISO27001 认证的企业逐渐增多、企业综合实力显著提升、客户服务能力逐步增强。我国先后批准确定了 6 个国家软件出口基地，认定了 14 个"中国服务外包基地城市"、3 个"中国服务外包示范区"和 1 个"中国服务外包示范基地"。国务院批准了北京等 20 个城市为中国服务外包示范城市，工信部、商务部、财政部、教育部、国家税务总局等相关政府部门陆续发布针对服务外包产业的专项支持政策，综合运用财政、税收、金融、教育、政府采购等政策手段，全力支持服务外包产业的发展。

表 2-8　2010 年中国服务外包 BPO 企业最佳实践 TOP20 榜单

排名	企业名称	业务类型
1	华道数据	金融后援
2	北京富迈数据有限公司	数据/图片处理
3	软通动力信息技术（集团）有限公司	数据处理
4	上海微创软件有限公司	呼叫中心
5	山东泰盈科技有限公司	呼叫中心
6	易才集团	人力资源
7	大庆市华拓数码科技有限公司	数据处理
8	飞翔集团	呼叫中心
9	北京立思辰科技股份有限公司	文件管理
10	北京百思特捷迅科技有限公司	呼叫中心
11	西安炎兴科技软件有限公司	数据处理
12	信雅达系统工程股份有限公司	数据处理
13	北京九五太维资讯有限公司	呼叫中心
14	益德穿梭科技（大连）有限公司	数据处理/制图
15	点通数据有限公司	数据处理
16	北京兴长信达科技发展有限公司	电子商务
17	深圳市飞马国际供应链股份有限公司	供应链管理
18	成都三泰电子实业股份有限公司	数据处理
19	浙江中盈瑞博科技有限公司	数据处理
20	北京华谊嘉信整合营销顾问股份有限公司	营销外包

2.7　BPO 产业的发展趋势（以呼叫中心的发展为例）

　　随着市场竞争的日益激烈，如何提高企业的形象为用户提供最好的服务从而增加企业的利润已成为了各企业迫切需要解决的问题。从根本上说，不论何时何地，当客户遇到各种问题时，客户需要有一个畅通的可以与企业取得联系的渠道。在当前的技术情况下，最方便和常用的方式就是电话，而企业也面临如何管理好这种渠道、使它发挥最大效能的问题。这个问题的解决途径就是要建设好和管理好呼叫中心。

呼叫中心是信息时代和数字经济时代的一种创新技术，是电子商务在通信领域的扩展和延伸，是企业健全现代 CRM 系统、开拓市场、吸引和留住客户必不可少的武器。呼叫中心是企业和客户之间的交流界面，提供给市场经营者一个独一无二的机会与客户直接交流，每一个呼叫意味着一个重要的机会。它为企业带来的好处主要体现在以下几个方向：

1. 提高工作效率

呼叫中心能有效地减少通话时间，降低网络费用，提高员工/业务代表的业务量，在第一时间内就将来话转接到正确的分机上，通过呼叫中心发现问题并加以解决。

2. 节约开支

呼叫中心统一完成语音与数据的传输，用户通过语音提示可以很轻易地获取数据库中的数据，有效地减少每一个电话的长度和人工开支，每一位座席工作人员在有限的时间内可以处理更棘手的问题，大大提高电话处理的效率及电话系统的利用率。另外，对于业务范围遍布全国的企业来说，在每个重要城市设立服务中心成本会很高。但是如果有一个统一的客户服务中心即呼叫中心，成本会低很多。使用服务的用户并不知道呼叫中心在哪里，比如对于在北京的客户，这个服务中心在北京还是上海对他/她来说没有区别。

3. 选择合适的资源

根据员工的技能、员工的工作地点、来话者的需要、来话者的重要性、不同的工作时间/日数来选择最好、最合适同时也是最有可能接通的座席业务代表。

4. 提高客户服务质量

自动语音设备可不间断地提供礼貌而热情的服务，即使在晚上客户也可以利用自动语音设备提取所需的信息。而且由于电话处理速度的提高，大大减少了用户在线等候的时间。在呼叫到来的同时，呼叫中心即可根据主叫号码或被叫号码提取出相关的信息传送到座席的终端上。这样，座席工作人员在接到电话的同时就得到了很多与这个客户相关的信息，简化了电话处理的程度，这在呼叫中心用于客户支持服务中心时尤为明显。在用户进入客户支持服务中心时，只需输入客户号码或者甚至连客户号码也无需输入，呼叫中心就可根据它的主叫号码到数据中提取与之相关的信息（这些信息包括用户的基本信息，诸如公司名称、电话、地址等），也可以按照以往的电话记录以及已经解决与尚未解决的问题使双方很快进入问题的核心。呼叫中心还可根据这些信息智能地处理呼叫，把呼叫转移到相关专业人员的座席上，这样客户就可以马上得到专业人员的帮助，从而使问题尽快解决。

5. 留住客户

一般来说，客户的发展阶梯是：潜在客户→新客户→满意的客户→留住的客户→老客户。失去一个老客户，所受到的损失往往需要有8～9个新客户弥补，而20％的重要客户可能为企业带来80％的收益，所以留住客户比增加新客户更为经济有效。要学会判断最有价值客户并奖励老客户、找出客户的需要并予以满足，从而提高客户服务水平，达到留住客户的目的。

6. 带来新的商业机遇

理解每一个呼叫的真正价值。呼叫中心可帮助企业提高效率、收益和客户价值，帮助企业利用技术上的投资更好地了解客户，鼓励企业与客户密切联系，使企业的产品和服务更有价值。值得注意的是，每一次呼叫中也许可以捕捉到新的商业机遇。

在电子技术和通讯技术的带动下，呼叫中心产业在短短二十年间从无到有在世界范围内蓬勃发展。呼叫中心行业的出现和发展也深深地影响了现代服务业，丰富了服务的内涵和形式，改变了服务的模式，影响了服务的理念。越来越多的企业发现通过呼叫中心向客户提供服务与进行营销拥有时间和地域上的灵活性，是节省运营成本、提高销售服务质量的有效方式。

现在我们从行业和技术发展趋势上来分析一下呼叫中心的发展方向。

（一）行业的发展趋势

在美国，呼叫中心平均每100人就有一席；而在中国，5 000人都平均不到一席。从事呼叫中心业务的人士总是喜欢用这个数据来说明呼叫中心在中国的潜力。于是，北京密云、苏州、安徽合肥、成都等地由政府主导的呼叫中心产业基地相继上马，这个定位于服务外包的无烟行业像当年会展行业一样成为许多地方政府竞相扶持的对象。呼叫中心开始从幕后走向前台并形成一个行业，而这个人力密集型行业的前景恐怕并不仅仅是政策扶持就能解决的。

产业升级期待标准支撑。经过十年的发展，我国呼叫中心（我国香港/台湾地区又称客户互动中心/客服中心）已经遍布全国各行业。根据呼叫中心行业研究和出版机构 callcentres. net 发布的《2008 年度亚洲呼叫中心产业基准报告》显示，中国呼叫中心行业增长强劲，并以 19％的增长率位居亚太地区之首。报告同时指出，2007 年到 2008 年，中国呼叫中心的席位规模增长强劲，达 28.56 万个席位，增长率为 19％。2009 年中国呼叫中心产业电话席位数将至少在现有基础上增长 20％，而且今后几年呼叫中心行业仍将以 20％以上的复合年增长率快速发展，有望引领中国成为世界服务产业的又一高地。

但相比于发达国家，我国以呼叫中心为代表的服务行业规模及水平仍存在明显差距；主要表现为以下几方面的问题：

在快速成长的同时，不可避免地带来了各个行业、各个地区以及每个呼叫中心的发展水平参差不齐、运营管理方法良莠不等、缺乏统一的标准来指导呼叫中心的持续建设和优化；

对呼叫中心运营指标的解释口径不一致，如服务水平、员工流失率等；

缺乏权威的中国呼叫中心运营管理的最佳实践、指标体系和标杆数据；

呼叫中心的多渠道和多功能发展无序，缺乏协调和指导。

根据国际同业几十年的发展经验，国家标准的有效制订和推广不仅能够促进呼叫中心建设规范化及运营管理能力的整体提升，更能促进行业健康有序地发展，有力推动中国服务全行业在全球化背景下的国际竞争力，所以中国的呼叫中心产业将会在不久的将来或正在开始腾飞。

1. 由高成本地区向低成本地区转移

这样的转变其实是来自于两个方面的需求：首先是营运成本的压力，然后是业务拓展的需要。这会导致行业由发达地区向不发达地区扩散，产生新的行业发展机会。所以这样的转移有两个方向：由发达国家向发展中国家发展，由沿海向内地发展。

尽管呼叫中心跨国外包业务非常活跃，但是呼叫中心提供的面对国际市场的多语言服务总是与本国语言相联系的。所以很多呼叫中心提供的国际服务其实依托于其地理或语言上的优势，比如现在跨国外包最大的两个国家——印度和加拿大。但是即使是有这样的优势，在跨国外包方面还是遇到了许多问题，比如口音的问题导致客户满意度的下降、远程监控和质检的困难带来的管理成本增加等。所以随着呼叫中心技术的普及，本地化服务将是主流。而新兴市场将是呼叫中心行业最肥沃的土壤。

另外，技术的发展也使得呼叫中心能够分散建设、管理更加灵活，使得呼叫中心能够建立或搬迁到低劳动力成本或劳动力更丰富的地区以节省费用。

2. 向专业化（外包）发展

随着竞争的深入，呼叫中心的建设正在由以技术（设备）为核心向管理为核心转变。越来越多的呼叫中心管理者逐步意识到，要降低营运成本、提高竞争能力必须建立起科学化的质量管理体系。但是管理能力的提升不像升级设备那么简单——愿意投入资源即可实现，它需要人才的支持和经验的积累。这给大量需要建立呼叫中心的中小企业提出了难题。但是专业的外包服务商有这样的优势，它们拥有充足的经验，能够整合资源，最大化地利用人力和设备，在成本与效益上比较容易达到最优化。外包服务的发展大大加快了呼叫中心行业的普及。外包服务商在控制成本上拥有优势，下一步的重点是如何提高服务质量、如何开展个性化服务。

3. 呼叫中心建设的大型化和分散化

呼叫中心大型化是对于一些大型企业和专业外包服务商而言的。源于历史原因，绝大多数呼叫中心应用于企业的客户服务部门。随着业务的发展，大型企业呼叫中心有进一步扩大的趋势，比如增加新的部门来完成企业营销、主动客户关怀等职能，甚至有可能将整个企业建立在呼叫中心的体系之上。所以以后的呼叫中心规模将会被重新定义，500～600 个座席将不会被认为是大规模，将来会发展出超过 2 000 座席的呼叫中心。

另一方面，信息技术的普及使得分散式呼叫中心成为行业的趋势。从统一的集中式座席发展到松散的分布式座席，对用户来说是拨入同样的热线号码，但是客户人员可能分布在各地，这类虚拟呼叫中心提供从业者更有弹性的工作时间和空间，移动办公也许不是遥远的事情。这种称之为虚拟呼叫中心的模式比较易于开展针对性服务，同时成本控制更加灵活。相对于自建、外包两种传统模式，虚拟呼叫中心给企业提供了第三条路。

4. 由成本中心向利润中心的转变

向利润中心转变其实是个老话题了，只是在初期解决呼叫服务有无问题的时候这个问题还不显得那么突出。在今天，呼叫中心由成本中心向利润中心的转化正在成为不可逆转的趋势。企业对呼叫中心的影响理念也正在发生变化。呼叫中心其实远远不是只能做服务，完全可以提供解决方案来满足客户的需求，在营销中创造盈利。

相对于前面的几点转变和发展，可能将呼叫中心转变为利润中心的变化和要求是最大的。当然并不是说将呼叫中心由成本中心转化为利润中心就必须做营销。不少行业和业务是不可能做营销的，但是它们一样可以实现向利润中心的转变。卓越的服务体验同样可以产生出价值。当然如何计算呼叫中心的"回报"是一个难题，这是实现向利润中心转变的基本前提。但无论如何，呼叫中心的业务模式和组织结构必然发生变化，这将给旧有的思维方式带来冲击。要想产生利润，就迫使呼叫中心由被动提供服务转变为充分发掘客户需求。只有依据 CRM 理念将采集到的客户信息进行充分分析和发掘并将客户信息与企业的内部/外部资源进行有效整合、再通过呼叫中心的沟通优势提供给客户满意的产品或服务，才能将呼叫中心由成本中心转化为利润中心。

必须要强调的是，无论呼叫中心有何种发展，管理者在实施这些项目的时候，一定要做好规划。呼叫中心战略是与公司整体发展密切关联的。因为变革必然伴随着企业劳动力资源的变化和重组等问题。已经有不少实例表明，一些实施了呼叫中心变革的企业由于没有重视新的业务模式所引发的人员重组或工作环境的改变对员工的影响，从而造成了人员的流失以及运营管理的滞后。

（二）技术的发展趋势

1. 多媒体技术的应用

传统意义上的呼叫中心是指以电话接入为主的呼叫响应中心，为客户提供各种电话响应服务。但是单纯的电话服务已经远远不能适应信息社会发展的需要。呼叫中心的概念将扩展为多种渠道的"多媒体互动中心"或"客户综合服务及营销中心"。多媒体将包括 VoIP、Web、Email、BBS、短信、传真、视频、即时聊天等各种现在能用到的联络手段，这既能拓宽服务渠道也能增加控制营运成本的方法。现在这样的转变已经在大多数呼叫中心开始，越来越多的呼叫中心在提供传统的热线号码的同时也开始提供诸如网站、E-mail、甚至 QQ 等联络方式。未来的呼叫中心将基于语音数据和视频信息的 CTI（Computer Telephony Integration）技术，从而将使呼叫中心在功能上得以飞跃。

2. CRM 技术的应用

CRM 技术的引入将使呼叫中心的价值得以大幅提升。呼叫中心系统与 CRM 系统的整合主要应该实现两个系统后台业务数据即客户资源信息以及联络过程中产生的新的信息的整合。CRM 系统通过统计分析得出待访问的客户群，利用呼叫中心系统联络；呼叫中心系统再将相应的联络信息反馈回 CRM 系统分析。这仅仅是两个系统结合的一个简单应用。通过客户资源信息的整合应该可以挖掘更加深入的信息，从而产生信息的价值，帮助企业由"以产品为中心"的商业模式逐渐转变为"以客户为中心"的商业模式。

早期的呼叫中心	客户服务中心
客户技术支持	客户关系管理
解决客户问题	创造收入、留住客户
电话、传真	电话、传真、E-mail、Web
单一接触方式	以客户为中心
较差、缺乏	个性化服务、各渠道、提供一致性服务
不清	战略价值
工作时间	7×24
GUI界面，有一定程度集成	无纸化办公、系统高度集成（CTI）、界面友好

图 2-5　早期呼叫中心和现代呼叫中心的对比

3. 基于 IP 技术的虚拟呼叫中心

在发达国家，由于人力成本相对较高，许多呼叫中心的座席已经建立在了人力成本相对低的地区。在实际案例中，建设在印度的某呼叫中心的座席代表已经可以操着有浓郁得克萨斯口音的英语为来自美国得克萨斯州的客户提供服务，尽管客户在打入电话的时候并不了解线路的另外一端是一个土生土长的印度人。

客户打入电话后，系统会根据主叫号码将来电路由到本地呼叫中心座席，或者判断分布的呼叫中心各个点，将电话自动路由到最空闲的异地客户服务座席，实现呼叫量的统筹分配及最合理运用。这样将直接带来两大好处——实现各地统一的客户服务号码，并调动整合世界各地各分支机构的资源，以将庞大的客户服务电话应答队伍建设在人力成本相对较低的地区，大大降低呼叫中心的运营成本。

基于 IP 技术的呼叫中心在人员配备方面提供了史无前例的灵活性。业务代表可以在自己的家中或者在配备了适当电话的远地上班。他们完全与在呼叫中心上班的业务代表完成相同的呼叫处理功能，收到相同的服务以及监督级别，形成"虚拟的呼叫中心"。同时，智能网络可以把多个系统组成超大规模的系统，用多个系统实现高负荷系统的资源共享、负载均衡以及实现多个系统之间的互容。

（1）地理位置的独立性和可扩展性

IP 呼叫中心的建立理论上可以在企业网络的任何位置。一个单独的 IP 呼叫中心可以管理多个地点的商业规则和路由，保证不同地理位置的销售人员和服务人员正常处理客户联系。可以在一个或多个地点添加座席人员，而继续在一个位置管理系统，使远程座席成为可能。IP 呼叫中心的一个显著优势就是它对异地办公和远程座席的支持。

IP 呼叫中心中的座席可以处于任何一个位置，比如另一幢大楼、另一个城市、甚至另一个国家，而且拥有和呼叫中心主体部分的座席一样的服务能力和监视级别。使用远程座席可以允许座席人员在家里办公，吸引和留住一些技能高超的座席人员；可以有效地减少设备和日常开销；可以更好地解决季节性的业务波动和高峰时刻人员问题，增强防灾能力。

（2）减少运营成本

可以使许多呼叫中心的座席设置在人力成本相对低的地区。在保证实现择地统一的客户服务号码的前提下，合理整合企业在世界各地的资源，大大降低呼叫中心的运营成本，同时 IP 呼叫中心节省了远程座席需要用电话线连接到呼叫中心的这笔巨大开销。现在座席通过数据线就可以连过来，语音信息像其他数字信息一样被传送给座席而不会带来使用 PSTN 的花费。

（3）降低呼入电话的费用

最后一点正如 DataMonitor 指出的："VoIP 很可能与市场上主要的浏览器结合，而不需要用户自己配置或安装插件。"当支持 VoIP 的 PC 或 Web 浏览器普及后，越来越多的客户将用计算机打电话，这样您用于让客户拨打免费电话的费用（如 800 电话开支）也会降下来。

简而言之，IP 呼叫中心实现了一个虚拟呼叫中心。座席可以分布在任何地方，客户可以在任何地方选择任何通信通道访问呼叫中心，最后取得一致的客户服务和极大提高了的客户关系这样的圆满结果。

（三）国内呼叫中心产业发展最新动态

国内的呼叫中心在一如既往地显现出其特有的生命力的同时，也在传递着新的发展趋势。主要体现在以下几点。

1. 传统呼叫中心再造 web 新功能

Web 为呼叫中心带来了新的发展机会，通过将呼叫中心与 Web 结合，可以提高客户自助服务的能力，减少客户服务人员，提高客户满意度，建立客户经验。国外很多传统呼叫中心都在通过"再造"为呼叫中心增加 Web 功能。

互联网为客户接入呼叫中心增加了新的通道，如 E-mail、文本交谈、Web 回叫等。可以预见，随着互联网的迅速普及，Web 功能将成为呼叫中心的基本配置。

2. 电子商务钟情呼叫中心

随着 8848、当当书店、易趣、100OK 等多家从事电子商务的网络公司打响了建立呼叫中心的第一枪，众多的 .com 公司忽然间发现了一种新的生存方法，就是将网络与呼叫中心结合。这样一来，既可以为客户提供更为优质的服务又扩展了业务范围，还可以进入传统的电话直销领域，将电话营销和网络营销结合，这无疑是一片充满商机的新大陆。其实，国外的电话营销已经存在了很多年，但在中国一直没有得到很好的普及，也许现在条件成熟了。

3. CRM 和呼叫中心相得益彰

客户关系管理（CRM）和呼叫中心结合成为一种趋势和必然。现在，企业越来越重视客户关系管理，CRM 软件是企业提高竞争能力、从以产品为中心转到以客户为中心的主要工具。近两年，各行各业开始重视 CRM 软件，很多国内的软件开发商也开始加入其中。目前主要的开发商包括：管理系统软件公司、数据库软件开发公司、呼叫中心应用软件开发公司、财务/ERP 开发公司和专业 CRM 软件开发公司等。CRM 软件要和现有的各种应用软件及企业内部的信息系统能够很好地结合使用，由于 CRM 与呼叫中心结合得非常紧密，因此对于客户来说，选择呼叫中心时应和 CRM 软件统一考虑。

4. 呼叫中心外包服务大幕拉开

呼叫中心外包服务近期有加速发展的迹象，这主要是源于随着 WTO 的临近国家对电信服务业将采取进一步开放的政策。各行各业在面对日益激烈的市场竞争中意识到客户服务的重要性，从而导致对呼叫中心的需求增加。企业越来越专注于自己的核心业务，希望将非核心业务外包出去。应该说，建立外包型呼叫中心的各方面条件都已逐渐具备。对于很多公司来讲，可能会跨过自己建立呼叫中心这个阶段而接受外包服务。

希望从事外包服务的公司现阶段主要有：已经建成多年并且具有一定系统余量的各地电信呼叫中心、正在积极寻求转型的各大寻呼公司、以行业为基础的外包服务公司以及国外呼叫中心外包服务公司等。

其中，各大寻呼公司将成为一支不可忽视的生力军。在寻呼业因种种原因造成业务量急剧下降的今天，如能将原有的设备稍加改造，再利用多年积累下来的电信增值服务的丰富经验，选择呼叫中心外包服务不失为一个明智之举。包括联通、润讯、国脉等在内的老牌寻呼公司正在紧锣密鼓地招兵买马，准备在这一领域再创辉煌。引人注目的是，在电信制造业久负盛名的大唐电信也于近期入股一家经营电话信息服务业务的公司，作为其进入电信服务领域的切入点。

呼叫中心外包服务可谓是大幕刚刚拉开，好戏还在后头。而在众多的呼叫中心设备提供商眼中，这肯定又是一个不容错过的绝好商机。

5. 呼叫中心培训浮出水面

建成一个呼叫中心只是走出了万里长征的第一步，更重要的也是长期的任务是如何有效地运营和管理，以使它避免成为华而不实的摆设和令人尴尬的成本中心。对于那些在几年前就已建成呼叫中心的企业来说，眼下最需要的恐怕就是培训了。进一步提高服务质量、掌握国外呼叫中心先进的管理运营经验和话务服务技巧、使得呼叫中心的应用更上一层楼成为企业的迫切需要，同时也带来了呼叫中心培训的急剧升温。

选择培训时应考虑培训方的经验、教材、教师能力、设备环境等因素。目前，国内能提供呼叫中心专业培训的还不是很多。其中开展得比较好的是一些较早进入国内的、具有国外背景的公司，它们将国外成功的呼叫中心运营理论和经验介绍和运用到国内，除培训自己的员工外也进行对外培训。主要的培训内容包括：管理人员培训、业务代表培训、电话营销、设备维护、技能培训和CRM 培训等。

在这方面，国外已经有专门的呼叫中心培训学院。如位于美国马里兰州的呼叫中心管理学院（Incoming Calls Management Institute，即 ICMI）就是专门为呼叫中心管理人员提供全面训练课程和教育资源培训的。据悉国内有关部门也正在积极筹建专门的呼叫中心培训机构，以适应呼叫中心在国内迅速发展的形势需要。

其实，所有的这些发展动态和趋势可以用一句话概括，就是呼叫中心作为一个产业，它的链条正在日趋完整和丰富，这正如在汽车产业中有汽车制造商、零配件供应商、各级经销商、专门的新旧车交易市场、出租和租赁业、汽车展会、甚至包括路边的洗车一族。我们正在缩小与国外的差距。

可以想见，随着时间的推移、技术的发展和市场的壮大，呼叫中心肯定还会带给我们更多的惊喜。

本章小结

尽管全球 BPO 产业的兴起时间不到十年，然而其规模发展之快、内涵变化之大是历史上任何产业进程都无法比拟的。由于计算机和互联网技术不断地深入到人类社会生活的各个领域，BPO 的服务内容和竞争市场正在不断创造、衍生和扩展。这是一个新型产业动态化的成长过程，以不断地产生、形成、组合和消失的方式为特征。

关键词或概念

发包方
接包方
SWOT
CRM

简答题

1. 中国的 BPO 市场仍处于起步阶段，其主要特点是什么？
2. 简述美国外包业务的特点。
3. 我国 BPO 市场的 SWOT 分析模型中的优势有哪些？
4. 简述早期呼叫中心和现代呼叫中心的区别。

第三章　BPO 企业

本章导读

　　BPO 企业的综合能力反映了服务外包企业外部经营和内部管理等方面的状况，能够最直接地反应中国 BPO 发展的潜力。概括来说，BPO 企业综合能力包括企业经营状况、海外市场开拓、融资和议价能力、大型项目经验等内容。

　　发展至今，中国 BPO 企业正在利用各种方式积极拓展海外渠道，最大程度地直接承接海外业务。中国接包企业通过设立海外分公司、办事机构等方式接触国外发包商，越来越少地依靠承包商间接接包，这样的积极拓展对于中国 BPO 企业提高品牌知名度、业务交付能力、项目金额以及企业利润水平都有着积极的影响。

本章学习目标

　　前两章已经非常详细地介绍了 BPO，对学生认识这个新兴产业很有帮助。本章从企业架构的角度为学生了解 BPO 做介绍，要求学生通过学习掌握 BPO 企业的形态、组织机构和业务功能，了解 BPO 业务中的 IT 基础设施建设等技术背景，了解 BPO 企业在业务中执行的招聘流程，认识到这个业务与人有着密切的关系。

3.1　BPO 企业形态、组织机构和业务功能

　　中国从事 BPO 业务的企业规模普遍不大，资产总额过亿元的企业只占少数，大多数都是在 1 000 万元以下的中小企业。作为特殊的信息服务性企业，BPO 企业综合能力的评估既要考虑到传统的企业综合能力评估要素，同时还要兼顾 BPO 行业的特性。统计分析表明，中国 BPO 业务营业额总体呈上升趋

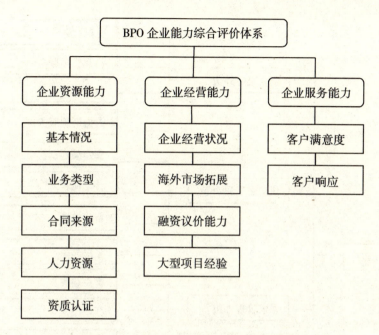

图 3 - 1　BPO 企业能力综合评价体系

势，低于 500 万元年营业额的企业比例逐渐减少，500 万—5 000 万元之间的企业有明显增长，营业额在 5 000 万元以上的企业比例也明显增加。

　　根据这样的分类，BPO 外包的企业形态包括各种翻译公司、会计师事务所、税务师事务所、审计师事务所、劳动力市场、人才交流中心、猎头公司、劳务派遣公司、货运代理公司、仓储公司、船代公司、运输公司（船公司、汽车公司）、各类报关、报检、通关公司、研发设计中心（公司），各类检测中心、广告设计、创意设计公司、新产品设计公司，以及各类法律、管理咨询公司，各类金融证券机构、保险中介、保险公估、保险代理和金融数据中心等。

3.2　BPO 业务中的 IT 的基础设施[①]

　　Internet 的发展正使世界变得越来越小，只要轻轻点击鼠标，全球范围内的沟通变得非常容易。全球资源模式更说明了世界正从工业经济向信息经济转

---

　　①　Gabriela Kennedy，Douglas Clark. Outsourcing to China-Risks and Benefits［J］. Computer Law & Security Report，2008（3）：250～253.

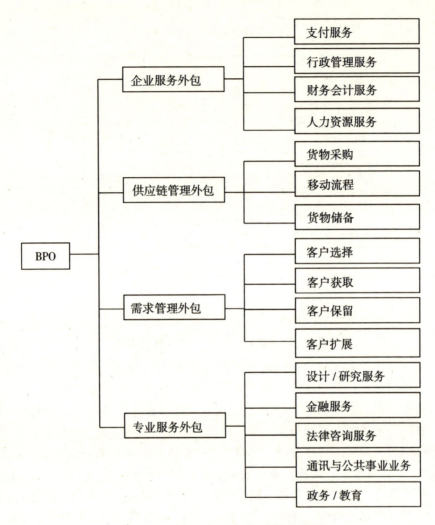

图 3 - 2　BPO 企业业务功能分类图

变，Internet 也使复杂的远程监控成为可能。为了促进 BPO 更好地发展，
BPO 企业需要建设一系列基础设施，包括宽带接入、数据库、主机、安全工
具、应用集成工具、基于 Web 的 ERP 应用、应用集成模块、SCM、内容管
理、动态定价软件等，这将进一步促进 BPO 业务中 IT 基础设施市场的繁荣。

　　一般来说，许多企业客户决定将某项业务外包给服务商，都是在双方建立
了相互信任的合作伙伴关系之后，比如先尝试外包低端的数据处理或者 IT 基
础架构的运行维护，再逐步将涉及企业相关职能领域的工作进行外包。这一现
实造成很多潜在的中国本土客户对外包服务持怀疑与观望态度；而一些跨国企

业虽然更倾向于选择成本更低的本土服务商，尤其是在财务外包这个领域，却也苦于找不到理想的合作伙伴，因此，就目前而言，无论是服务商还是发包商，在 BPO 市场上，拥有 BPO 业务知识的 IT 基础设施服务供应商，尤其是应用解决方案提供商，将毫无疑问拥有更大的优势，因为他们在提供 IT 服务的同时，比潜在竞争者先一步熟悉客户自身的业务流程。

IDC 是 BPO 硬件环境的核心之一，它的功能是凭借着丰富的 IT 基础资源和高度集中化、标准化的运营管理系统向客户提供数据存储、数据备份、数据交换等服务。客户可以通过租用 IDC 的服务来建设自身的信息系统，以 IDC 为基础平台，重点提供增值业务、专业咨询等差异化服务，如应用系统运营维护、行业客户的 ASP 服务等。作为 BPO 产业链的有机组成部分，IDC 可以结合 IT HELPDESK、IT 服务外包、远程服务等方面的优势，凭借高速、安全、可靠的网络环境，电信级机房及先进的安全保障措施，为国内外客户提供主机托管等资源出租以及数据容灾备份等增值类。

3.3　BPO 企业在业务中执行的招聘和培训

BPO 业务的长期发展，不仅需要一定的硬件和技术条件为基础，更需要一些软性条件，比如 BPO 企业在业务中执行的招聘与培训，对发包国语言、文化、法律、习俗的深刻了解，跨文化的沟通能力等。

BPO 的发展对 BPO 企业的人力资源素质提出了较高的要求，尤其是随着 BPO 细分市场趋向窄范围、高深度的趋势，很多 BPO 企业有意向外包市场纵深发展，并试图依靠纵向业务取得主导控制力，这些对 BPO 企业的人力资源素质更是提出非常高的要求。BPO 的人力资源供应应该是复合型的人才结构，金融、财税、会计、IT、法律，以及包括团队合作能力、综合分析能力、敬业、保密等职业道德都是应该不可或缺的。稍微具体来说，BPO 市场对人力资源素质的要求主要包括以下方面：

（1）IT 技术
这是 BPO 最基本的领域；
（2）金融知识
这是 BPO 强调的必备素质；
（3）法律知识
相关的基本法律、法规的掌握运用能力；
（4）财税知识

（5）综合分析、研究判断能力

基于相关知识的了解，在搜集相关信息的基础上，分析、判断、研究相关信息，并能提供有价值的建议或意见；

（6）国际化素质

包括语言交流能力、国际交往能力、人际沟通能力、国际技术标准的掌握、国际操作规则的掌握、国际监管规则的掌握，还要具有对目标市场尤其是欧美市场人文社科环境的了解，理解并尊重国外客户在文化、礼俗、习惯、思维以及时差等方面的差异；

（7）职业道德

由于 BPO 行业的特殊性，从业人员经常会接触到客户的业务秘密，因此从业人员必须有良好的职业操守，诚信敬业，不泄露客户秘密。

概括来讲，BPO 企业人力资源管理服务是指那些支持核心人力资源活动与人力资源管理流程的服务，包括：

工资与税收管理；

医疗与福利管理；

养老金与退休金管理；

员工培训管理；

员工沟通设计与管理；

支持人力资源/员工门户相关的服务等。

一、BPO 企业人员招聘程序

人力资源管理的一项重要功能就是要为企业获取合格的人力资源，尤其是在人才竞争日趋激烈的今天，能否吸引并选拔到优秀的人才已经成为企业生存和发展的关键。在资源配置市场化的经济体系中，企业必须通过竞争才能获得资源，人力资源也不例外。一个企业只有经过竞争才能在劳动力市场中获得资源。如何按照企业的经营目标与业务要求在人力资源规划的指导下根据工作分析把所有需要的人才在合适的时候放在合适的岗位上，这是 BPO 企业成败的关键因素之一。

招聘就是发现和吸引具备条件、有资格和能力的人员来填补企业的职务空缺。成功和有效的招聘意味着企业有更多的人力资源优势。招聘有助于改善企业的劳动力结构与数量。通过有目的、有计划地录用工作人员，企业可以控制人员类型和数量，改善人力资源结构，保证年龄结构、知识结构、能力结构等符合企业发展的整体目标。

一般情况下，企业招聘工作是源于以下几种情况的人员需求：

（1）因生产或业务的扩展而计划的人员招收；

（2）因人员离职等突发原因产生的缺员补充；

（3）为了确保企业所需的专门人员；

（4）为了确保新规划事业的人员；

（5）企业组织机构有所调整之时；

（6）为了使企业更具有活力而必须引进新人员之时。

招聘是个连续的过程。从广义上讲，人员招聘包括招聘准备、招聘实施和招聘评估三个阶段。

（一）准备阶段

1. 进行人员招聘的需求分析，明确哪些岗位需要补充人员。

2. 明确掌握需要补充人员的工作岗位的性质、特征和要求。

3. 制定各类人员的招聘计划，提出切实可行的人员招聘策略。

（二）实施阶段

招聘工作的实施阶段是招聘活动的核心，也是最关键的一环，先后经历招募、筛选、录用三个步骤。

1. 招募

根据招聘计划确定的策略和用人条件与标准进行决策，采用适宜的招聘渠道和相应的招聘方法吸引合格的应聘者以达到适当的效果。

2. 筛选

在吸引到众多的符合条件的应聘者之后，还必须善于使用恰当的方法挑选出最合适的人员。

3. 录用

在这个阶段，招聘者和求职者都要做出自己的决策，以便达成个人和工作的最终匹配。

（三）评估阶段

招聘评估是招聘过程中必不可少的一个环节，招聘评估通过成本与效益核算能够使招聘人员清楚的知道费用的支出情况，区分哪些为应支出部分、哪些是不应支出部分，有利于降低今后的招聘费用，为组织节省开支。招聘评估通

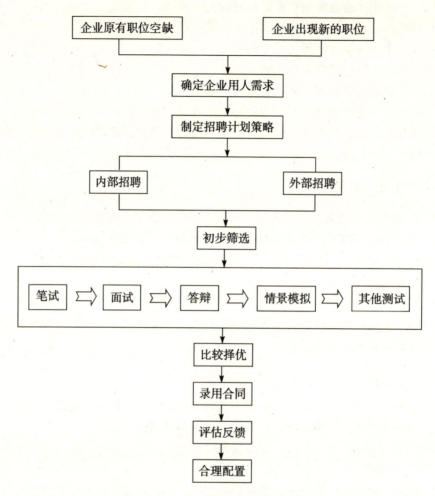

图 3-3　BPO 企业招聘实施流程

过对录用员工的绩效、实际能力、工作潜力的评估，检验招聘工作成果与方法的有效性，有利于招聘方法的改进。

人员招聘是确保企业生存与发展的一项重要的人力资源管理活动。在招聘过程中，应遵循以下原则。

1. 双向选择原则

招聘是员工和企业之间的相互选择过程。传统上认为招聘是以企业为中心的单向过程，是员工找工作企业向员工提供工作，企业在人员选择占有绝对的优势。企业在招聘中占主动地位，应聘人员只能被动等待企业的挑选。现代的观点是招聘中企业和应聘人员之间存在双向选择，人们对企业也有选择权，在企业挑选员工的同时未来的员工也在选择企业。招聘工作实际上是企业向应聘者推销岗位或职务的过程，招聘的成功必须考虑企业和申请者双方是否对申请的职务达成共识。

除了双向选择观念以外，现在招聘活动与传统招聘还存在着许多差别。传统招聘内容特别强调职务申请者的技术、知识和能力必须满足企业的需求，忽略了申请者的心理需要；现代招聘中则强调申请者的人格、兴趣、和爱好应适合职务说明书、企业文化和价值观的要求。从职务申请者方面来看，传统上人们选择企业多考虑经济方面，而现代人们更多地考虑企业环境、组织技术、企业发展及能否发挥自己的潜能。企业需要申请人员不仅在知识、技术和能力上符合职务需要，而且还要求在个性心理等方面满足企业要求。

2. 公平竞争原则

招聘为员工提供一个公平竞争上岗的过程，保证每个员工都能充分发挥自身的能力。企业对每一位应聘者一视同仁，不能因地域、体貌、性别等因素限制平等竞争的市场规则。按照公平、公开、公正的招聘程序，遵守法律规定和承担应有的社会义务。通过公平公正的招聘，企业可以发现最佳人选，减少明显不合格或不合适的人员进入企业，减少人员受聘后离职的可能性，帮助员工找到适合自己的工作，增加企业和个人的效率。

3. 择优录用原则

人员招聘必须制订科学的考核程序、录用标准，选择合适的测试方法来筛选和鉴别人才。在强调择优的同时注重全面的原则，对报考人员从品德、知识、能力、智力、心理、过去工作的经验和业绩进行全面考试、考核和考察。因为一个人能否胜任某项工作或者发展前途如何是由其多方面因素决定的，特别是非智力因素对其将来的作为起着决定性作用。只有根据客观的测试结果的优劣来选拔人才，才能真正选到良才。

4. 职能位相匹配原则

招聘人员的数量和质量是以企业事业发展的具体岗位数量和职责对能力的要求来决定的。人的能力有大小，专长有强弱，本领有高低；而企业的要求有区别，工作有难易，待遇有不同。招聘工作的目的不是要寻找到最优秀的人才，而是要量才录用，做到人尽其才、用其所长、职得其人，这样才能持久高效地发挥人力资源的作用。

5. 效率优先原则

招聘是一项有成本的管理活动。企业应依据不同的招聘要求,灵活选用合适的招聘程序和选拔方法。如对高级管理人员的招聘选拔因用人标准高、识别难度大,招聘选拔的程序可选择较复杂的流程,运用多种测试手段进行鉴别,确保选出的人选符合高级管理职位的要求。但对普通岗位人员的招聘、选拔就不必选用复杂的测评系统。这样可在保证招聘质量的前提下尽量降低招聘成本,体现效率优先的招聘原则。

二、培训

企业要从事 BPO 业务,首先需要进行非常专门的 BPO 培训。BPO 企业的培训中心是一种专门的机构,通常对培训的质量要求很高,培训人员的劳动强度也非常大。BPO 企业教育包括对内部员工、第三方合作伙伴及顾客的培训,这种培训经过企业或政府机构的批准,其学习目的是为业务需求服务。这类服务包括学习内容的制订、交付和管理内容所需的信息基础设施,开发、配置、管理、执行、支持一个教育解决方案所需要的专业服务。

作为 BPO 企业,还要进行技术建设,这不是公司内部的工作,而是作为其他公司的一个部分工作。在 BPO 企业业务外包合作过程中,企业和外包服务提供方其实是有很多资源可以共享的,最典型的例子应该是在培训方面。企业方和服务提供方在培训课件的开发、培训师的资源上可以有很多的共享,比如企业方来负责产品知识方面的培训、外包公司提供软技能的培训。企业的培训师可以和服务方的培训师一起建立并实施整套终端人员培训计划。

引例:上海通用汽车公司 (SGM) BPO 业务的"九大门坎"

上海通用汽车有限公司是上海汽车工业(集团)总公司和美国通用汽车公司合资建立的轿车生产企业,是迄今为止我国最大的中美合资企业之一。SGM 的目标是成为国内领先、国际上具有竞争力的汽车公司。同时 SGM 的发展远景和目标也注定了其对员工素质的高要求:不仅具备优良的技能和管理能力,而且还要具备出众的自我激励、自我学习能力、适应能力、沟通能力和团队合作精神。为了招到符合要求的员工,SGM 制订了近乎苛刻的录用程序。

SGM 对应聘者设立了九大关口,如图 3-4 所示。

SGM 的整个评估活动完全按标准化、程序化的模式进行。凡被录用者须经过每个程序和环节都有标准化运作规范的、科学化的选拔方法,其中笔试主

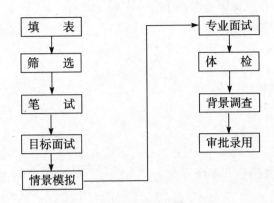

图 3 - 4　SGM 招聘录用程序

要测试应聘者的专业知识、相关知识、特殊能力和倾向；目标面试则由受过国际专业咨询机构培训的评估人员与应聘者进行面对面的问答式讨论，验证其登记表中已有的信息并进一步获取信息，其中专业面试则由用人部门完成；情景模拟是根据应聘者可能担任的职务编制一套与该职务实际情况相仿的测试项目，将被测试者安排在模拟的、逼真的工作环境中，要求被试者处理可能出现的各种问题，用多种方法来测试其心理素质、潜在能力，如通过无领导的两小组合作完成练习，观察应聘管理岗位的应聘者的领导能力、领导欲望、组织能力、主动性、说服能力、口头表达能力、自信程度、沟通能力、人际交往能力等。SGM 还把情景模拟推广到了对技术工人的选拔上，如通过齿轮的装配练习来评估应聘者的动作灵巧性、质量意识、操作的条理性及行为习惯，在实际操作过程中观察应聘者的各种行为能力，孰优孰劣，泾渭分明。

从上面 SGM 人员录用流程的描述可以看出，招聘管理工作在人力资源管理中的重要性已经得到了企业的高度重视；企业只有通过组织严格的简历筛选、面试笔试、素质测评、情景模拟等招聘管理活动，才能吸收与获取有助于企业发展战略实现的人力资源。

3.4　BPO 企业业务的销售和市场营销

企业的营销和销售服务是指与企业销售和营销其产品及服务相关的业务流程管理。特殊的服务有：销售产品与服务、渠道开发、售后服务、客户服务、广告、品牌管理、公共关系、直接营销、促销活动、企业沟通、会议组织、业务拓展、市场研究。

BPO 企业业务销售服务的例子有（不限于此）：

账户激活/余额转账；

交叉销售；

直接响应；

产品/服务销售；

注册延续；

向上销售；

赢回顾客。

市场营销服务包括（不限于此）：

品牌管理；

广告活动管理；

连续性项目；

顾客价值分析；

需求生成；

数据库开发与分析；

顾客名单回扣；

顾客名单管理；

忠诚度项目；

市场细分与建模；

产品/服务试销；

许可营销；

邮件；

调查。

企业市场营销外包服务（SMO）是 BPO 企业业务外包的一个类别，是企业将整体的营销活动委托给一个拥有专业服务技能和渠道网络的第三方机构，包括市场调查、促销策划与实施、陈列管理、现场销售、培训管理、仓储物流管理以及品牌的整体运作等环节，从而企业能够将核心能力回归在"产品研发＋品牌经营"的关键性领域，以保持高度的灵活性并多方获取"净值"的高额回报。

营销外包的优势主要体现在以下方面：

1. 利用专业第三方资源快速占领市场先机，有效弥补自身终端促销力量不足

当企业进驻新的市场或企业自身营销团队不足时，通过专业第三方营销外包服务公司，企业可以直接获得受到过严格训练的促销和理货人员，确保促销活动在最短的时间内得到最有效的执行。同时，即使是迅速成长性的企业通过营销外包服务也可以享有和国际公司同样的执行平台和成熟人才队伍，有利于企业日后自身的人才队伍搭建和管理能力的提升。

2. 企业核心营销人员能够专注在高价值工作中，同时终端营销队伍更加高效灵活

目前很多企业中高级营销人员的大量时间都被用于促销员和理货员的招聘、培训、促销品配送、各种信息采集和数据录入等事务性工作，真正用于客户关系维护、市场策略制订等核心事务的时间非常少。加上中国的市场环境瞬息万变，不少消费类的企业又会面临淡旺季节的影响，必须不断进行促销队伍的调整，人员的招募与解聘所耗费的成本和时间又是巨大和难以承受的。相比之下采用营销服务外包的企业，中高级营销人员能将大部分时间投入到各种高价值的策略性工作中，而事务性工作中又能获得很好的专业化服务和出色的执行能力，同时一旦市场环境发生变化能够迅速调整与服务公司的合作关系，无需面临人员招募又解聘所带来的雇佣风险。

3. 帮助降低内部灰色损耗，从根本上改善效率和工作质量

专业经验不足、终端人员培训不足、执行力不高、吃回扣、偷拿赠品、虚报促销员数量、监控系统形同虚设、情面观念导致的监控不力等一系列行为在当前不少企业的终端营销队伍管理中可以说是司空见惯，给企业造成了极大的损失。企业虽然也制订了大量的制度，但是往往由于这些工作不属于价值链条的核心部分而不愿意投入，各级员工也对于这些机制表现出反感和抵抗。营销人员普遍对于各种类型数据报表和市场调查工作持消极态度就是一个明显的例子。

对于营销服务公司来说，人员的招聘培训、物料的管理、信息的采集等正是其核心的服务内容，而企业的营销人员是服务的使用者，也是天然的最佳监控者，两者的结合能够有效地降低各种隐性成本，从而提高营销系统的运行效率和质量，由此带来的利益是非常巨大的。

当企业处于以下阶段时，营销外包服务模式的优势能够非常有效地凸显出来：

（1）企业只有产品研发方面的技术力量或者刚刚进入一个陌生的市场环境，缺乏成熟的市场营销团队和推广能力，需要借助第三方营销公司成熟的市场营销经验、销售网络、促销团队迅速打开局面。

（2）企业经过一个时期的发展进入了一个相对稳定的平台，但在市场竞争的冲击下停滞不前，并且内部无法从经营理念和营销意识上取得新突破，需要借助外力打破僵局，获得新的发展动力。

（3）企业内部出现重大人事震荡，营销高层管理人员离职，同时率领大批中层销售经理集体跳槽，导致企业出现营销管理真空和营销人才的大面积断层。

在选择营销外包合作伙伴，企业需要重点考察以下几个方面：

（1）合作方的公司规模，包括公司人数、办事处的数量、公司成立的年限、注册资金等

目前市场上大大小小的营销外包公司很多，但真正有全国项目执行能力的却很少。企业在前期可以到合作方办事处进行实地考察，了解其办公环境、硬件设施、人员数量，以作为判断该公司是否具有承接外包项目实力的重要依据。

（2）目前服务的客户和规模

合作方目前所服务的客户类型、所提供的服务内容、规模大小、服务时间。也可以让合作方提供部分目前所管理的人员的门店清单，企业到这些地点实地考察合作方所管理人员的整体素质和能力。

（3）合作方具体项目执行人员的执行经验

前期需要了解负责企业项目的项目经理的背景、所执行过的项目和经验。最好能够与项目经理直接进行几次沟通以考察该名项目人员是否能够胜任。

企业方应该有指定的人员与 BPO 外包企业对接，通过定期的会议及报告来反馈工作进展，有些企业还会引入第四方检查的机制，对于外包公司的工作进行抽查。比如聘用第四方人员以神秘消费者的方式对外包公司的服务人员在工作纪律、产品知识、产品陈列、销售技巧等主要方面进行打分，将评分结果作为考核外包公司实施效果的重要指标。对于问题较为集中的地方与外包公司进行沟通，一同寻找改进办法。

3.5　业务的项目管理服务

业务的项目管理服务是指与企业设备的持续运营有关的业务流程管理。特殊的服务有：

工作间规划；

工作间合并与维护；

工作规范、安装及空间管理；

房地产购入和卖出；
办公设备的安装与维护；
维护与运营管理；
长期的和年度的设施计划；
设施财务预测。

本章小结

全球化的趋势将世界融为一体，和印度一样，低成本不再是中国软件外包产业中的优势，在人力成本方面会失去优势。在这种情况下，BPO 将成为更加主流的外包形式，BPO 带来的不只是技术上的先进，更多的是服务和管理上的进步，而整个过程中的外包能够节约企业大量的生产成本。因此为了在长期的运营中能够获得根本的成功，BPO 企业必须树立正确的营销观念，遵循正确的战略方针。

关键词或概念

IDC
企业市场营销外包服务（SMO）
项目管理服务

简答题

1. 简述 BPO 企业人力资源管理服务的定义。
2. 企业市场营销外包服务（SMO）是指什么？
3. 营销外包的优势主要体现在哪些方面？
4. BPO 市场对人力资源素质的要求主要包括什么？

第四章　剖析 BPO 企业

本章导读

像海啸一样，每场革命都是发起缓慢、而后进展迅速。创立于 20 世纪 90 年代初的 BPO 公司经历了异常类似的变化，现在正准备发起一场革命，不仅直接触及这个行业内的人，而且还会影响到数以百计和它有联系的人。

2007 年这一行业的年收入超过 70 亿美元，未来几年有望超过 100 亿美元。简而言之，IT 产业用 20 多年创造的价值 BPO 产业十年内就达到了。

由于这一产业是零起点，它吸引了其他多个行业的人。今天，它作为一个独立的行业雇佣各种各样的专门人才——本科生、研究生、注册会计师、商贸学学士、工程师、工商管理硕士、图形设计师、动画专家、投资银行家、图示登录员、讲解员、律师、助理律师、权益调查专家、分析师、医生等。在 BPO 公司里这些专业人员全都有，甚至更多。

全球有 3 000 万以上的 BPO 工作岗位，过去的七年中 BPO 公司年产值成倍增长，已超过 40%。不仅为千百人提供了优越的就业机会，也使得许多年轻的企业家开办和 BPO 密切相关的产业，比如聘用咨询公司、旅行社、餐饮服务、培训中心和其他辅助业务，共同促进了产值的迅猛增长。

本章学习目标

通过第三章的学习，学生已经对 BPO 企业有了了解。本章要求学生在了解企业的同时，了解 BPO 企业业务的集体意识，掌握到 BPO 中重要的业务类型的所有关键点，例如呼叫中心业务，同时对于 BPO 企业中关键领导力的概念有所认识。

当前，BPO 产业形态越来越受到世界各国企业、政府和研究机构的重视。BPO 公司业务与呼叫中心紧密相连，约有 50% 的 BPO 产业拥有呼叫中心，其他的都有高技术专业人员控制，为世界五百强企业解决全球问题。BPO 公司的价值定律非常简单——如果你敬业且严谨，渴望学习与成功，接受过正规教育，有良好的人际沟通能力，愿意每天工作 8 到 10 个小时，你就会有一份稳定的工作，每月的最低收入在 200 至 375 美元。

尽管全球 BPO 产业的兴起时间不到十年，然而其规模发展之快、内涵变化之大是历史上任何产业进程都无法比拟的。由于计算机和互联网技术不断地深入到人类社会生活的各个领域，BPO 的服务内容和竞争市场正在不断创造、衍生和扩展。这是一个新型产业动态化的成长过程，以不断地产生、形成、组合和消失的方式为特征。

在中国进行 BPO 操作必须要有很好的管理团队，必须要有好的人才和人员。中国 BPO 产业发展环境的影响因素归纳起来是四个领域，第一是基础环境，包括法律政策环境、人居环境、交通环境、信息电信基础四个方面，这是 BPO 产业发展的基础保障条件；第二是人才环境，包括人才的质量、数量和成本，这是 BPO 产业发展的直接支撑条件，是推动 BPO 产业发展的核心动力源；第三是市场需求，包括本地需求和国际的离岸需求，具体说是对这些需求落地的谈判能力，这规定出了一地发展 BPO 的规模和潜力；最后一个影响因素是服务商的发展，包括跨国和本地服务商，服务商的发展一方面反映了一地的 BPO 投资环境，另一方面也促进当地环境优化特别是人才的培养和聚集。

在未来的发展中，全球化、新监管法规、技术、并购等带来的巨大变化以及产品回报减小、非中介化、投资减少等问题将使全球外包产业面临根本性的变革。在全球 BPO 市场上，商业和零售银行、投资银行、交易所等金融机构间的界限将更加模糊，大家追逐的是"价值"，看重的是有价值的、可分散风险的产品、交易等，排行榜上的领先者将不再按区域划分，而是按产品、功能来划分，中国无疑将成为这其中重要的 一部分[1]。

4.1 BPO 企业构建理念与企业服务意识

BPO 企业所提供的服务同其他有形产品一样，也强调服务本身要能满足不同的消费者需求。消费者需求在有形产品中可以转变成具体的产品特征和规格，同时这些产品特征和规格也是产品生产、产品完善和产品营销的基础。但是这些具体的规格对于 BPO 服务提供者来说犹如空中楼阁一般，因而 BPO 服务企业需要明确"服务产品"的本质是提供"服务理念"与强化"服务意识"

---

① 任彦辉. 业务流程外包运作过程及其潜在问题分析［J］. 山西财经大学学报 2008，（04）：28~29.

的双结合。

一、BPO 企业构建的理念①

在市场经济条件下，企业服务理念已逐渐被企业家所重视，企业的营销环境发生了巨大的变化，高科技被广泛应用，信息高速流动，产品硬件标准趋同；公平、有序的市场竞争环境逐渐形成；商品的品种、质量和价格大体相当，利润已接近成本；所有这一切使价格竞争达到极限。所以说，谁能为顾客提供优质服务，谁就能赢得顾客，进而赢得市场。

根据赫斯凯特（J. Heskett）的观点，任何服务理念都必须能够回答出以下问题：

服务企业所提供的服务的重要组成要素是什么？

目标分割市场、总体市场、雇员和其他人员如何认知这些要素？

服务理念对服务设计、服务递送和服务营销的作用。

BPO 服务企业在定义服务理念时还需要在服务设计、服务递送和服务营销方面做出以下努力：例如保证充足的服务补给、保证服务种类繁多、雇佣称职员工等。很多公司在定义服务理念时都包含了"提高雇员自尊，增强雇员满意度，加快自我发展，提高服务灵活性"等内容。与之相类似，BPO 服务企业在要求雇员提高对消费者尊重程度的同时首先要求雇员增强自尊，增强雇员对工作的满足感。所以服务企业在定义服务理念时，必须要特别考虑服务理念对雇员技能和对雇员性格的要求。

BPO 企业构建服务理念应力争做到以下几点：

第一，树立"以客户为中心"的服务理念和企业文化。所谓以客户需求为中心的服务理念是一种意识，是一种思想，也是一种全新的管理方法与服务手段，它必须在 BPO 服务过程中由上至下地贯彻与执行；同时，这种服务理念也是一种工作模式。

这种服务理念会对员工产生潜移默化的影响，使员工从思想进行转变，产生对自己工作负责、为客户负责的行为，对产品价值、服务价值、人员价值和形象价值都有极大的提升，同时也会减少客户的时间成本、体力成本和精力成本。再例如现在许多 BPO 企业都在倡导"全员服务"模式，在公司里形成"内部市场"，就是强调对市场的重视、对客户的重视，随着市场经济体制的转变与发展，思想观念和行为都必须进行转变，只有增加客户满意度企业才能获得更多的利益，从而使员工提高对客户服务的重要性的认识，产生自觉而持久

---

①　张继焦．价值链管理．中国物价出版社，2008：65～66．

的行为。

第二，要充分赢得客户的忠诚度。在营销新纪元，失去一位忠诚客户对企业来说实在是一场悲剧。这促使 BPO 服务企业加强了向员工宣传客户终身价值，开始像重视营销工作一样重视倾听客户的意见，企业用优质的服务赢得良好的企业形象，良好的企业形象又为获得经济效益和更多的市场份额提供了保证。

第三，增加服务创新能力。随着低成本企业的进入与快速发展以及经济结构、产业结构的调整，企业如何通过服务方式的不同来参与市场竞争已成为各大 BPO 企业市场竞争与品牌竞争的前提。从大连实德集团的成功运作经验来看，具有独立品牌的服务对于特定目标客户群体的竞争主体的建立是较好的选择，也就是树立企业的自主品牌建设。因此对于国内 BPO 企业来说，在规模发展到一定程度后如何通过服务运作实现规模效应是企业参与市场竞争需要考虑的重要手段。

第四，建立和客户间的良好关系。BPO 企业应充分认识到现在所提供的服务并不一定是绝对吸引顾客的因素了，现在顾客除了注重服务还会注重这个企业的文化、企业的理念等，建立与顾客的良好关系是企业营销成功的基本保证。要建立良好的顾客关系，首先要求企业必须真正树立以顾客为中心的观念，一切从顾客出发，并将此观念贯穿到企业生产经营的全过程中，树立全心全意为客户服务的经营宗旨，真正认识到维护客户的利益就是维护自己的利益；其次，企业经营者应切实关心客户利益，不断提高客户对企业服务的满意程度，使顾客利益落到实处。这就要求企业不断努力增进客户对企业的信任并广泛开展真正的承诺服务。

第五，企业应以实际工作行动来服务客户。我们不仅要提倡和展示"以客为尊，倾心服务"这一工作理念的职业道德风采，更应用实际工作行动来完美诠释"顾客至上"的人本服务精神。服务工作在坚持秉承"满意服务高于一切"宗旨的前提下，需要企业员工认清现实所处的周边环境，根据变化的环境来制订适应现实需要的个性化服务。科学发展观中所提出的"以人为本"的实质就是要以最广大人民群众的根本利益为本，引申到"以客为尊"的服务工作中就是要开展规范、礼貌、温馨的特色服务，将爱心、关心、细心、知心带到服务工作中去，让客人满意，让企业放心。

第六，企业应建立自己的核心技术能力。目前我国大多数 BPO 服务企业只追求短期利润，没有从战略的角度树立培育核心能力的意识。更为严重的是企业的自主创新能力普遍很低，未能建立自己的核心技术能力。这些必然使我国 BPO 企业在面临来自国外企业的冲击时困难重重，同时我国企业的人力资源管理也很薄弱，因此我国 BPO 服务企业要尽早形成以自主研究和开发为核心的技术创新战略，通过多种途径从核心能力建设的角度出发不断提高企业的自主创新能力。

二、BPO 企业的服务意识[①]

具体而言，服务意识是指企业服务提供者在与企业利益相关的人或企业的交往中所体现出的为其提供热情、周到、主动服务的欲望和意识，它既是员工自觉主动做好服务工作的一种观念和愿望，亦是发自员工内心并通过培养、激励和教育训练而形成的一种服务本能和服务习惯。

不可否认，服务意识有强烈与淡漠之分、有主动与被动之分，这是认识程度的问题，认识深刻就会有强烈的服务意识；有了强烈展现个人才华、体现人生价值的观念，就会有强烈的服务意识；有了以企业为家、热爱集体、无私奉献的风格和精神，就会有强烈的服务意识。服务意识的内涵是：它是发自服务人员内心的，是服务人员的一种本能和习惯，是可以通过培养、教育训练形成的，服务意识必须存在于企业每个人的思想认识中，只有大家共同提高了对服务的认识、增强了自身的服务意识，才能激发起服务提供者在服务过程中的主观能动性，才能为搞好服务工作奠定坚实的思想基础。

在竞争日益激烈的市场环境中，为了获得新客户，BPO 企业的服务人员付出了很大的营销成本和心力，老客户弥足珍贵。市场经济的特点就是竞争，而市场竞争的表现形式则是多方面、多层次的。理性的竞争带来的是进步与发展，是企业规模的扩大、积累的增加和生产要素的进步，是行业的整体实力的较量，是企业参与市场竞争的重要方面。谁能为顾客提供优质服务，谁就能赢得顾客、赢得市场。服务人员在市场说尽好话、做了好多工作才说动一个新客户跟我们合作，如果因为我们服务部门员工的一句话没说好或一件事情没有处理好而导致客户流失，那就是我们的严重失职，所以培养员工树立积极的服务意识、掌握出色的沟通技巧、建立妥善的投诉处理机制显得尤为重要。

（一）培养服务意识

服务意识是指发自员工内心、自觉主动做好服务工作的一种观念和愿望，是服务人员最重要的一种意识，更是对企业员工职责、义务、规范、标准、要求的认识，要求每位员工时刻保持客户在我们心中的真诚感。毫无疑问，人只有具备了服务意识，才具备了行动的信息指导前提。

---

① 李平．浅析业务流程外包的标准化．广东省标准化研究院．标准科学．2009，(5)：32～33.

第一，首先要树立正确的服务观念，清醒地认识服务工作的意义；

第二，热爱本职工作，对企业具有归属感和责任心，有做好工作的主观愿望和创新精神；

第三，尊重理解客户，热情礼貌待客，想客户之所想，急客户之所急；

第四，不断"充电"，学习、掌握服务知识，提高业务技能；

第五，善于思考、善于观察，准确读懂客户一言一行中所表达的含义且做出回应。

（二）提高服务质量

服务质量的提高概括地说主要包括两个方面：一是硬件方面，也就是工作流程、工作方法；二是软件方面，即工作态度、处事时冷静的思维和极高的责任感及容忍度。

首先从硬件来说，工作流程应该牢记在我们头脑中，并且有必要来引导"客户"应该做什么。我们要有自信，相信自己并且实际能够操作掌握工作技能，只有熟练掌握才能节省服务时间、提高效率，让客户体验到我们工作的快捷性。

其次从软件来说，工作态度决定一切，一定要摆正，不能感情用事，时刻提醒自己牢记工作原则。处理任何事情要多为客户着想，提高这种意识才能真正地提高我们自身素质、提高服务意识。

（三）提高服务意识

我们要加强主动服务意识，要了解客户的需求，因为每一个客户的需求都会不一样；一定要高效地完成答应客户的承诺，这首先应为自己争取到足够的时间，保证提供给客户任何服务的准确性。

1. 积极主动服务客户

根据客户服务经验，客户更重视服务人员的主动服务意识，客户更希望服务提供人员无时无刻不在关心他们，他们渐渐不满足于没有错误的服务，他们更期望服务人员创新、带给他们惊喜，在解决客户问题时更应积极主动、灵活且有弹性，总是为客户想出更好的办法，这就是体现企业服务人员的专业性，更是体现服务人员对自己负责、对客户负责的高度责任感。

2. 做好常规服务，再做增值服务

BPO 企业服务人员需要打破以往的框架，为客户提供企业能力和成本

范围内可能的服务，而好的服务可以给客户带来惊喜，同时它在客户心目中会留下更深刻的印象。但是服务人员在做任何事情的时候都要有个度，如果拿捏不好，增值服务也有可能会给客户留下不好的印象，比如认为专业性还不够等，所以在提供增值服务的前提下一定要注意常规服务内容和增值服务的主次之分，提供的服务项目是企业人员力所能及并且控制在成本范围内的。

不断地进步、不断地提供更好的服务，让客户看见企业的成长，要明白：工作的快乐是通过企业服务人员的努力让更多的客户更快乐，而不是因为工作让很多人更痛苦，用服务的热情、真诚使顾客真正成为我们的"上帝"。

三、BPO 企业呼叫中心的相关案例分析

BPO 企业呼叫中心的语音业务可分为以下两大类：

1. 内呼（In board）

在内呼中，客户拨打收费或免费电话资讯信息、寻求帮助。比如：

（1）常坐飞机的人打电话给航空公司查询飞行里程或者订购机票；

（2）顾客给公司打电话报修设备问题，要求服务工程师给予帮助；

（3）信用卡用户打电话给银行查询交易情况，纠正错误交易或者重置密码；

（4）股民给证券交易所打电话购买或抛售股票。

内呼还可分为技术性和非技术性两种。技术性呼叫来自于产品使用者，比如个人电脑或手提电脑或者路由器；非技术性呼叫可能来自于想要购买机票、资讯信息服务、重置密码或者询问信用卡收支平衡的人。技术型呼叫往往时间较长，一般 18 至 20 分钟。非技术性呼叫一般在 5 分钟内。

2. 外呼（Out board）

外呼通常是集中性或者销售呼叫。专门从事外向型呼叫的公司里有许多呼叫者，他们持续对现有的和潜在的顾客打电话。比如：

（1）提醒客户交保险金；

（2）推销信用卡或个人贷款；

（3）替银行提醒客户给信用卡还款；

（4）客户调查和反馈。

外呼像是冷呼叫，常常受挫。大多数的外向呼叫者的业绩按他们推销和促成交易的效果进行评价，每天打 100 多个电话是常事。

【案例分析】核心动力——客户服务意识进化论（联想客户呼叫联络中心）

所有呼叫中心乃至服务行业都要尽全力平衡的两大课题就像是命运的双生子不断互相缠绕排斥，日常运营的博弈也随之波动起伏。无效客户的抱怨与骚扰电话的蜂鸣、不断出现的投诉和掉头而去的潜在客户、纷乱的琐事和变化的数据令运营主管们头痛不已。

"很抱歉，我已经尽全力了……"

"我真的无法解决……"

"我不知道……"

除却故意骚扰的无聊人以外，我们真的已经为客户做了所有能做的吗？

客户服务意识不是技巧也不是技术，但却是客户服务的根基，是带动客服工作乃至为企业定性的核心动力。让我们梳理客户服务意识的脉络，为我们的客服工作寻找进化的契机。

1. 需求产生与理解交融

在实际客户服务工作中，双方认知的不同是引起争执乃至投诉的最大诱因。许多在电话服务代表看来天经地义的东西，客户也许从来没有接触过，沟通已然不顺畅，服务又如何赢得客户的满意？

换位思考、从客户的角度出发去看待事物是客户服务意识中最为基本的要素。但有时在实际工作中却变成技巧的一方面，要将其深深植入工作状态的一部分、成为每天工作前准备的热身才是贯彻"理解"的王道，要时刻提醒自己：服务以客户为本。

2. 体验至关重要

在市场营销中有这样的误区：客户思考问题是理性的线性思维，最终的购买决策来自于精确的分析；在客户服务中同样有这样的误区：客户的不满出自于我们无法解决客户的问题，问题的解决意味着客户的满意。

就像客户的购买决策有时确实来自于理性思考一样，解决问题有时确实能带来客户的满意。但我们不能忽视的是在现实生活中人们的理智总是与情感相互交织。尽管在我们的大脑中分别有不同的结构来处理情感和逻辑推理，但它们彼此之间相互交流、共同影响我们的行为。更为重要的是，情感系统在人类进化过程中比逻辑推理系统具有更久远的历史，而且总是先于逻辑推理系统作用于我们的思想行为。

同样在客户服务中，与客户的每一次接触带给客户的体验都在左右着客户对服务的满意程度，甚至左右着客户对企业的满意度。同样是为客户解决了问题，一边涌上心头的是客户服务代表的不耐烦、工程师修理时的拖沓；而另一边回忆的却是温和的致歉和微笑。客户如何评价一目了然。如果能在客户服务意识中深刻关注客户体验、关注每一个可能为客户留下印象的细节，满意度自然提高。IBM 花重金开发的"真实一刻（Moment of Truth）"正是说明了这一点。

3. 时刻了解自己：我们的声音搭载着更多信息

我给客户留下的服务体验是什么样的？

我的形象你满意吗？

呼叫中心的客户服务代表应该是什么样子？

电话另一端的客户是什么样的人？

呼叫中心工作的特殊性使客户服务代表与客户之间一般无法见面，只有声音成为想象的依据。如同每个人都对于自己的外观有一个"自我形象投影"一般，客户对服务的评价有时同样来自于对客户服务代表本身形象的认知。客户服务意识中同样包括意识到自己的形象合适与否、是否代表着企业性格。

客户服务代表对于客户来说就是企业形象的缩影。你很难想象一个企业文化标榜着"以人为本"的公司，其呼叫中心服务代表在电话中却完全是一副公事公办的态度。客户服务代表的形象应符合企业文化，以自己的服务向客户推广企业形象，加强客户对企业品牌的认同感。这同样是"企业形象管理（CFM）"的一部分，而且直接面对客户，真实而深入人心。

我们更要时刻审视自己：我用声音塑造的形象能代表企业性格吗？

4. 明天：CRM＞CEM

客户关系管理（CRM）也许是现在最为热门的名词之一，但似乎它所承载的是一项技术或一套解决方案的代名词。大家都在津津乐道于开发工具的使用、最新的硬件要求、甚至是哪项产品性价比高，但其实质效果如何呢？

如果仅是将系统上马，这样的 CRM 不过是 IT 部门的成功，客服部门又能从中得到什么呢？

CRM 的理念来自于一个构想：我们要比客户本人都了解他的需求。

而"了解"岂是仅凭技术就能得到的？一线客服中的一点一滴都在不断为客户代表丰富着一个有血有肉的客户形象，如能在客户服务意识中保有 CRM 的理念，对客户的行为进行有针对性的管理，跟踪客户，与客户共同成长，就能形成"双赢"乃至"多赢"的局面、真正地成就客户。

CRM 其实是站在企业角度来思考问题，虽然有效但仍然不够全面。这就引出了客户体验管理（CEM）的概念，以服务中的每一个细节来对客户的体验进行引导管理，完全以客户的视野去看待服务的价值，重新定义服务在企业产品中的比重，最终促使客户以无意识的体验形成有意识的决定。

客户服务并不仅仅是被动地为客户付出，服务同样可以为前端销售、终端维护客户关系、品牌推广、市场塑造、企业形象设计、产品调研等一系列企业行为做出巨大的贡献，甚至左右整条供应链以及企业性质的定义。IBM 从贩卖产品到销售技术直至提供服务正是说明了这样的进化之路，而客户服务意识是其原动力和指导思想，思想先于实体的进化使整个客户服务充满希望。

4.2 BPO 企业中领导者的作用及贡献

引例：

一位 MBA 去农村开了家农场。他相信在商务学校所学业务可以帮助他提高生产率，对农村的管理可成为其他人的典范。他召开了会议，给所有的母鸡下达命令，为了实现预计的销售额，每只鸡每天需要下两个蛋，不能完成任务者将面临严重后果。

农场的鸡从未遇到过如此压力，它们都很害怕并开始下蛋。有一只鸡连续两天只下了一只蛋。这只鸡被叫去做业绩检查，遭到了严重批评。在快要精疲力竭之时，这位 MBA 农民询问原因，鸡答道："先生，我是只公鸡，虽然只下了一个蛋但已经尽力了。"

与其他行业相比，BPO 是沙漠中的绿洲，而 BPO 企业的领导者则是绿洲中负责指引方向的人。我们一方面听到了 BPO 工作的困难，但仍有许多人留下来并朝高级职务晋升，和同事相处融洽，建立了家庭般的亲情关系。想想你听说过哪个行业有如此优待：上下班有车接送，办公场所有医生、健身房、免费咨询、餐厅饭菜补贴、图书馆、瑜伽室、体育馆、干净宽敞的空调办公室——所有这些都安置于如同校园一样轻松、友好的环境中。

BPO 行业中一个鲜明的例子就是呼叫中心业务，它不仅是当代社会中的劳动密集型企业，更是技术密集型企业。因为具体业务的需要和行业特点，呼叫中心大都拥有庞大的数据。在没有合理有效地利用前，这些数据只能被堆砌在数据库中，没有完全体现应有价值，如果加以合理规划和设计，这些数据完全可以被充分利用起来，通过有效地整合、分析形成不可估量的有价值的信息，谁掌握这些信息就有可能成为市场的主导、迅速发展和壮大，这也是目前很多呼叫中心都在集中讨论的事情，但谁能做得早、做得好、抢在外国企业之前发展民族产业是行业领域中所有人都期望的事情。充分理解信息价值以便切实应用以指导工作成为 BPO 企业领导者普遍思考的课题。

客观而言，当今中国信息化正以其巨大的现实作用引起人们前所未有的广泛关注，越来越多的 BPO 企业通过信息化建设扩大竞争优势，把握市场机遇，但是信息化建设方兴未艾、蓬勃发展的同时，我们不得不认真审视众多 BPO 企业信息化建设投入中存在着"重建设、轻维护更新"、"重硬件、轻软件"、"重网络、轻资源"、"重技术、轻管理"等倾向和误区，然而任何一项工作都不是轻松的，任何工作的起步阶段都是艰苦的，BPO 企业的年轻人应该默默感谢 BPO 在事业的起步阶段为他们创造了机会。不仅是份工作而且是份起薪不菲的体面工作，同时让你学习的机会还有很多，其中领导者对 BPO 企业发展的贡献是不得不提的浓厚一笔。

一、领导者在 BPO 企业工作中存在的动力及压力分析

一个 BPO 领军公司的 CEO 曾说道："我把 BPO 行业初级工人看做电池组，一旦他们能量耗尽就必须马上更换。"正是这种心态对这个行业造成了严重的损失。这个行业刚刚开发出冰山一角，不该让如此短浅的目光限制其未来的潜力和发展。

BPO 组织的领导者是直接把握企业发展方向和实现企业目标的关键角色。因此企业的领导者和人力资源部门的负责人皆应历练一双慧眼，找寻合适人才并有能力激发其潜能，帮助推动企业目标的实现。都说 21 世纪最缺人才，但人才往往受困于没有伯乐。其实归根结底关键的问题是解决领导者发现人才并尽力使人才达到合理配置的矛盾，尽可能使每个人在最适合自己的岗位上发挥作用。事实上很多潜在的人才需要的仅仅是一个平台，聪明的领导者只需发现并搭建这个可供施展才能的平台，人才自然会通过各种渠道找上门来，于个人于组织都是两全其美的选择。

当然我们也应意识到，在整个搭建过程中都需要由 BPO 企业的领导者充分扮演发起人的角色，利用影响力为工作的开展奠定基础。一方面，领导者首先应具备相当的认识，具有基本的战略概念，清晰地了解合理人才的配置对企业的巨大作用，知道如何对业务流程进行优化、创新和再造并完善相应的系统功能，不断地由科学化、合理化向知识化和决策化发展，并把企业建成对重要信息敏感同时高效运作的组织；另一方面，人才平台的搭建与配置速度直接关系到企业利用的时机以及实现功能的效果，同时也关系到实际应用价值。这些

反映到企业中，进行统一规划和管理的无疑是企业的决策层和管理者，可想而知管理者积极的领导能够保证各机构、系统的集思广益，能够保证企业整体目标的实现。

一旦企业领导者提出基本的建设或改造要求，随即需要带动企业中每个个体在符合总体发展方向的基础上分解目标，通过各种管理办法把个体的关注焦点引导到充分挖掘信息利用价值的层面上，调动所有人提出符合实际的建议和意见，改善原有流程和操作规范，由各个分解团队各司其职，相互配合达到要求，让系统发挥更大作用。

尽管很多企业可以认识到人才的重要性，但在实际操作上却做得远远不够。简单列举案例如下：国内某企业在与某加拿大公司合作时，双方一起对企业运营数据做了分析，加拿大方面不久提出了质疑：在公司运作过程中，中方企业的人力成本只占到总成本的 $13\%\sim14\%$，而机器设备的成本占到 54%，加方对这一比例悬殊的数字表示了惊讶。在加方公司，同样的设备成本只会占到总成本的 20% 左右，而人工成本则占到将近 60%。固然两国的国情和劳动成本差异是不争的事实，但该例子至少可以从成本比例这一侧面反映出不小的问题。宏观数据表明，中国已成为世界上颇具实力的经济实体，一些城市跻身国际化大都市行列，那么是否可以在经济快速发展的过程中也适当借鉴国外企业先进的企业成本构成模式呢？事实可以证明，在对人才的充分重视、人才保留、人才价值挖掘和团队建设方面，很多企业做得还远远不够，还需要更多的人才支持策略和更有效的激励机制①。

BPO 产业在这点上没有差别。苛刻的业绩管理和对雇佣的不断要求是推动行业发展的关键。BPO 公司的 CEO 必须是一个机敏的商人——精明，聪敏，灵活，机智并且工作勤奋，同时也需要必要的狡猾和粗鲁。BPO 产业中的首要问题是人。优质的人才正在灭绝。随着行业内的人员缩减，优秀、真诚的人才是永恒的需要。BPO 公司一位 CEO 开玩笑地说："如果你很快发现董事会在校园外宣称'违章闯入者将被雇用'，那么千万不要感到惊讶。"BPO 公司里常有空缺职位。任何具有多种技能的都可以进来受到招待和评估，BPO 在这点上是唯一的。BPO 的最大挑战是工作七天一个周期，昨天完成的工作今天就要用到。这种紧急意识已被其他许多公司当做是它的优势。

大公司过去都是以合理的待遇聘用优秀人才，但是现在许多公司的 HR 操作力不强，很难保证公平合理。加上变化迅速，每季度很难有一个标准数值。结果就造成了 BPO 公司内部工资标准范围很大。具有相似技能、担任相

---

① 唐宜红，陈凡．承接离岸服务外包的国别环境分析［J］．国际经济合作，2007，（4）：38～41

似职务的人员工资可能波动很大，这种多样化的现象在其他行业中闻所未闻。

不仅在语音业务领域，初级注册会计师（CA）和成本会计的工资也是高得惊人。2007 年的 CA 校园招聘会上，公司给出的年薪在 1 万美元到 3 万美元之间。两天内 101 家公司招聘到了近 1 800 名求职者，平均年薪是 1.5 万美元，最高年薪为 3 万美元。仅 ICICI 银行一家就挑选到了 300 名求职者。像 TCS、Genpact、Infosys 和 Wipro BPO 这样的 IT/BPO 公司也招到了不少人。

IT 业的繁荣实现了工程师的梦想，BPO 时代为会计和金融专业人才开辟了新的疆域。他们不仅起步好，而且知识流程外包（KPO）业务的薪金一路最高。许多应聘者 5 年内的年薪有 5 万美元到 5.5 万美元。随着跳槽现象越来越频繁，KPO 的人员缩减问题也开始出现。需求与供应的简单问题以及 KPO 的快速增长都将加速这一趋势。

如果人员缩减率为 50％到 100％、年薪增长率为 15％到 20％、混合年增长率为 35％到 45％，那么你如何经营？了解 IT 和 BPO 的人说，如果 IT 是三天一个周期，那么 BPO 是七天一个周期。

BPO 行业更复杂，困难也更多。这意味着 BPO 的工资高于中级或者高级管理水平。一家重要公司的 HR 经理说："像知名企业一样，当你被置于艰苦地区，就会发给困难补助。BPO 的情况也如此。"

【案例分析】BPO 企业"领导力"是如何炼成的

"领导力"就好像爱情，人人都知道它的存在，却很难有人说清楚它究竟是什么。究竟如何有效培养和提升领导力令大多数企业深感困惑。中欧领导行为实验中心与美国创造性领导力中心（亚洲）联手启动了新兴市场领导力经验—学习（Learning of Experience）研究项目，在中国采访了 100 位成功的 BPO 企业高级管理者，了解并研究他们在职业成长过程中的"关键事件"和"关键体验"，试图解析它们是如何成为领导力的"催化剂"。

炼就领导力的八大关键事件（Critical Events）

对于成功的高级管理者来说，在职业生涯中究竟什么样的事件会令他们印象深刻并有助于其提升管理能力和领导力？访谈中，100 位企业高级管理者敞开心扉，毫无保留地分享了他们职业成长历程中的欢笑与泪水、经验与感悟。这些高级管理者的年龄、职能和成长背景都不一样，因此每个人的访谈都是一段精彩的回放。有的管理者认为，从国家机关到外企的转变是他职业生涯中的重要转折点，亲历不同管理风格带来的效果使他们了解到怎样的领导能够帮助下属；有的管理者则强调踏入社会后的第一位引路人（领导）影响巨大；也有管理者告诉我们，参与国有企业改革的经验令他的战略视野和管理能力迈上了新的台阶。

虽然成长经历不同，但我们的研究发现，导致他们领导力提升的关键事件有着惊人的倾向性。"工作转变"、"楷模人物"、"沟通与冲突"是访谈中提及频率最高的三类关键事件，而"企业变革"、"应对危机"、"特派项目/任务"、"工作早期磨炼"、"挫折失败"、"开拓与创新"以及"学习与培训"紧随其后位列前十，都是提及频率较高的关键事件。

经过提炼合并，我们从 100 位企业高级管理者的访谈内容中归纳出 13 大类关键事件，而从这 13 类关键事件中又可以归纳出导致新兴市场领导力提升的 8 个关键词：变、冲、危、磨、挫、拓、学习和楷模。

"变"：面对变化，适应变化，拥抱变化。我们在研究中发现，"变"是访谈中提及频率最高的关键词，绝大多数的被访者都会或多或少地提到自己在职业生涯中曾经面对的变化，主要包括以下几个方面：转换企业/行业、转变职能、体制改革、管理变革、企业上市和重组/并购。

"冲"：碰撞、矛盾、冲突中成长。在采访中，我们发现冲突是许多管理者都会面对的困惑和挑战。在快速变化的环境中，冲突和矛盾愈加不可避免，管理者该如何面对：妥协？回避？强迫？还是合作？在访谈中，冲突事件包括：与上级的冲突、与下属的冲突、与同级的冲突、与外部客户/政府的冲突以及跨文化导致的冲突。由于它们各自存在的前提和依据不同，其表现形式和解决方式也有所不同。

"危"：临危受命，扭转局势。在新兴市场中，企业的快速发展必然会面对许多的变化和挑战，管理者时刻需要做好准备应对危机。被访者提及的危机事件包括：临危受命、扭转局面、客户投诉和诚信危机。因此，如何面对危机、处变不惊、扭转局势甚至力挽狂澜是许多新兴市场管理者必须炼就的能力。

"磨"：吃得苦中苦，方为人上人。在中西方的文化中，患难和磨炼被认为是造就人才的最好学校。同样，在访谈中不少管理者认为，在他们职业生涯初期的工作磨炼对其今后的领导力发展起到了至关重要的作用，例如在基层岗位上的锻炼、在条件艰苦的高山微波站驻岗、顶着暴雨拜访客户做销售等。吃得苦中苦，方为人上人。这些管理者正是通过早期磨炼收获了金钱也买不到的丰富阅历，同时培养了自己坚强的意志以及承受压力的良好心态。

"挫"：失败乃成功之母。访谈中，受访者提及的失败挫折包括工作失误、受挫、降职和辞退/处分/裁员等。我们发现，优秀管理者之所以能把失败经历转化为成功的契机，秘诀在于他们能够直面自己的失败，积极总结教训，并且做到孔子所赞赏的"不二过"。

"拓"：开疆辟土，开拓创新。与成熟稳定的市场环境相比，在诸如中国这样的新兴市场里，企业管理者是否具备开拓创新精神显得尤为重要。在访谈中，被访者也多次提到了有关开拓与创新的事件，亲历了从无到有的过程，其中包括开发新产品、开拓新市场、实施新方案以及开设新分支机构。

"学习"：更新知识，提升能力。在访谈中，不少被访者反复提到"不断学习"的重要性。在他们眼中，学习不仅仅是参加培训课程，还包括自学、阅读和工作中的特派项目等，例如看了一本有用的书、参加整理审计规范的特别小组、负责一个临床试验项目、设计年度财务培训课程、负责财务数据分析项目等。面对快速变化的市场环境，管理者们常常发现原有的所"知"所"能"已不够用，只有不断学习、更新知识、提升能力才能与时俱进。

"楷模"：典范领导，以身作则。在我们的访谈中，楷模既包括对被访者产生深刻影响的典范领导，也包括一些负面的领导或人物。但典范领导的提及频率明显是最高的，言传身教的影响力不可小觑。典范领导往往能够将远大卓越的目标融入企业文化，并通过自己的言行、气质和风度来影响和牵引其他员工的行为改变。

关键体会（Key Learning）中炼就的八大关键领导力

从以上 13 类关键事件中，管理者究竟炼就了什么样的领导力？这是我们接下去要探讨的课题。在访谈中，我们发现每位管理者对于领导力的感悟都不尽相同。有些人一再强调价值观和职业操守的重要性；也有些人会更关注管理的艺术；当然也有人指出，作为企业领导人，培养人才是首要职责。在我们的访谈中，被访者总共提出了 733 条有关领导力的感悟。在此基础上，我们通过系统方法将它们归纳为 20 类关键体会。

尽管被访者对于领导力的认识各有见解，但研究还是发现其中部分体会具有明显的共性，如不断学习与提升、有效沟通、重信守诺、人性化管理以及团队的组建与协作等。我们又对这 20 项关键体会进行了归纳总结，发现对受访者影响重大的领导力主要集中于 8 个方面：商业决策力、推动执行力、创新变革力、沟通协调能力、引领团队能力、人性化管理、诚信尽责以及自我修炼。

商业决策力：商业决策是企业领导人必须具备的领导能力，在我们的访谈中，受访者提及有关商业决策方面的体会包括战略目标清晰、准确判断、有效决策、眼光长远、注重事实、勤于思考、善于分析、客户导向等。

推动执行力：贯彻战略的实施也是管理者所关注的重要领导力之一。在访谈中，有关推动执行的经验体会包括：以结果为导向、争取和整合资源、周密的计划、执行力、完善和规范制度/流程、重视细节和严谨的工作作风等。

创新变革力：新兴市场变化快速，内外部环境日新月异，企业的变革、重组、并购频频发生。因此在访谈中，我们也发现不少受访者会强调创新变革的能力，包括创新的方法、转变思维模式、适应环境、文化的融合、变革带来的压力和动力以及变革中的沟通与协调等。

沟通协调能力：在我们的访谈中，沟通协调能力是提及频率非常高的关键体会之一，其中尤以外企管理者最为突出。受访者提出，要达成有效沟通不仅要掌握合适的沟通方式，还要注意沟通的度和及时性。另外，换位思考和注重人际关系也是沟通协调方面的关键体会。

引领团队能力：领导力的一种解释就是领导者如何带领团队在组织中做出卓越成就的能力，因此在访谈中许多管理者都提到了有关引领团队的体会，比如鼓舞团队士气、培养人才、团队人员配备、团队领导很重要、重视团队合作等。

人性化管理：受中国传统文化的影响，在我们的访谈中，管理者提及人性化管理的频率甚至超过了创新变革和商业决策，其中尤以国企和民企的受访者最为突出。他们多次强调，管理者在处理与下属的关系时，必须表现出尊重、信任、鼓励和关怀，并且要以身作则、感受基层，通过有效的方式进行授权和激励。

诚信负责：在访谈中我们发现，诚信与责任是管理者颇为重视的领导力素质之一，强调"言必信，行必果"，有着强烈的责任感和社会使命感。其中，受访者提及频率较高的关键词包括：遵纪守法、职业操守、坚持原则底线、兑现承诺和勇于承担责任等。

自我修炼：除了专业技能与行业知识，企业领导更要求具备较高的综合素质。显然，在我们的访谈中，受访者对于自我修炼的重要性体现了高度的共识，因此自我修炼在访谈中的提及频率异军突起，远远高于其他类别。被提及的关键词包括：获取新知识、提升自我能力、不断学习、自我反思与自我认识、价值观、面对困难的心态、自我压力管理、自信心、坚持和决心等。

关键事件的不同：在研究中我们发现，不同企业类型的管理者提及的关键事件类型有所不同。例如国企管理者会较多提及"挫折失败"和"应对危机"，而民企和外企相对提及的却很少；外企管理者提及较多的事件类型为"沟通与冲突"及"特派项目/任务"，较少提及"企业变革"。这些显著的差异正好符合了之前提到的中国企业发展阶段以及不同企业类型的成长背景。

关键体会的不同：与关键事件类似，接受采访的100位管理者们总结的关键体会也有较大的差异。表现最为明显的是：外企管理者大多认为"有效沟通"对于自己的领导力提升是一项非常重要的经验，但国企和民企的管理者似乎不这么认为，他们比较重视"不断学习与提升"和"自我反思与认知"，而外企管理者对这两项体会的提及率相对较小；另外，民企有关"战略决策"领导力经验的提及率比国企和外企都高，但在"重信守诺"方面则明显偏低。

关键领导力不同：将 20 类关键体会合并为 8 类领导力之后可以发现，三种企业类型的管理者表现出的领导力特征也具有明显不同的倾向性。例如，外企管理者十分强调沟通协调能力，国企与民企的管理者则最为重视自我修炼。相对于其他类型的企业，国企在创新变革和引领团队这两方面略有差距；民企在商业决策上表现突出，但在诚信尽责方面的差距也同样明显；而外企管理者在自我修炼方面较国企和民企低。

通过研究，我们发现，在提及最多的三类关键事件和关键体会上，表现出较为明显的倾向：

◆国企管理者大多比较注重自我学习与提升、重信守诺和人性化管理，倾向于传统的管理风格，恩威并重，强调诚信。因此，国企管理者的领导力会偏向于"责任型"的领导特质（Responsible Leadership）。

◆民企管理者比较重视楷模人物，一些成功的创业者会成为他们崇拜与信服的榜样。另外，由于多数民企仍处于创业期，领导者往往需要扮演将军的角色带军作战，团队的组建与协作是他们比较深刻的体会。因此，民企管理者会比较倾向于"创业型"领导特质（Entrepreneurial Leadership）。

◆相比较而言，外企管理者特别重视有效沟通，包括对上、对下、跨部门、与外部客户等沟通，同时他们也十分强调坚持原则、兑现承诺等职业操守。因此，总体来说外企的管理者更强调内部管理的"组织型"领导（Organizational Leadership）。

"中国特色"领导力：

许多西方理论提出了不同的领导力模型，不外乎战略思维能力、带领团队能力、问题分析和决策能力等。但在中国这样的新兴市场，对于领导力和素质的要求是不是有所不同？当然，在中国本身也存在有国企、民企和外企的差异性，之前已经分析过。在这里，我们归纳整理了所有访谈中的关键体验，找出具有"中国特色"的领导力素质。

以变应变：在访谈中，管理者提及最多的是"变"：职业转变、职能转变、企业转型等。我们的研究发现，优秀的管理者之所以能够在激烈竞争中脱颖而出，成功秘诀是从不消极等待变化、抗拒变化，而是随时调整心态去面对改变、适应改变、创造改变。明者因时而变，知者随事而制。只有具备这种创变精神的管理者才能不断挑战惯性，在快速变化的市场环境中与变共舞，在变化中追求更为高远的企业目标。

矛盾中求和谐：中国市场高速发展，日新月异，原先单一、模式化的市场经济环境被无数的变数充斥。在访谈中，管理者提到了各种由于不同的企业体制、不同的职能部门、不同的文化背景、不同的价值取向、不同的工作方式等多元化差异引发的矛盾和冲突。部分中国的企业领导人并不太习惯多元化，因为它影响了效率，让人无所适从，也影响了企业的绩效。但随着产品的多元化和市场竞争的加剧，单一的产品或服务很难获取高额的利润，企业需要转向依靠跨部门或跨事业部门的高度合作，甚至是供应链资源整合的盈利模式。先前"自扫门前雪"的行为成为增长阶段难以逾越的瓶颈。我们在研究中发现，优秀的企业管理者必须有较高的情商，异中求同，兼容并蓄。只有通过高效沟通、协同整合、发挥团队潜能、形成整体竞争力，才能在新兴市场中掌握机遇、创造出双倍乃至 N 倍的高效业绩。

严守社会责任、职业道德底线：在新兴市场，处处是机会，也处处是陷阱。企业管理者难免会遇到各种诱惑和困惑，考验个人的职业操守和道德底线。正所谓"底线失守，百无禁忌"，领导者必须要有正确的价值取向，维护企业利益和承担社会责任，才能长久立足，不能为了一己私利而损害市场信用和社会责任。在我们的访谈中，管理者也多次强调"坚持原则"、"企业利益为上"、"严守底线"和"勇于承担责任"。在利益泛滥的市场中，严守职业操守与社会责任是中国企业优秀管理者的重要素质。

自我修炼："修身，齐家，治国，平天下。"一切以修身为开始，这是在我们研究中再次被验证的一句话。在变化多端的环境，自我认知、自我反思是个频繁的惯性动作，只有不断从工作中、从别人的眼中发现自己的不足并不断改善，才能散发出人格魅力，对员工和下属产生更大的影响力。

受访的 100 位中国企业管理者绝大部分都会强调"自我修炼"的习惯，十分注重对自身素质和各项能力的打造以及持续提升。事实也证明，管理者持续提升显示的各项修炼是相互关联、依赖和连续的，其有效性的提升始于自我管理和自我完善，通过以身作则，才能有效地激励他人、带领团队和成就企业，最终达成"己立立人，己达达人"的领导境界。

培养领导力的几点思考：

在快速变化的新兴市场，领导力是如何炼出来的？我们的研究发现，领导力可以在工作中炼就，可以在变化中炼就，可以在冲突中炼就，可以在危机中炼就，也可以在变革中炼就……简单概括来说，炼就领导力的渠道和方法是非常多元化的。因此，企业在进行领导力开发时，可以根据现实情况和需要，有针对性地创造一些实践机会以磨炼管理者的领导力。比如：

◆ 有系统地通过工作转变、岗位轮调、扩大工作职责、在企业内部转换不同的行业或分支去锻炼有潜能的员工。

◆ 在企业推行变革、重组、并购或上市时成立专项小组，包括资深和有潜能的管理者，让他们能在变革过程中磨炼自己。

◆ 对跨部门沟通、跨文化冲突抱以包容的态度，加强沟通技巧。

◆ 对有能力的经理必要时可以临危授命，让其在压力下挖掘自己不可预测的潜能。

◆ 尽量让员工有机会到前线去感受和体验市场的现实、基层的困难。

◆ 开拓新市场、开发新产品、成立新公司/新机构都是锻炼领导能力的机会。

◆ 重要的是必须让在任领导者担当教练的角色。

◆ 好的上司是个好的老师，建立"师徒"系统。

◆ 塑造学习氛围，通过内部分享系统，总结经验、自我提升。

◆ 通过特别项目/任务，学习跨部门的新知识和新方法。

◆ 上课培训也能增进新知识、新观点。

面对快速变化的市场，企业人力资源部门对领导力的培养需要有更大的魄力与创新，用开发领导力的眼光和视角去看待运营中发生的典型事件，并能根据企业的实际情况发现或创造合适的机会、栽培潜质人才。但很多企业的人力资源部门未必有足够的权威介入业务决策、推动人才的培养，所以人才的问题还必须靠一把手来推动、管理层来同担。从某种程度上来说，企业的领导力培养计划成功与否关键取决于高层的重视和投入度。

我们的研究结果显示，领导力的炼就有以下几个关键点：

身教重于言传——重视典范领导的作用。企业一把手或是高层管理人员往往是企业文化的塑造者，他们的言行、气质、风度、品德都对下属员工具有示范和引导的作用。在本次项目的调研访谈中，超过1/3的管理者提到了"典范领导"对其职业生涯的重要影响。因此提拔正直优秀的领导非常重要，在栽培下属的领导力之前，首先应当加强企业领导自身的言传身教。

教练胜于教授——加强企业的教练计划。课堂培训可以帮助学员了解世界先进的管理理论和最佳实践方法，开拓管理视野和思维方式，但这不是培养领导力的唯一途径。企业内部教练拥有丰富的实践经验和专业知识，深谙企业文化，可以根据现实的环境和挑战提出有效且具有操作性的建议，在帮助学员解决实际问题的过程中也能帮助他们快速积累经验、提升综合能力，其效果往往事半功倍。内部教练和导师对于企业的成长十分重要，一个好的领导必须成为一名好的教练。或许我们的企业应当重视中国传统的"师徒制"，重新考量培训资源的投入和侧重。与其花费巨资培养潜在人才，不妨先加强企业内部的教练计划，培养几位优秀的内部教练，建立良好的人才培养循环机制。

反思强于新知——学会从经验中反思。经验反思是管理者对其曾经经历过的客观环境、事态进展、问题解决过程的不断回顾和扫描，是一种动态的信息累计和经验提炼的过程。良好的反思习惯不仅能更新自我认知和知识储备，更有助于综合领导能力的提升。俗话说：吃一堑，长一智。实际上，不善于反思的人在吃一堑之后不会及时进行反思，因此也很难长一智。而善于反思的人，看见别人吃一堑自己就能长一智。其实在企业中，HR 也可以帮助管理者培养起系统的反思能力，例如建立经验学习小组或者定期举办分享会，鼓励管理者互相交流经验，分享自我的反思与认知。

阳光强于温室——在我们的访谈中，很多管理者在回顾自己职业生涯的时候都提及了"失败挫折"和"工作早期磨炼"的重要影响。挫折和磨炼都是人生的财富，是促使年轻人成长的良药。经历过挫折和失败的管理者往往具备更为坚强的意志、更为积极的人生观以及对于他人的同情心。与其百般呵护、一开始就为年轻人才提供优越的环境和丰富的资源，倒不如放手让其"闯荡"几年，体验挫折，经历失败，在摸爬滚打中为将来的职业生涯打下基础。另外，去战场上历练是锻炼领导力最有效的方法，但必须同时配以教练/导师才能提炼经验为本领。

在危机中看到契机——在很多时候，危机恰恰是磨炼人才的最佳机会。目前经济的低迷令许多企业的人才战略面临风险。不断下降的业绩迫使裁员的幅度日益加大，企业很容易在不经意间流失一些宝贵人才、挫伤士气或损害企业的声誉、或者放弃重要的培训与员工发展计划。但有些企业却能在危机中找到契机，利用危机进行人才整合和工作重组，甚至借此良机招募良将，为下一波战略储备人才。企业应当充分利用天时地利的资源，创造各种实践和磨炼机会，锻炼企业领导力，发掘潜质人才。

二、要让员工认识到品牌效应[①]

企业精神与品牌就是企业发展的灵魂，这个灵魂如果能永远不衰、永远常青，企业就会永远存在。如果问问 Wipro、EDS 或者 Infosys 的员工他们为谁工作，答案将会是 Hewlett-Packard（HP）、戴尔、美国在线、或者微软。大多数员工与它们提供的流程打交道——他们所在的办公室都有这些公司的品牌名称。当他们变更工作时这个困惑会更突出。在这种情况下该如何树立品牌和植入价值体系？

品牌一词起源于西班牙的游牧民族，为了在交换时与他人的牲畜相区别，因此品牌为烙印的意思。直到 1960 年，营销学词典中给了品牌一个比较确切

---

① 赵楠. 印度发展服务外包模式探析［J］. 当代亚太，2007（3）：57～83.

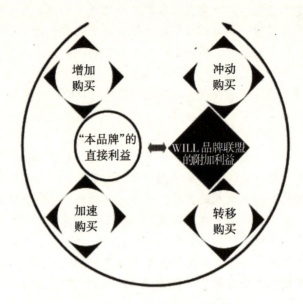

图 4-1 品牌效应示意图

的定义：用以识别另一个或另一群产品的名称、术语、记号或设计其组合，以和其他竞争者的产品和劳务相区别。品牌的内在含义为：品牌是区分的标志，这种标志能提供货真价实的象征和持续一致的保证。第二，品牌是一种"信号标准"。品牌不仅仅是一种符号结构、一种产品的象征，更是企业、产品、社会的文化形态的综合反映和体现；品牌不仅仅是企业一项产权和消费者的认识，更是企业、产品与消费者之间关系的载体。品牌的底蕴是文化，品牌的目标是关系。

品牌效应是商业社会中企业价值的延续，在当前品牌先导的商业模式中品牌意味着商品定位、经营模式、消费族群和利润回报。品牌效应在带动商机、显示出消费者自身身价的同时，也无形中提高商家的品位。搞企业要有自己的品牌，知名品牌既是企业的无形资产又是企业形象的代表。品牌就是要送给客户一个称心满意的产品、提供热情周到的服务，企业的名字就是信誉的代名词。这就是成功企业家多年来形成的共识。塑造企业理念应要求全体员工"真心为用户着想，至臻至美，给用户以信赖"才行。这一思想集中体现了企业品牌战略的核心内容。建立完善的企业管理制度是品牌战略的基本保证。管理就是为适应市场要求而采取的一套行之有效的方法。从加入一个组织的那一刻起，企业的发展经历就让他重视品牌。员工也同样注重企业的品牌建设，他思考的问题通常是：被录用和加入公司之间有怎样的约定？第一个月的报酬是否准时发放？是否所有的问题都准时得到了回答？咨询台的工作人员都能回答问题吗？领导公司的正式问题和回应有多简单？承诺和落实是树立强大的员工品牌的基石。政策透明能为公司的管理增光添彩。这些听起来简单，但大多数公司很难落实。

在 BPO 企业发展的各层次中，人们想找到可以激励他们的角色模范。角色模范是公司理念和价值观的扛旗者，他们是员工成长道路上的良师和向导。大多数公司把员工品牌和娱乐聚会相混淆。在压力大的工作环境中娱乐必不可少，但那只是员工品牌的一个小小的部分。员工品牌触及你在公司里的所有互动。这不仅是 HR 一个人的责任，需要注意细节、高度的同情心和最后感觉。公司应该有一个专门的部门来树立员工品牌，它可通过所有部门的工作来实现。

【案例分析】发挥品牌效应推进品牌建设

主持人（张维迎、沈冰）：作为国有商业银行，工商银行需要做品牌吗？

张福荣（中国工商银行副行长）：工行当然需要打造品牌。除继续发挥"国有银行"这个优势外，我们还要打造工行独有的品牌优势。这就要求工行必须提高服务质量和管理水平，提高工行自身的信誉。我们相信，提高和增强工行的信誉和品牌形象会给工行的整体经营带来好处。

在消费者心中，工商银行的品牌形象与 10 年前相比变化很大。根据有关资料，20 世纪 80 年代中期我国就开始进行品牌建设与品牌改革，中国的品牌建设算到现在已有 20 多年。应该说，工商银行的品牌建设是伴随着我们国家改革开放的过程走过来的。10 年前，工行对品牌建设的认识水平还非常低，宣传意识和宣传举措都还不太全面。现在，我们已经认识到银行发展仅依靠服务、创新、降价是远远不够的，因为对一个银行来讲独有优势不会太多：我们有的产品其他银行也有，我们降价其他银行也能降价，这时候我们就需要找到能够代表自身特点的东西，那就是品牌。我认为，其他产品是可以代替的，而品牌是不可代替、不可模仿的。

现在工行正着力推动品牌建设，并发展出很多独特优势，比如规模大、营业网点多、电子化水平高、服务质量水平高、产品创新能力强等。这几年工行在产品创新方面也有了一定优势，推出了很多符合客户需求和企业需求的产品，这些产品适用于很多领域，对推动国家经济发展都很有帮助。

品牌建设是一个由决策层落实到操作层的漫长过程。上层品牌建设的思路下达到基层后，基层对品牌的把握和认识却不一定正确和完整。因此，要建设好工行这个品牌就需要我们自身的不断努力和宣传媒体的大力协助。这种情况下，我们有责任去宣传、去灌输，使老百姓和社会对工商银行的品牌有一个较深刻的认知。这也要求我们必须考虑到品牌建设的方方面面，比如服务水平、服务能力。现在工行的网点已经基本覆盖到全国每一个城市和中心，老百姓觉得非常方便，这样一来工行在经营网点"多而方便"这一点上就得到了大家的一致肯定，使人们能感觉到工商银行在便利性和服务意识方面的品牌特点。

此外，由于品牌建设和传播内容相互适应、相互影响，我们还必须清楚品牌建设时传播内容和传播方式这两者之间的关系处理。这也就是说，媒体传播在品牌建设过程中将会变得很重要。现在我们已经建立起多种传播途径：一是强势媒体，二是刊物，三是工行自己的一些宣传栏目，三管齐下共同传播工行品牌。当然，我们还将不断尝试其他方面的品牌举措，进一步加快改革步伐，使工行变成有国际竞争力的大银行，让老百姓在走入工行时感觉更舒服。

同时，电子银行、国际银行等子品牌建设也是品牌建设过程中一个很重要的问题。要使品牌建设达到预期效果，首先必须明确品牌建设战略，使品牌朝着正确的方向发展，否则建设起来的品牌意义不大；此外，品牌建设过程中子品牌的设立方式非常重要。要使产品能够不断适应市场，就必须有适应不同市场的产品和品牌，不同品牌内容不同，但可以服务于不同的对象。我们认为，除了大众性质的客户服务外，为高档产品配备专门的宣传和服务也很重要。工行最近开展了一项"万家服务"并为这个特殊的项目品牌配备了专门的售后服务人员，对外进行宣传传播时的理念和内容也独具特色。通过这种广泛而有差别性的社会宣传和社会解释，消费者对工行各种子品牌有了区别认识，自然也就能分清哪种产品能给自己带来更多方便、自己应该使用哪种产品。

主持人：你们靠什么办法把品牌渗透到每一个员工身上？

唐志宏（招商银行行长助理）：机制转换。通过机制转换使总行的品牌理念渗透到每个员工身上，使员工能自觉自愿地对招商银行负责、对客户负责、对自己负责。也就是说，使总行的战略和指导思想转化成全体员工的想法。当然，这也必须有技术手段的辅助，但最重要的还是通过机制把招行的品牌落实到员工身上。

形成这种机制需要落实，落实到员工对客户的服务上，员工收入有高有低就是这方面的一种体现。我们对所有的工作都有一个要求，那就是"客户是上帝。上帝永远是对的，上帝错了也是对的"。招行员工必须深刻地理解这个观念，如果认同不了砸了招商银行的招牌，招商银行就砸谁的饭碗。形成这种机制，全招行各地员工的服务观念都是一体的。在这方面举个例子，招行支行有个员工由于对合同条款的理解产生歧义和客户发生了一些矛盾，事后有律师投诉到了上面，最后我们给员工的处理是什么？开除。

招商银行秉承的理念就是"因您而变"。这个品牌不单纯建立在广告上，不单纯依靠某个产品的时尚包装，品牌成长每一步都需要员工完整到位的服务。招商银行处于金融行业竞争漩涡的中心，作为后来者我们肯定要走更远更长的路。所以，招行希望通过媒体渠道宣传产品，但却更看重客户的评价。当一个客户向另外一个客户介绍说招行的产品和服务很好时，这是对招行最大的鼓舞。

品牌扎根于文化。要使企业员工接受企业品牌，首先必须使他们认知并认同这个品牌，然后才谈得上品牌吸收化。而要使员工认知、认同品牌，这就需要找合适的点。企业产品品质不变、品牌承诺不变，要适应企业自身的发展，只需找到一种与员工的沟通方式，这种沟通方式必须是员工和企业双方都可以接受和认同的。

4.3　BPO 企业的管理结构

BPO 组织的结构和其他大多数服务公司类似，但是角色、责任以及有些职能的重要性不同。我们现在来鸟瞰一下 BPO 公司不同的职能，这可以帮助新员工规划他们的发展道路。

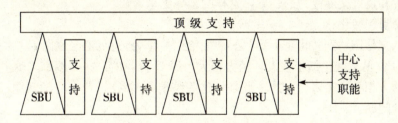

图 4-2　BPO 公司组织结构

资料来源：作者所做的调查

注：SBU-战略业务部门

一、BPO 企业的结构分类

大多数组织机构中，销售、金融、营销和人力资源职能会报告给 CEO，而经营、质量、协调、信息系统和技术情况报告给 COO。

每种职能都有严格的角色作用，人力资源职能可能是员工和中心业务最重要的联系。吸引和留住人才是公司发展的基础，重视这点的公司都发展迅速。成功的 BPO 公司在和人打交道方面都头脑清楚。上行下效，这些公司具有快速发展的能力，并且有强大的支持系统。

根据动力学和 BPO 公司的需求，成功的 HR 专家会提出革新策略和营销手段来推动新的接触模型的建立。他们为 BPO 产业提出一个新的口号——通过交往和成为人员问题的一个接触点。他们被注入了动力，充满工作热情，日常工作状况大为改观。他们的同情意识增强，积极主动地处理工作问题，发现需求，让自己掌握营销和金融技能，工作高效。

人力资源行业正在经历一场变化。在商业学校里，最聪明的学生喜欢金融或者营销工作。被吸引到 HR 的人才资源越来越少。在工厂时代，HR 经理被称作管理经理。他们过去手提巨大公文包，掌管员工接触到的多方面问题，包括工作时间、食堂、设施、补偿、利润、招聘、培训等，除此之外还管理工会。

在各公司里，生产线经理已不再有 HR 同行的那么多责任。他们的工作重要且负责，资源和培训也作为不同的职能分开，管理和设施独立运营。那么 HR 的工作是什么呢？除了制定政策和开展调查外，HR 部门需要做的事情还有很多。

BPO 公司的 HR 经理们，特别是那些有充分能力处理日常需求的人，产生了一个身份危机。很明显，员工的品牌、工作场所趣闻、高水平的交往、充当员工的代言人以及因为他们去打架这些问题都需要注意。这就要求有具有革新精神和良好交际能力的领导，这样的领导更是紧缺。

交易到转化：

从交易调动到转化是 HPO 公司中大多数 HR 经理的必经之路。

BPO 员工（包括年轻人）压力很大。BPO 行业的一些弊端都与这些非常年轻的人相关。需要讨论的一点是：这些弊端是 BPO 行业本身的问题还是情绪化的问题？

存在挑战是商业的本质特征。BPO 公司不是这些弊端的发源地。BPO 组织的 HR 谈到这些问题是有特殊的困难，经营一个咨询项目、成立一个防止的防治性骚扰的委员会、保证不同职位人员的调动透明化都非常重要。把年轻人培训成办事有效的团队领导和经理并未易事。没有其他的行业会让一个团队领导管理一个 10 到 12 人的团队。

从工厂里管理人力问题的 HR 的角色转变为 IT/BPO 中管理人才的过程非常迅速。HR 的方法应该随着业务的变化而变化。在任命、工资结构、保留额奖金方面，革新是个关键。反常规思维方式才是游戏的秘诀。

资源从 HR 转移到销售部再到营销部。这个变化安静、快速。对于这样一个庞大且严格的专业来说，没有结构性的大学或者 MBA 课程专门针对大规模招聘中的挑战进行人员培训。

担任资源部领导是这个行业中最艰苦的工作之一。每月雇用成百上千的人是件令人犹豫不决的事。再加上评估、体检和背景调查、档案、渠道管理，能让最冷静的人都头晕。多数人坚持不了 18 到 24 个月。

资源部的最大困难不是面对众多应聘者，而是找到合适的人才。招聘的来源基本上有三个：

(1) 特聘顾问占应聘者的 50%～70%；

(2) 员工介绍的占应聘者的 20%～40%；

(3) 未预约的自来求职者、招聘会、广告应征者构成了另外 10%～15%。

每个城市的比例不同。语音业务对咨询者的依赖度很高。成熟的 BPO 市场，特聘顾问占 70%。在非语音领域，直接雇用和员工介绍的可高达 70%。招聘非语音业务员工比如招聘联络中心员工较为困难，后者需要良好的沟通技巧。

行业资深人士说，从最开始对沟通技巧的要求已经大幅降低，但人数众多，我们没有能力达到业务要求。甚至连顾客都赞同我们将关注点放在方法而不是口音上。

当招聘和人员流失成为呼叫中心的一个挑战，公司开始关注非语音市场。非语音行业的人员流失有 15% 到 30%，可与 IT 产业相匹敌。非语音业务的规模大，增长速度比语音业务高两到三倍。非语音业务人才充足，甚至在三级城市也可以找到。

还有许多职业介绍顾问，他们在短期内为急需人才的公司提供成千上万的员工，平均的雇佣工资是 250 美元，但在急需的情况下公司甚至愿出 500 美元的高薪。在中层和高层，特聘顾问的费用可高达公司年度成本（CTC）的 16%，而专门从事这种调查的大型公司每雇用一个人会征收 30% 以上的年度成本。特聘顾问的花销与试用条款有关。

招聘中也有受骗的案例，重要公司的高管丢掉了工作。挣钱容易、没有严格的约束、试用期一过同一个应聘者没安排在其他地方，许多特聘顾问因此而臭名昭著。

每个国家的情况也不相同。比如中国 BPO 企业应聘人员对渠道的依赖性要小得多。多数员工都是从网上应聘或者自己上门求职。不到 20% 的员工是通过特聘顾问推荐的。

招聘会对潜在客户帮助很大，但它只帮助那些以高薪吸引最优秀人才的公司，像 IT 和 BPO 公司已经开展了大型校园招聘计划。这是推进招聘进程的有益一步。多数公司针对提高直接雇佣人员有一个清晰的策略。

校园招聘、二级城市、工作盛典，城市招聘中心和诱人的介绍机制都是可行之举。随着经费将花费在直接雇用而非特约顾问开销上，资源团队中应用营销的作用会加强。

HR 的结构又该是怎样呢？是传统的包括招聘、培训、核心 HR 的综合职能、还是划分为两到三个独立的职能？公司尝试了不同的模式来实现高效，每种模式都有自己的一套优势和劣势。

许多传统的 HR 经理强烈地感觉到资源和培训属于 HR 的一部分，不应被划分走。根据公司的价值理念确定人选，引导、培训、监督、帮助他们成长全都是 HR 的责任。

处在资源和经营中间的另一大职能是培训。BPO 组织的培训可分为以下四个条目：

（1）沟通或所谓的语音和口语；

（2）语音和讲话训练；

（3）业务培训；

（4）行为和领导发展。

新员工的培训课程将持续 3 个月。语音和口音训练课程复杂，要求对服务地区的地理掌控适应。美国、英国、澳大利亚和新西兰是主要的市场。

培训吸引了许多来自经营部门的人，被看做是培养优秀代理人的复合逻辑的发展途径。

财政职能帮助公司控制成本，密切关注最低线。在许多 BPO 公司里，CEO 们已经开始更有效的运用财政职能来管理成本。我们经常见到财政团队参与和顾客的价格磋商，带着一揽子货币构建新的价格模式以防货币波动造成的损失。

BPO 采用的质量标准和方法有许多种。尽管有认证不能帮助企业得到生意，但是没有认证可以是潜在客户拒绝你们公司的一个很好的理由。认证是改进联络中心工作、评价你们的中心如何从同行中脱颖而出的一个有用的办法。应用于 BPO/呼叫中心行业的质量认证指标有几种，我们来看看其中一些重要的：

（1）ISO9000：国际标准化组织（ISO）系列标准、欧洲标准，是关于质量保证的一系列国际准则，由国际标准化组织质量管理和质量保证技术委员会（ISO/Technical Committee76）成员制。

ISO9000 包括五个文件：三个核心质量体系文件，即所谓的 ISO9001 质量认证模式——设计/开发、生产、安装和服务的品质保证模式；ISO9002——生产和安装的品质保证模式；ISO9003——最终检验和实验的品质保证模式；以及两个支持性纲领文件，即所谓的 ISO9000 和 ISO9004。

（2）COPC - 2000：顾客运作绩效中心标准。COPC－2000 标准于 1995 年由呼叫中心服务核心组用户和相关的分配满足运作部门制订，包括来自美国快递、戴尔电脑公司、微软、Novell、L. L. Bean 的代表。COPC 是顾客联络中心业务的国际权威标准。COPC-2000 被用来改善顾客服务。

COPC 的任务是根据顾客服务标准、顾客满意度和运营效率来开发和推动一些大胆尝试，支持和顾客频繁接触的行业有最优业绩。这些尝试在协同合作的环境中开发执行，包括来自外部和内部的顾客服务提供者、外包商、产业供应商和其他行业专家在内的从业者。今天，COPC 审计复核 COPC-2000 标准的组织；运用组织方法在评论过程中搜集数据，对呼叫中心和执行中心开展测量评论；就经营业绩的提高与呼叫中心和执行中心展开磋商；就包方的策略选择、包括如何选择和管理供应商进行商讨；提供全行业论坛，比如会议、工作站、用户组来营造高水平客服的支持环境。

（3）BS7799 安全标准：BS7799 是世界最广泛认可的安全标准，最早于 20 世纪 90 年代中期发布，后于 1999 年 5 月得到修改并推上世界舞台，最后于 2000 年 12 月转化为 BS EN 15017799 标准。

BS7799（ISO 17799）涵盖的安全问题较为广泛，包括控制要求的重要数字。即使对安全最为敏感的组织来说，符合它的结果都远远不是细琐的任务。网络被用来帮助强调这个问题。它将引进主要部门的标准、方法数和帮你更有效解决问题的资源。

要达到 BS7799 标准是个巨大工程。为信息体系测评相符合的水平，然后制订和执行必要的计划，这个过程针对非常集中、让人抱怨。但是有了正确的途径和方法，我们的力气投入可达到最小化。

运营领域：

BPO 公司的运营领域和制造业有些相似之处。工作具有重复性和单调性，配送标准严格规范。质量标准非常高——如果你失去了一个顾客，那么将很难再把他争取回来。

基础设施：

基础设施是每家 BPO 公司的关键部分。工作具有时效性，需要基础设施的支持。游戏的秘诀是互相支持。通畅的电话线路、接送成百上千员工的交通系统、24×7 的餐厅、强健的安全系统和公司内的医疗服务都是 BPO 组织的必备条件。

交通：

BPO 的服务转瞬即逝。时效性强，失去一个电话就失去金钱。电话接通不畅、员工迟到，自然灾害都会造成业务损失。BPO 的交通是个复杂的工作，设计安全系统、保证系统相符合是重要的因素。大多数工作都被外包出去，很难管理和监督来自不同背景的司机。检查司机背景、定期体检对员工的安全很重要。但是这说起来容易做起来难。多数公司把这个工作扔给出租车代理机构，它们并不认真、规范地去执行这些规定。

信息系统：

多数 BPO 公司的信息系统都在竭力保持和高速增长的产业步调一致。许多公司通过试算表运行系统。现存的运算互不相干，没有联系。

联合企业资源计划系统（ERP）是大公司必需的，没有它会限制许多公司、特别是那些有意向全球拓展业务的公司获得成功。系统带来透明性——计算请假天数、奖励、离岗计时和 CSAT——这些在今天都是管理者和团队领导靠人工计算的。人工介入会带来主观性，许多时候会引发仇恨和人员流失。

非语音业务的快速增长带来了对工具和平台的需求。数据登录和交易流程环境的工作可自动进行。能够开发这些平台的公司会创造出更高价值。这是所有公司都关注的一个领域。许多 BPO 公司正在寻求获得 BPO 部门平台，特别是在医疗护理行业有许多此类公司。

即使是在交通、培训和评估这些职能领域也有对技术采纳的需求，以获得非线性生产率。行业对于这一需要曾反应迟钝。

和蔼的服务态度是完全必需的。BPO 公司的工作给予实效顾客数据——保密和隐私度很高。当公司将工作外包出去时，对于安全和服务态度框架的测试不可掉以轻心。

所有这些职能部门的工作人员加在一起不到 BPO 员工总数的 15%，经营部分占据了剩余的 85%。多年来在这种大规模的经营中已形成机构性的框架体系。

框架经营的理想道路是沿着工业和业务的路线前进。一个策略业务单位（SBU）就是一块砖。每个 SBU 服务于一定的业务，业务部门（BU）顾客周围的顾客具有共性。每个 BU 在顾客/流程周围构建，并且支持它所担负的职能。BU 内部的管理水平和层次依运营者不同——自营倾向于有四到五个层次，而有些大型第三方公司有七到八层。

BU 的理想结构是什么？一个团队领导或单位领导该管理多少人？各层次的人都应关注的是什么？让我们了解一下这些问题，寻找可能的解决方案。每个 SBU 的理想人数是不超过 2000 人。超过这个数字会对有效管理带来挑战。每个 BU 应有自己的支持部门并且能像一家微型公司一样运作。支持部门可从中央支持团队中获得帮助。

多数公司的 BU 内有七层结构（参见图示 4—3）。我们觉得许多重叠时钟过度消耗。在高交易环境中，对配送货物心中有数是制胜的关键。更高效地工作是个简单的四级结构。

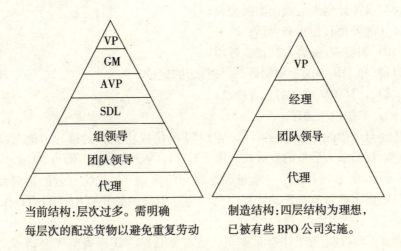

图 4-3 BPO 层次

资料来源：基于作者调查结果和与 Streamline Strategy 总经理 Takao Kasahara 的讨论

注：GM——总经理；SDL——高级配送领导

团队领导（TL）是这个结构中最关键的一个层次。大多数 TL 管理 10 到 15 人，而理想的情况是每个 TL 管理 5 到 7 人。这是语音 BPO 领域的典型比率，到了非语音业务变化很大。在非语音业务中，人数可以更多——每个 TL 和 20 同事打交道，每个经理管理 10 个 TL。

成功的关键是使工作变简单。工作简单了，错误就避免了，工作就会连续且迅速。TL 应该帮助代理人，不应为报告所累，管理信息系统（MIS）的工作需要被经理所掌控。这种四层模式将保证提高生产率和提供优质服务。

在整个运营结构中，TL 是最重要的一层。TL 一般二十三四岁，管理 12 至 18 人的团队。他是第一时间的经理，BPO 公司围绕他运转。让我们看看 TL 每天要开展的活动：

（1）收拾上一个班的烂摊子，开始新一天的工作；

（2）处理烂摊子，对于工作期待、公司事件、内部工作过账、运输变动等简要传达（多数 BPO 公司不给代理人发电子邮箱地址，因此 TL 成为任何信息的一个接触点）；

（3）分配工作，管理日程；

（4）监督呼叫；

（5）指导新团队成员；

(6) 参与经营评论；

(7) 开展培训；

(8) 参加计划聚会或出游的会议；

(9) 准备每日报告和讲话；

(10) 和经理/顾客参加评论呼叫；

(11) 和 HR 一起参加测评/训练行为的讨论；

(12) 计算团队成员的工资变动；

(13) 准备员工排序。

从经营运作的角度来看，TL 是 BPO 单位成功经营的核心，他拥有最广泛的控制权和最大数量的发放权。来看看 TL 的重要作用。Ravi Venkatesh 开办的 OnTrack 公司开设了一项培训课程专门培训 TL 成为有效的管理者，这是专门根据客户需要开设的课程，公司为了课程的效果运用了 OnTrack 服务审核。

保证 CSAT 正常工作是运作团队的首要目标。代理人工资变动不定，他们工资的一部分与 CSAT 分数不一致。员工排序是常用的一种方法，根据人们的 CSAT 分数进行排序，每天公布结果。给排名落后的人提高分数的机会，但在周期性的警告后如果还不见进步他们将被解雇。员工排序是否是激发普通员工业绩的最好方法这一问题广受质疑。这个做法现已确立，并且似乎在全国的所有呼叫中心非常流行。

BPO 公司的工作是单调乏味的——90％的工作是重复性的。如何把工作变得令人兴奋是个难题。使工作令人兴奋是为 BPO 行业创造价值的第一步。有许多人在这个行业做了很久，曾经热爱他们的工作。基于和国内几家 BPO 公司的交往经验，管理团队已确立了如下一些关注领域，来帮助 BPO 员工发现他们工作的积极方面：

(1) 丰富：不知其然地重复做同一件事会让人感觉乏味，因此寻找外部或内部的知识来发现事情为何如此是个不错的主意。比如前线 BPO 员工可以发现：为什么有如此多的规律？它们意味着什么？彼此如何相关？为什么对客户很重要？其他流程里的规律有什么？为什么不同流程规律不同？像这样他们可以发现其他领域的答案，比如产生什么样的报告？领域对他们意味着什么？谁生产的、我们可从中理解到什么？前线员工也可发现其流程的其他职能，发现什么是 QA、人员管理是什么和为什么有 CAST 领导。

可发现的答案数量是无限的。另一个发现工作丰富多彩的办法是阅读与工作相关主题的材料，比如书刊、网站、杂志等处可找到。有些人坚持这样做，每天有所不同，因此不会感觉工作乏味。

（2）**深度**：另一个让人对工作热情不减的方法是深入了解部门职能。比如，负责应付账款工作的人可深入了解这一领域自身（比如发票流程），也可以深入到服务于客户的数量庞大的工作流程类别中去。同样，技术支持流程的代理人可以深入到他的部门职能中。这些努力都将使代理人成为该流程的专家。

（3）**贡献**：有些人一直对工作热情不减是因为他们对工作做出了杰出贡献。这些贡献包括敢于尝试、帮助老板或同事或者主动承担任务。我们偶然见到过许多这样的例子，人们尝试改进流程训练，提高对知识基础的贡献，提高质量和顾客满意度或者任何其他促进流程的形式。主动解决问题也有助于使人感受到工作的乐趣（比如帮助清理大量工作、主动进行问题根源分析来认清一个问题等）。主动帮助其他职能部门也能得到乐趣。

比如 BPO 公司的一名员工想要调动到 HR 部门工作，但因为公司内部没有过正式的横向调动很难办到。于是他决定主动牺牲休息时间（一个节假日）来帮助 HR 部门的一些人来做些零活，其间他熟悉了这个部门大多数人，包括 HR 负责人。当 HR 招聘新人时，他们肯定选择这位员工，因为他们相互之间已经熟悉，并且他通过主动牺牲时间的方式业已确立了他在该部门的价值。

（4）**专业互动**：公司内外专业水平的同行互动有助于培养对工作的兴趣。比如，注意其他公司的人如何谈论和一个人可能正在面临的工作有关的问题，这是件非常有趣的事。这种互动可当面（比如通过朋友）或在线进行。互联网上有数不清的小组，人们在那里谈论专业层面内各种各样的话题。另一个开展这种互动的方法是给时事通讯或杂志投稿，然后寻求反馈。

（5）**可接受限度内的实验**：有句老话说"如果你总做常做的事，那么你总会得到已经得到过的东西"。因此如果工作看似乏味，那么我们就该改变一下处理它的方法了。我们可通过变更一些组成部分在可接受的限度内做些实验。比如顾客支持部门的主管人员可实验建立更好的关系。为此，他需要改变和顾客的说话方式。比如，他可以从 MSN 之类的网站阅读娱乐新闻，把学到的知识用在和客户的谈话中（比如"昨晚你看奥斯卡颁奖晚会了吗？"）；或者他可以选择完全不同的技巧，比如和集合流程的朋友谈话，询问他们如何与顾客建立关系来说服他们付清账款。

（6）**建立联系**：消除工作乏味的另一个绝好办法是和各种各样的人建立联系。我们平时和这些人没有交往。比如 BPO 员工可能用 70％ 的时间和同事打交道，25％ 的时间和他的 TL，只有 5％ 的时间和其他人（包括经理、其他部门的人等）打交道。如果他主动花费一点时间用在和其他人打交道，他会给自己一个和许多人建立崭新联系的机会。在任何公司里一个成功的关键因素是他所建立的横向和纵向关系网。同样，这种努力也会使工作变得有趣。

最后，每个人对待工作的态度将决定他觉得工作是有趣还是乏味。没人能告诉如何在工作中开发兴趣。比如一个经理分配许多工作，有些人把它当做常规工作，而有些人因具更高度的拥有感而感觉它令人兴奋。

语音与非语音操作：

语音与非语音的操作领域有很大差别。呼叫中心员工工作压力大，但当他们一出办公室就可以忘掉工作了。不需要担负包袱。不到 10% 的呼叫受到监督，所以如果他们犯了错误，不幸运的话会被逮到，大多数逮不到。工作的性质使他们外向、自信，标准的口音训练使他们沾沾自喜、自成风格。

进入财务会计、KPO、工业交易流程领域的人们各不相同。他们本性严肃认真，把工作当做是成为行业专家的第一步。他们渴望接受培训，获取资质，学到知识。交易流程中完成的每件事都会留下痕迹，延误或者错误会立即被贴上标签。

假设你正在银行、金融、安全和保险（BFSI）流程工作，某一天要取消一个账户、存款或一笔投资。假如你做起来毫不费力但错过了最后期限，如果转天利息率上涨，将给银行带来巨大损失。许多行为依赖股票市场、外汇交易率、银行间的比率和联邦储备率，这些每天都有变化。这种情况下一个错误的代价将十分惨重。

职位：

亚洲对职位高度关注。成长与职位和向你报告的人数有关。人们调动工作是为了更高的职位和工资。BPO 行业曾对此予以重视。BPO 里的职位很模糊，在 BPO 里得到一个好听的职位比在其他行业要容易得多。不要对一个有十年工作经验的应聘者做副总（VP）的职位感到吃惊。助理副总（AVP）这一职位是由 BPO 引进国内的。

一家大公司人力资源部有 21 个副总和 500 多个助理副总。有七八年工作经验的人就能得到 AVP 职位，他们下一步就晋升 VP。这是一条留人策略，AVP 是有效的中间管理层，如果他们离职去外面的公司就会成为 GM，这个策略就是让他们留下来做晋升 VP 的梦。

从长远来看，当人们没见到晋升时这将起到反作用。如果你从经理晋升为高级经理，再到 AVP 和 GM，但是发现仍做相同的工作，很快就会对职位的标签产生质疑。这意味着一段时间后职位产生的自豪感不复存在。

任何一个工作都是以下三个方面的组合：

(1) 工作角色；

（2）职位；

（3）工资。

成熟的行业中三者紧密相连。这种模式帮助推动个人事业的蓬勃发展，职位只是工作角色的量变，成长和成功不一定靠职位表现出来。人们可以成为专家并且挣得高薪。

人员流失：

对人员流失的报道有几种方式：

（1）任期内的人员流失：指那些接了三个月电话的人，这部分比例为30％到40％。

（2）培训后的人员流失：比例为60％到70％。

（3）培训前三个月的人员流失：比例从75％到150％。

我们计算一下平均每个呼叫中心的人员总流失率，数字可达80％到120％。拥有大型非语音业务的公司报道的流失率要低些，因为非语音人员流失率在30％以下。然而连主要的KPO公司都有30％的人员流失，这个数字是因需求的急剧增长和无数公司的开设而激增上去的。

当前情况下，每个人似乎都想要现成的人才。印度KPO领域关于工作机会的一份市场报告预测，如果KPO行业的人员流失增加，这个行业将会受到影响，不能发挥它的增长潜力。

许多新员工辞职是因为工资——仅6个月的工作经历就可以让你在跳槽时有20％的工资涨幅，这是个难以抵挡的诱惑。

关于公司的争论并未停止。呼叫中心人员是否有额外收入或者这是不是当今飞速发展经济的需要？这个问题有两个方面：

BPO公司新员工的工资看起来有吸引力。除此之外，上下班公司负责接送、餐厅的饭菜有补贴，这样你还可以节省125美元。这样的优待看起来似乎不公平，有人甚至说BPO行业是受宠的行业。

第二种看法和第一种相反。工资占BPO公司成本的40％，其中80％以上支付给初级工人，BPO公司为什么发放如此巨额的起薪？高薪可以减少人员流失吗？按理说是可以，但实际情况并非如此。我们看到有些公司每月的起薪是4 500美元到5 000美元，比其他行业平均高出30％到40％，但他们的人员流失率高达100％。

虽然在增长率超过9％的公司中工资是个值得关注的问题，但真正的问题是相对工资。看到同伴比你挣得多你可能会心生不悦，这促使你在别的公司需求更高的待遇。在你所属的同伴群中，更准确地说这是个自我问题。BPO必须把人员流失水平控制在30％到40％以内。

人们离开 BPO 公司的最主要原因是"*缺少自尊和尊严*"。可能是由以下因素造成的：

(1) 过度热衷于达到 CSAT 分数，许多时候和变动的报酬有关系；

(2) TL 面对来自经理的压力，想要自己的排名位置在第一位；

(3) 经理未受过培训，仅年长两三岁，有他自己一批偏爱的手下；

(4) 人员没有被看做长期财产——用完就扔掉的想法在组织中流行。

多数公司都关注业务部门的人员流失，但是更大的挑战在于培训中的人员流失，后者是前者的两倍。

Milind Godbole（MG）是名为 MphasiS 的 EDS 公司的行业元老和首席开发官（CDO），对于 BPO 新应聘员工的高流失现象有着合理的看法。他说，在一家典型的 BPO 公司里，一名培训师用 4 周来培训一批人员，类似只有一名教师的乡村学校。来 BPO 公司工作的大多数人不是最优秀的，他们上大学时很可能修读的课程不到 50%，其余课程睡觉，把时间大都花在咖啡厅和交朋友上。了解这些后，在没有提前暗示的情况下，要求员工到公司来接受培训时不准迟到、不准睡觉会让他们浑身难受。你在 BPO 公司办公室里的每分钟都有追踪记录。

培训过后开始接听呼叫时，他也不是特别适合处理问题。这好比被扔进了战场。当你突然遇到口音不同的人打来电话时，口音和沟通技巧的培训并无帮助。一紧张你就顾不上口音了，这时母语就会趁虚而入。在有压力的情况下，一个人忘记培训时标准的语音和口音是件非常自然的事。

试想一个人打来电话用员工从未听到过的口音说话而这名员工有没有训练过理解这些问题，那是怎样的窘境啊！不能在第一时间理解顾客的问题、员工最后挂断电话致使顾客非常气愤。很快他就会发现自己不适合做此工作。出于恐惧他不过几日就会离开，或因挂断顾客的电话、令终端客户不满和不适应处理呼叫问题而被解雇。即使让这名员工再接受一次培训也不能帮他消除被解雇的焦虑和恐惧。

开头几个月能在 BPO 公司生存下来的人会留下来并朝成功迈进。其他的许多人仅为了接受培训课程从一家 BPO 公司跳到另一家。

关注规律和人员流失是正确的，但是保持敏感和关心员工同样重要。这来自于公司的价值观。但有些时候出于盲目追求发展，这些基本的价值理念被遗忘。多数公司都把价值陈述写在布告栏上，但没有真正贯彻执行。

据观察，全球呼叫中心的工会覆盖率比其他行业低得多。在边境地区开设工厂压榨工人剩余价值已受到限制。菲律宾规定必须给 BPO 新来的员工发放第 13 个月工资或奖金。印度最近规定，必须按比例给月工资低于 1 万卢比的人发放 8.33%的奖金。

多数经营 BPO 公司和语音中心的专业人士都来自于银行或金融行业，扫一眼 NASSCOM 会议指南就会发现这点十分突出。许多 CEO 成立公司不久就把它出售掉。这是企业家精神的反应还是缺乏耐力的表现？

最开始，公司 24 小时接受订单。最初的合同有 85%的利用率，年生产率增加 10%到 15%，这些被用来使合同更满意。附加条件和平均处理时间（AHT）也有吸引力，很可能比顾客他自己提供的还要好，最后全球都没再听说有每小时 10 到 12 美元的价格。

所有这些造成了公司建立时就给自己制订了极其苛刻的时间要求。85%的利用率在外行看来可实现，可是这意味着一个人每小时 60 分钟里需要有 51 分钟在接电话，而且 8 小时如此，也就是说一个人 480 分钟里有 408 分钟要接电话。这不通人情。

接听电话需要运用多数感觉——听觉、观看屏幕、键盘打字、大脑思考解决问题的办法——必须精神集中。Sandeep 说，让一个人像这样精神集中并且达到 60%至 65%的时间利用率是不可能的。

是谁制订了这个 85%的利用率规则？它又为什么多年来被继承呢？

2000 年前订的合同条款还会照此执行，或者多数顾客已经尽力就此进行改进。

为什么要给自己制订难以达到的服务标准协议（SLA）和目标？

Sandeep 还补充说这是个棘手的行业。多数公司缺乏勇气去要求更高生产率或者更好的说法。签订合同的人不知道如何经营业务，就用过去的合作当参考。顾客通常想要改进早期的合同。这是管理层最后需要做的选择。如果你生产率低、SLA 严格又想创造高利润，就会有人员大量流失和工资低的问题。

为了缓解人员流失，公司需要降低 SLA。SLA 降了而仍然创造同样多的边际效益，那就需要高生产率了。自营的人员流失率低，不仅是因为工资高和基础设施更好，而且因为 SLA 不那么严格。如果印度公司的 CSAT 分数排在前三位，现在是他们要求生产率排在前面的时候了。这是时间的需要，有助于BPO 产业摆脱进退维谷的两难处境。

二、BPO 企业遵从的国际规则和行业标准

随着全球服务外包市场迅速扩大，BPO 将继续保持高于 ITO 的增速发展，我国的 BPO 市场也在数据处理、呼叫中心及人力资源外包领域涌现出一批优秀的中国本土企业，例如在金融后援方面表现优异的华道数据、在人力资源外包方面业绩突出的易才集团、在呼叫中心领域坐席规模庞大的泰盈科技。这些

行业领袖的不断成长和壮大将继续推动我国 BPO 业务向更高端的业务领域拓展①。

表 4-1   2010 年中国服务外包 BPO 企业最佳实践 TOP20 榜单

排名	企业名称	业务类型
1	华道数据	金融后援
2	北京富迈数据有限公司	数据/图片处理
3	软通动力信息技术（集团）有限公司	数据处理
4	上海微创软件有限公司	呼叫中心
5	山东泰盈科技有限公司	呼叫中心
6	易才集团	人力资源
7	大庆市华拓数码科技有限公司	数据处理
8	飞翔集团	呼叫中心
9	北京立思辰科技股份有限公司	文件管理
10	北京百思特捷迅科技有限公司	呼叫中心
11	西安炎兴科技软件有限公司	数据处理
12	信雅达系统工程股份有限公司	数据处理
13	北京九五太维资讯有限公司	呼叫中心
14	益德穿梭科技（大连）有限公司	数据处理/制图
15	点通数据有限公司	数据处理
16	北京兴长信达科技发展有限公司	电子商务
17	深圳市飞马国际供应链股份有限公司	供应链管理
18	成都三泰电子实业股份有限公司	数据处理
19	浙江中盈瑞博科技有限公司	数据处理
20	北京华谊嘉信整合营销顾问股份有限公司	营销外包

BPO 就是企业为了专注核心竞争力业务和降低软件项目成本，将软件项目中的全部或部分工作发包给提供外包服务的企业完成的软件需求活动，现在已经成为外包服务新的发展趋势，并且在未来几年内将成为外包的主要内容。

---

① 2010 年中国服务外包企业 BPO 业务最佳实践 TOP20. 中国外包网。

下面我们以东软集团 BPO 业务为例，详细分析一下 BPO 企业遵从的国际规则和行业标准。

国际标准的 BPO 运营管理体系：

东软集团 BPO 拥有优秀的管理团队以及质量控制和成本管理领域的专家，根据 COPC、ITIL、ISO27001 等先进的行业标准建立了一系列全方位、高效率的运营管理系统及流程规范，从而提高整体运营管理的能力和服务水平，并运用强大的报表功能、自主研发的监控软件等作为管理工具，真正做到以客户为中心、以流程为导向。

COPC：COPC 的全称是 Customer Operations Performance Center，COPC - 2000 客户服务提供商标准是 COPC 绩效管理系统的主要组成部分，是目前国际公认的针对客户服务绩效和管理的权威标准。简单地说，是一种行为规范的标准，其标准是由负责经管以客户为核心的服务部门的购买商、提供商和高级经理于 1996 年制订的。当时因为部门的绩效和缺乏公认运营指导方针的状况使这些人感到不满，因此他们齐心协力、填补空白，推动整个行业向前发展。参与制订过程的有：

（1）通过外聘或自营客户联络中心提供销售、客户服务、订单管理、技术支持和其他职能的领先技术公司，如微软公司、康柏公司、英特尔公司、NOVELL 和 DELL 公司。

（2）以公司内部联络中心提供的出色销售服务、客户服务、经销/订单执行服务、支付处理服务和其他服务而著称的公司，如美国运通、比恩邮购和摩托罗拉。

（3）在经营管理和提高绩效方面有着丰富经验的个人。这些人包括在联络中心和制造行业中已获得 ISO 认证的公司的执行管理层和一名 Malcolm Baldrige 国家质量奖评委。COPC—2000 标准组成及相关的认证流程由 COPC 标准委员会管理。该独立团体由不同公司内负责高层管理的人员组成，他们在运营管理中运用标准获得了直接的经验，因而对 COPC—2000 标准的组成部分有了深刻的了解。标准委员会每年召开两次会议，对标准进行解释和完善。

标准委员会中将继续增加新的国际代表。标准的使用者向标准委员会提供信息。每年对 COPC - 2000 标准组成的说明做一次修改。标准制订小组将美国 Malcolm Baldrige 国家质量奖的评选标准和框架作为 COPC - 2000 客户服务标准的基础。为满足客户服务提供业的独特需求，标准制订小组对 Baldrige 标准进行了以下修订，以适应本行业的实际情况：

（1）强调或增加对提供商及其客户和最终用户而言最为重要的业绩、措施和流程。

（2）剔除提供商和客户根据其经验认为无意于实现 COPC－2000 标准的目标的标准。

（3）吸收了其他全球标准中能够更有效地提高实际绩效的内容。

（4）COPC－2000 客户服务提供商黄金标准——"世界水平"的客户服务绩效。

标准委员会认识到：客户联络中心的高绩效做法仍在继续发展，因此委员会于 2002 年 12 月批准了一项二级认证："COPC－2000 客户服务提供商黄金认证"。该认证用于认可那些通过强有力的方法实现"世界水平"的绩效的客户服务提供商。

ITIL：ITIL 即信息技术基础架构库（Information Technology Infrastructure Library，ITIL），由英国政府部门 CCTA（Central Computing and Telecommunications Agency）在 20 世纪 80 年代末制订，现由英国商务部负责管理，主要适用于 IT 服务管理（ITSM）。20 世纪 90 年代后期，ITIL 的思想和方法被广泛引用并进一步发展。

ITIL 核心流程

图 4－4　ITIL 核心流程图

ITIL 主要包括六个模块，即业务管理、服务管理、ICT 基础架构管理、IT 服务管理规划与实施、应用管理和安全管理。其中服务管理是其最核心的模块，该模块包括"服务提供"和"服务支持"两个流程组。

ITIL 为企业的 IT 服务管理实践提供了一个客观、严谨、可量化的标准和规范，企业的 IT 部门和最终用户可以根据自己的能力和需求定义自己所要求的不同服务水平，参考 ITIL 来规划和制订其 IT 基础架构及服务管理，从而确保 IT 服务管理能为企业的业务运作提供更好的支持。对企业来说，实施 ITIL 的最大意义在于把 IT 与业务紧密地结合起来了，从而让企业的 IT 投资回报最大化。例如在英国的零售业，如果在线商店停业，服务台必须首先报告 CEO，而在五年前 CEO 很可能根本不知道有服务台。不难看出，在目前的市场情形下，客户服务的好坏直接受 IT 系统的影响，IT 服务管理成为企业业务运作过程中不可或缺的重要一环。

表 4‐2 ITIL 核心模块—服务管理

服务支持（Service Support）	服务支持（Service Delivery）
● 服务台 ● 事故管理 ● 问题管理 ● 配置管理 ● 变更管理 ● 发布管理	● 服务级别管理 ● 成本管理 ● 持续性管理 ● 可用性管理 ● 容量管理

　　ITIL 的核心模块是"服务管理"，这个模块一共包括了 10 个流程和一项职能，这些流程和职能又被归结为两大流程组，即"服务提供"流程组和"服务支持"流程组。其中服务支持流程组归纳了与 IT 管理相关的一项管理职能及 5 个运营级流程，即事故管理、问题管理、配置管理、变更管理和发布管理；服务提供流程组归纳了与 IT 管理相关的 5 个战术级流程，即服务级别管理、IT 服务财务管理、能力管理、IT 服务持续性管理和可用性管理。

　　下面对这些流程进行简要的介绍。

　　服务台是 IT 部门和 IT 服务用户之间的单一联系点。它通过提供一个集中和专职的服务联系点，促进了组织业务流程与服务管理基础架构集成。服务台的主要目标是协调客户（用户）和 IT 部门之间的联系，为 IT 服务运作提供支持，从而提高客户的满意度。

　　事故管理事故管理负责记录、归类和安排专家处理事故并监督整个处理过程直至事故得到解决和终止。事故管理的目的是在尽可能最小地影响客户和用户业务的情况下使 IT 系统恢复到服务级别协议所定义的服务级别。

　　问题管理是指通过调查和分析 IT 基础架构的薄弱环节、查明事故产生的潜在原因并制订解决事故的方案和防止事故再次发生的措施，将由于问题和事故对业务产生的负面影响减小到最低的服务管理流程。与事故管理强调事故恢

108 ｜ BPO 基础知识

复的速度不同，问题管理强调的是找出事故产生的根源，从而制订恰当的解决方案或防止其再次发生的预防措施。

配置管理是识别和确认系统的配置项，记录和报告配置项状态和变更请求，检验配置项的正确性和完整性等活动构成的过程，其目的是提供 IT 基础架构的逻辑模型，支持其他服务管理流程特别是变更管理和发布管理的运作。

变更管理是指为在最短的中断时间内完成基础架构或服务的任一方面的变更而对其进行控制的服务管理流程。变更管理的目标是确保在变更实施过程中使用标准的方法和步骤，尽快地实施变更，以将由变更所导致的业务中断对业务的影响减小到最低。

发布管理是指对经过测试后导入实际应用的新增或修改后的配置项进行分发和宣传的管理流程。发布管理以前又称为软件控制与分发，它由变更管理流程控制。

服务级别管理是为签订服务级别协议（SLAs）而进行的计划、草拟、协商、监控和报告以及签订服务级别协议后对服务绩效的评价等一系列活动所组成的一个服务管理流程。服务级别管理旨在确保组织所需的 IT 服务质量在成本合理的范围内得以维持并逐渐提高。

IT 服务财务管理是负责预算和核算 IT 服务提供方提供 IT 服务所需的成本，并向客户收取相应服务费用的管理流程，它包括 IT 投资预算、IT 服务成本核算和服务计费三个子流程，其目标是通过量化服务成本减少成本超支的风险、减少不必要的浪费、合理引导客户的行为，从而最终保证所提供的 IT 服务符合成本效益的原则。IT 服务财务管理流程产生的预算和核算信息可以为服务级别管理、能力管理、IT 服务持续性管理和变更管理等管理流程提供决策依据。

IT 服务持续性管理是指确保发生灾难后有足够的技术、财务和管理资源来确保 IT 服务持续性的管理流程。IT 服务持续性管理关注的焦点是在发生服务故障后仍然能够提供预定级别的 IT 服务，从而支持组织的业务持续运作的能力。

能力管理是指在成本和业务需求的双重约束下，通过配置合理的服务能力使组织的 IT 资源发挥最大效能的服务管理流程。能力管理流程包括业务能力管理、服务能力管理和资源能力管理三个子流程。

可用性管理是通过分析用户和业务方的可用性需求并据以优化和设计 IT 基础架构的可用性。可用性管理是一个前瞻性的管理流程，它通过对业务和用户可用性需求的定位，使得 IT 服务的设计建立在真实需求的基础上，从而避免 IT 服务运作中采用了过度的可用性级别，节约了 IT 服务的运作成本。

ITIL 旨在解决并纠正这些可能出现的弊端，它提供了一个指导性框架，这个框架可以保留组织现有 IT 管理方法中的合理部分，同时增加必要的技术，并且方便了各种 IT 职能间的沟通和协调。但它并不是一套理论模式，而是以全球最佳实际经验为依据、以高质量、合理定义、可重复流程等运作为基础的可持续改进的计划。

对于企业实施 ITIL 可以有助于最终进行完善的服务管理。在 ITIL 的各个流程管理中，可以直接与各个业务部门相互作用，实现对业务功能及流程进行重新设计、降低成本、缩短周转时间、提高质量和增进客户满意度。

ITIL 的实施使信息系统部门能够对发生在财务、销售、市场、制造等业务上的流程改变做出及时反应，某些情况下这还导致了一些相关组织机构的诞生，如变更委员会、紧急变更委员、内部的业务经理等以增进业务与 IT 的整合。

实施 ITIL 可以实现 IT 对业务支持的精确性和前瞻性。市场竞争的加剧要求企业能够快速做出决策并缩短反应时间。传统的企业效益度量标准如收入、市场份额等对业务状况的反映是滞后的，一旦发现问题后再想规避问题往往为时已晚。

就 IT 部门来讲，在投资回报方面，参考 ITIL 来考虑 IT 投资就很容易定义期望的收益并对收益进行度量。同时，可以明确地建立一支承担有共同责任和义务的、多技能的、跨组织的合作团队。由于相互信赖程度的加深，用户与 IT 人员之间将不再会互相指责，而是形成相互促进的形式，改变 IT 部门的"救火队"形象。

ITIL 能够在以下方面帮助企业管理者：

（1）IT 从规划到实施到运营维护更加有效，降低成本的同时获得更高的 IT 服务体验；

（2）确保 IT 流程支持业务流程，提高企业整体业务运营的质量；

（3）推进 IT 部门和业务部门的沟通，也增进 IT 部门与业务部门的相互融合，将 IT 部门由成本中心变为利润中心；

（4）减少了冗余和重复的工作，提高 IT 客户和业务人员的生产效率。

ITIL 能够在以下方面帮助 IT 部门负责人：

（1）了解业界领先的 IT 服务管理模式，熟悉业界领先的 IT 管理最佳实践；

（2）学会让 IT 部门为公司创造新的战略竞争力；

（3）让企业内部客户对 IT 有更合理的期望，更清楚为达到这些期望你们需要付出什么；

（4）让部门中的 IT 员工更清楚对他们的期望，有合适的流程和相应培训来确保他们能实现这些期望；

（5）加强个人的 IT 服务管理工作技能，成为 IT 界的 MBA，向管理型的 IT 人才发展。

ITIL 能够在以下方面帮助 IT 部门的运维操作人员：

（1）了解业界领先的 IT 服务管理模式，熟悉业界领先的 IT 管理最佳实践；

（2）加强个人的工作技能，提高工作表现，获得更多的专业知识，从而胜任更多的工作；

（3）当软件或硬件不再使用时，可以及时取消对其的维护及相应的维护合同；

（4）加强个人的 IT 服务管理工作技能，成为 IT 界的 MBA 从而获得更好的发展机会。

ITIL 能够在以下方面帮助企业的人力资源负责人：

（1）提高 IT 人员的生产效率、士气和工作满意度，IT 部门的管理更加有效、方便；

（2）使企业更好地使用人力资源，提供用人标准，向客户证明 IT 员工的能力；

（3）获得 ITIL 证书的人员具有的专业知识和技能可以使企业更成功地完成 IT 工作；

（4）ITIL 证书是员工前进的动力和挑战。

ISO27001：信息安全管理实用规则 ISO/IEC27001 的前身为英国的 BS7799 标准，该标准由英国标准协会（BSI）于 1995 年 2 月提出，并于 1995 年 5 月修订而成的。1999 年 BSI 重新修改了该标准。BS7799 分为两个部分：BS7799 - 1，信息安全管理实施规则；BS7799 - 2，信息安全管理体系规范。第一部分对信息安全管理给出建议，供负责在其组织启动、实施或维护安全的人员使用；第二部分说明了建立、实施和文件化信息安全管理体系（ISMS）的要求，规定了根据独立组织的需要应实施安全控制的要求。

ISO/IEC17799 - 2000（BS7799 - 1）对信息安全管理给出建议，供负责在其组织启动、实施或维护安全的人员使用。该标准为开发组织的安全标准和有效的安全管理做法提供公共基础，并为组织之间的交往提供信任。

标准指出"像其他重要业务资产一样，信息也是一种资产"。它对一个组织具有价值，因此需要加以合适地保护。信息安全即防止信息受到各种威胁，以确保业务连续性，使业务受到损害的风险减至最小，使投资回报和业务机会最大。信息安全是通过实现一组合适控制获得的。控制可以是策略、惯例、规程、组织结构和软件功能。需要建立这些控制，以确保满足该组织的特定安全目标。

ISO/IEC 17799—2000 包含了 127 个安全控制措施来帮助组织识别在运作过程中对信息安全有影响的元素，组织可以根据适用的法律法规和章程加以选择和使用，或者增加其他附加控制。国际标准化组织（ISO）在 2005 年对 ISO 17799 进行了修订，修订后的标准作为 ISO 27000 标准族的第一部分——ISO/IEC 27001，新标准去掉 9 点控制措施，新增 17 点控制措施，并重组部分控制措施而新增一章，重组部分控制措施，关联性逻辑性更好、更适合应用，并修改了部分控制措施措辞。修改后的标准包括 11 条：

（1）安全策略 ；

（2）信息安全的组织；

（3）资产管理；

（4）人力资源安全；

（5）物理和环境安全；

（6）通信和操作管理；

（7）访问控制；

（8）系统采集、开发和维护；

（9）信息安全事故管理；

（10）业务连续性管理；

（11）符合性。

全球已经通过 ISO27001 认证的企业数量（截至 2010 年 3 月底）如表 4 - 3 所示。

ISO/IEC 27001 证书总数目前为 6385。

ISO27001 的效益：

（1）通过定义、评估和控制风险，确保经营的持续性和能力；

（2）减少由于合同违规行为以及直接触犯法律法规要求所造成的责任；

（3）通过遵守国际标准提高企业竞争能力，提升企业形象；

（4）明确定义所有组织的内部和外部的信息接口目标，谨防数据的误用和丢失；

（5）建立安全工具使用方针；

（6）谨防技术诀窍的丢失；

（7）在组织内部增强安全意识；

（8）可作为公共会计审计的证据。

表 4-3 全球通过 ISO27001 认证的企业数量

日本	3480	沙特阿拉伯	13	秘鲁	3
印度	495	新加坡	13	葡萄牙	3
英国	444	斯洛文尼亚	13	阿根廷	2
中国台湾	385	荷兰	12	波黑	2
中国	347	巴基斯坦	11	比利时	2
德国	136	保加利亚	10	塞浦路斯	2
韩国	106	印度尼西亚	10	马恩岛	2
美国	95	挪威	10	哈萨克斯坦	2
捷克共和国	85	俄罗斯	10	摩洛哥	2
匈牙利	70	科威特	9	乌克兰	2
意大利	60	瑞典	9	亚美尼亚	1
波兰	56	伊朗	8	孟加拉	1
西班牙	40	斯洛伐克	8	白俄罗斯	1
奥地利	32	巴林	7	丹麦	1
中国香港	31	哥伦比亚	7	多米尼加共和国	1
澳大利亚	29	克罗地亚	6	吉尔吉斯斯坦	1
爱尔兰	29	瑞士	6	黎巴嫩	1
泰国	28	加拿大	5	卢森堡	1
希腊	27	南非	5	马其顿	1
马亚西亚	27	斯里兰卡	5	毛里求斯	1
墨西哥	26	立陶宛	4	摩尔多瓦	1
罗马尼亚	26	阿曼	4	新西兰	1
巴西	23	卡塔尔	4	苏丹	1
土耳其	21	越南	4	乌拉圭	1
阿联酋	19	智利	3	也门	1
菲律宾	15	埃及	3		
冰岛	14	直布罗陀	3		
法国	13	中国澳门	3	总计	6385

基于上述概要，东软 BPO 会根据每个项目的具体要求与客户共同制订并签订切实可行的解决方案及各项 KPI 指标。同时，东软具备快速满足客户需求及快速响应的能力，有多种业务承载能力和灵活的外包政策，能够及时调整项目规模，力求在最短的时间内满足客户的项目需求。东软 BPO 拥有成熟稳定的电信级客户联络中心运营基础平台、先进高效的后台处理平台，共享东软数据中心（Data Center）面积近 2500 平方米的国内领先机房及先进的网络资源，并在网络安全、电力供应、技术手段、管理手段等方面不断改进，在保证最终用户信息安全的基础上提高响应速度、降低管理成本，确保为用户提供高可靠性和高安全性的优质服务。

2006 年通过了东软 BPO 通过了 ISO27001 信息安全体系认证，并建立

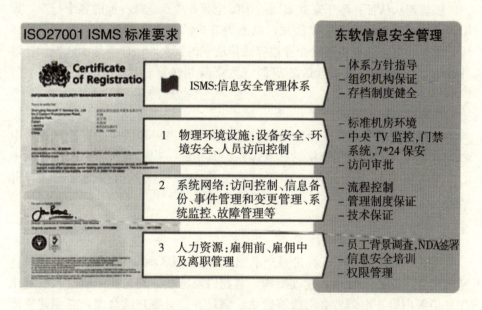

图 4-5　东软信息安全管理体系

BCP 机制和异地数据备份中心。其他的行业标准还包括以下几类：

六西格玛质量管理原则：东软集团是率先在全公司实施六西格玛计划的公司之一，这是东软集团更广泛市场驱动质量（MDQ）计划的一部分，目标是以整体、端到端的方式重塑关键业务流程，从而向客户提供卓越的产品和服务。它之所以成功是因为采用了一致、严格且通用的方法，到今天一直如此，核心的六西格玛原则已经融入东软的业务运营之中。在培训方面，东软拥有超过 145 个大师级黑带和黑带员工以及数百个黑带和绿带员工，在全球各地的分公司实施了超过 100 个六西格玛项目，而且还支持无数个六西格玛项目以期进

一步改善。

专业和技术认证：东软鼓励员工获得恰当的专业和技术认证，包括第三方公司的产品。公司要求执行经理获得行业认证以在项目管理、交付物和客户满意度上达到高度一致。行业认证专家需要定期重新认证，以便他们获得最新的技能、教育和经验。

项目管理：项目管理是东软的核心竞争力，其项目管理流程和程序是基于项目管理协会（PMI）确立的原则。项目管理认证流程要求项目经理获得PMI项目管理师（PMP）认证，而高级项目经理则需要通过更为苛刻的内部认证。已经获得认证的高级项目经理还需展示高水平的能力，包括知识和实践经验。

法规遵从认证：鉴于东软集团的国际化业务涉及全球各地的各个行业，集团深入地了解如何遵守法律法规，以便为客户的业务运营创造符合规定的环境。此外，集团还提供帮助企业遵守法律法规的服务。法规遵从团队提供针对各种法律法规的支持，包括萨班斯—奥克斯利法案、HIPPA 以及 FDA 21 CFR Part 11 等。

现有的国际性准则：

以呼叫中心为例，在全球范围内目前有一些组织和机构拥有针对呼叫中心运营管理及人员技能资格的标准体系。其中的一些标准针对一般性呼叫中心，而另一些标准则针对外部的技术支持中心和内部的帮助桌面（Help Desk）。

1. 国际标准化组织

ISO9001 是 ISO9000 标准系列的组成部分。ISO9001 标准涵盖了质量体系的建立、归档、管理、基础架构、监控以及考核。它包括了质量人员和工作环境等内容。申请者必须能够确认、满足并提升客户满意度，必须建立面向产品、服务规划、开发、购买、运营以及缺陷问题确认和改进的流程控制。

ISO9001 是一个国际性标准。ISO 国际标准化组织成立于 1947 年，负责制订广泛的标准体系。在 2000 年增加了 ISO9001 标准。之前已经通过 9001：1994 认证的企业需要重新通过 ISO 9001：2000 认证。

2. SCP 服务能力与绩效标准

SCP 服务能力与绩效标准建立了全球范围内卓越服务的基准，量化了服务效果并定义了绩效标准，SCP 标准在 12 个方面对呼叫中心进行评估，包括客户关系管理、客户反馈、企业承诺及战略方向等。

SCP 标准体系也包含了人员管理方面的内容，例如招聘、筛选、职业生涯规划、工作描述、员工反馈、压力管理及客服人员培训等。它会对呼叫中心的绩效指标、包括困难问题处理进行评估，也会对如何应用和集成自助工具（例如 IVR 和 ACD）进行查验。此外，还将审查电子邮件及网站自助服务的处理。

SCP 标准将会对质量管理进行考核，例如你的支持帮助桌面是如何与技术部门相连接的，以确定并处理主要的产品/服务问题；如何与销售部门采用联系管理方法，让呼叫中心销售座席及现场销售代表知道客户存在的问题。它也会考核你的支持桌面是如何识别、评估和升级销售线索的。

在认证实施过程中，企业必须对所属的每个单点呼叫中心参照 SCP 标准的要求进行独立的自我评估。SCP 采用开放的标准体系，服务战略公司（SSC，位于美国加州圣迭戈）负责实施该标准。SSC 公司联合美国服务与支持专业协会（SSPA）所属的 35 家会员单位共同创立了此标准。

申请者必须按照详细的步骤、参照行业内平均水平和基准评测简要地给出每一项内容的文档和衡量结果，接下来 SCP 标准机构的审计人员将对呼叫中心进行现场评估。审计人员会针对标准所涉及的 12 项评测内容给出反馈意见并提供审计报告，包括最终分数和所有不合格方面的反馈意见、原因及需要做出的改进建议。此外，当一个企业通过了 SCP 认证时会收到一份基准评测报告，该报告针对每一项指标提供了详细的与其他认证企业的比较。审计人员将决定呼叫中心是否能够通过认证以及确定需要改进的方面。如果你的呼叫中心在第一次没有获得通过，可以有 60 天的时间进行改进和提高。当然，通过认证的呼叫中心也需要进行年度复审。

3. COPC 标准

COPC 标准隶属于客户运营绩效中心（Customer Operations Performance Center），该认证主要针对呼叫中心和技术支持桌面，COPC 标准由从事客户服务外包、订单处理以及帮助桌面服务的业界领先呼叫中心和企业所创建，它的审计对象包括自建型与外包型呼叫中心。该标准建立在马可姆·波里奇国家质量奖（Malcolm Baldrige National Quality Award）的基础之上，涵盖 29 项审核条目。

COPC 认证程序主要针对呼叫中心提供的特定服务及所有流程进行考核，例如语音、电子邮件、传真处理、人员培训、信用卡处理等。每个单点呼叫中心需要分别进行认证。

在实施认证方面，COPC 会选择通过其认证的注册协调员来完成，协调员将与企业共同执行认证审计。通常情况下，COPC 审计需要 2～3 个审计人员在现场进行 3～5 天的考核。整个认证过程大约需要 9～12 个月。

COPC 有 4 个认证级别，分别是通过认证（符合标准）；有条件通过认证（符合 29 条标准中的 27 条，在其余 2 条有微小的差距）；候选认证（通过 22 条标准，申请者同意在未来的 12 个月中改进以全面符合标准要求）；未通过认证。

COPC 实施 6 个月的复审及年度复审。审计人员会倾听有关的抱怨，他们会将发现的问题带入下一次的审计。如果问题很严重则会直接与呼叫中心取得联系，要求立即着手改进。COPC 也提供咨询和培训，但这并不是标准认证所必需的。你也可以参照 COPC 标准对呼叫中心进行评测。

4. 支持中心认证（Certified Support Center，CSC）

支持中心认证由帮助桌面学院（HDI）创立，主要考核 8 个方面：领导力、政策与战略、人员管理、资源、流程、员工满意度、客户满意度及绩效结果等。CSC 适合内部或外部支持桌面系统。独立的审计员会依据 60 条标准对帮助桌面作出等级评定，每一条又分为 4 个绩效水平，包括 8 个方面。针对每一项标准，HDI 都会通过评估列出现存问题与标准的符合程度。

一个开放的标准委员会致力于将 CSC 发展成为帮助桌面业界国际化的蓝图。该标准建立在已有的质量和绩效认证方法基础上，例如欧洲质量标准、马可姆·波里奇国家质量奖及 ISO9000。在审计之前，HDI 在网站上提供了一个在线的自我评估问卷，这个问卷仅提供给 HDI 的会员，CSC 评估是一个互动式的问卷，提供了审计的资料及认证所需要的呼叫中心可读性信息。完成认证过程后，呼叫中心会得到一份评估报告，说明其运营绩效与标准相比较的结果，HDI 也提供一个用于业界基准评测的比较工具，提供网上评估及自我定义报告选项。

中国的呼叫中心近年来呈现爆发性增长的趋势，发展相当迅速。电信、金融、邮政、物流、电视购物、互联网、IT、零售业、交通旅游、政府、外包等各行各业相继发展了呼叫中心。除了传统行业通过发展自己的呼叫中心来改进其核心业务的服务水准，企业家利用呼叫中心与某些传统行业结合进行业务创新，形成新型的富有竞争力的商务模式，此举也在一定程度上体现了呼叫中心作为一个新的生产方式所带来的竞争优势。从规模上来说，几百人、上千人座席的大型呼叫中心也不断出现。

中国的呼叫中心产业在接下来的 3～5 年将至少有成倍的增长。呼叫中心行业的前景将发生引人注目的变化。中国特色的社会主义市场经济决定了中国的呼叫中心产业不会走印度的路子，虽然会出现一些服务于周边小服务模式，但对于大中国地区来说呼叫中心最大部分业务将会集中在服务于国内需求上。国内需求将成为呼叫中心的核心支柱，预计占呼叫中心总席位的 95%。

为了推动外包呼叫中心产业的发展，各地政府像当年发展制造业一样，纷纷开辟呼叫中心园区，据报道湖南、武汉、北京密云、扬州、无锡都在建设发展呼叫中心产业园区。当前中国呼叫中心虽然得到蓬勃发展，但是我们也看到呼叫中心作为一个产业发展还面临着不少问题。

（1）呼叫中心的服务质量还有待提高，有许多呼叫中心成立的时间不长，而且还一直处于扩张期，往往忽略了对服务质量的重视，同时高素质管理人员和座席人员需要有一定培养发展期和沉淀期，管理流程的制定和自我完善需要一定的周期，而规模的扩大使呼叫中心的复杂度增加，这些客观因素也阻碍了服务质量的进一步提高。靠原始积累型的自我完善，服务质量的提高还需要相当长的一段时间。

（2）呼叫中心的运行效率有待提高。随着《劳动合同法》的颁布，城市商务成本的提高，使原本具有成本优势的呼叫中心逐步在增加成本。除提高自身的管理效率以外，通过向西部的迁移或者通过外包来提高运行效率、降低成本将成为一种趋势。然而如何开展外包、如何向西部地区迁移也是摆在呼叫中心管理人员面前的一个课题。

老子曰："道生一，一生二，二生三，三生万物。"如果把道比作客观世界，一为 ISO9001：2000（质量管理要求），二为 CSC（呼叫中心行业要求），三为顾客要求，那么就可以有效地进行呼叫中心的管理。

同时我们也要看到，标准的意义不仅仅在于提高个体呼叫中心的管理，而是提高整个呼叫中心行业的管理水平。只有大家基于一种共同的管理标准、使用一种共同的管理语言，才会使整个行业从业人员从理念到操作趋于一致并在此基础上交流、提高，使得整个行业共同提升，才是提高整个产业水平的真正方向。当发包方和外包方使用着同一套管理标准、说着同一套管理语言，无疑可以增加信任、减少交易成本。古人云："各美其美，美人之美，美美与共，天下大同。"这四个过程也是呼叫中心发展的必要过程，其中"美美与共"就是大家拥有和使用同一套呼叫中心管理标准最后达到"天下大同"，呼叫中心外包产业的春天才会真正来临。

一个产业的良性发展固然需要时间和经验的积累，但如果对经验加以科学的归纳则无疑可以加速这个产业的发展并形成质的飞跃。我相信行业标准就是这样一次重要的历程。这不仅将促进我国呼叫中心产业的发展，也会极大地激励整个服务业的发展。

本章小结

BPO 企业所提供的服务同其他有形产品一样，也强调服务本身要能满足不同的消费者需求。消费者需求在有形产品中可以转变成具体的产品特征和规格，同时这些产品特征和规格也是产品生产、产品完善和产品营销的基础。

当今中国信息化正以其巨大的现实作用，引起人们前所未有的广泛关注，越来越多的 BPO 企业通过信息化建设扩大竞争优势，把握市场机遇。但是信息化建设方兴未艾、蓬勃发展的同时，我们不得不认真审视众多 BPO 企业信息化建设投入中存在着"重建设、轻维护更新"、"重硬件、轻软件"、"重网络、轻资源"、"重技术、轻管理"等倾向和误区，BPO 服务企业需要明确"服务产品"的本质是提供"服务理念"与强化"服务意识"的双结合。

随着全球服务外包市场迅速扩大，BPO 将继续保持高于 ITO 的增速发展，我国的 BPO 市场也在数据处理、呼叫中心及人力资源外包领域涌现出一批优秀的中国本土企业，这些行业领袖的不断成长和壮大将继续推动我国服务外包 BPO 业务向更高端的业务领域拓展。

关键词或概念

BPO 企业的服务意识

BPO 企业与呼叫中心业务

品牌效应

运营 BPO 公司

团队领导（TL）

管理信息系统（MIS）

信息技术基础架构库（Information Technology Infrastructure Library，ITIL

简答题

1. BPO 企业构建服务理念需要做到哪几点？

2. 呼叫中心业务有哪几类？都存在哪些含义？

3. 8 大关键领导力是什么？

4. 如何理解企业精神和品牌效应之间的关系？

5. BPO 采用的质量标准有哪些？

6. ITIL 是什么？它对企业的哪些组织架构有哪些帮助？

第五章　BPO业务的交付

本章导读

20世纪90年代以来，在国际资本与制造业、服务业从发达国家向发展中国家不断转移中，服务外包迅速发展，使得服务能够在国际间广泛流动。全球服务外包的品种日益丰富，业务范围不断扩展，BPO业务的交付规模扩大并保持高速增长，参与其中的企业逐渐增多。服务外包产业的兴起引起了对其他许多要素如人才、劳力、知识、文化等在全球范围内再开发、再配置，并且导致全球化进程中溢出价值在各地域各集团之间的再分配。

BPO行业现在正处于青春期。它未来的发展方向将依赖于人们现在如何经营，BPO行业需要独立和扶持。

最后有几个关键点要记住：

(1) 关注价值增长而不是产量的增长；

(2) 寻求最优化和关键区分点而不是成本和劳动力套利；

(3) 为未来投资；

(4) 在二三级城市树立有力的BPO品牌来吸引人才作为发展的动力；

(5) 最后，记住这是人的业务而不是商品的业务。

本章学习目标

在大篇幅地、详细系统地学习了BPO之后，本章学习的重点需要放在掌握BPO业务的交付流程理论和技能上，要求掌握常用的业务交付模式，对流程有清晰的理解。这对于那些未来要从事BPO事业的学生会有帮助。

非线性增长、增值服务、依靠工具和自动化地高产量、最优化、增强高效、标准化和简单化——这是我们在BPO行业的各公司里见到的一些主要的策略动力。所有这些都是从成本套利平台向价值主张模式转移的努力，将帮助促进顾客签订、续约来让公司发展并获取高额利润。简而言之，这是个不同的尝试。

为了提高公司运营的高效性和有效性，大多数 BPO 公司经过长期的摸索和实践，决定采用一套全新有效的管理方法—六个西格玛方法。① 六个西格玛设计一般需要 8 到 12 周完成。由于 BPO 业务的动态性特征，我们开始时的许多假设在此期间发生了变化。

六个西格玛可用在人员流失控制和交通效率等领域，但是不能用六个西格玛设计来确定顾客满意（CSAT）分数或收入下降的原因。采用 LEAN 能更好地解决这些问题。

LEAN 起源于制造业，它的改进基于研制这个设计的人的反馈，最适合提出改进意见。它是一个强大的构想，已经使自动化工业获益颇多。六个西格玛关注消除缺陷，而 LEAN 关注每一步的增强和改进。

BPO 质量团队要想创造价值，除了六个西格玛外还需要更好地理解 LEAN 模式。

外部因素难以改变，但是雇主和雇员控制因素可通过适度重视来减少压力。咨询、积极措施和倾听员工意见在减少工作压力方面都可起作用。遵守政府制定的规章制度可有助于行业的标准化，从长期来看符合 BPO 员工的利益。

行业可发挥巨大作用的另一个领域是教育机构，应与教育机构密切合作以提高加入这个行业的人员数量。不到 15％的工程师和印度大学毕业生是称职的。公司要联系小城镇的大学，与教职员工密切合作开设课程，这些课程能让学生们一毕业就参与生产性工作。这里也存在长期投资的想法。制造业公司放眼长远开设工厂。BPO 公司同样需要关注就近雇用计划，那将使转化率从 15％增长到 25％、再到 50％。这个领域需要大量的投资和草根发展工作。

一个能够进行转变的服务业务交付模式是企业在不断变换的市场环境中能够保持良好业绩的关键，BPO 外包被看作是一个潜在的机制，埃森哲优秀业绩协会总结了相关的四种转变策略：

（1）实现： 企业运用这种类型的策略以便从其现有的运行模式中获得最大的收益。它们充分挖掘现有业务模式的潜力，实现企业的增长和利润的增加。

微软公司的业务模式一直被列为在其行业中实现最高利润值的业务模式之一。通过稳定的软件产品发布渠道、相关技术以及配套服务，它已经在最大限度地占有全球市场方面取得了巨大的成功，外包伙伴为增加微软的灵活性和能力方面做出了很大的贡献。

---

① 朱晓明，潘龙清. 服务外包：把握现代服务业发展新机遇［M］. 上海：上海交通大学出版社，2007.

（2）**更新**：指公司通过不断更新以及有意识地再生，以便为其产品和服务、品牌、成本结构以及技术支持注入新的活力。一个不断更新的公司通过利用它的核心技能来创造出新的价值。

迪阿吉奥（Diageo，世界领先的品牌资源公司）这类快速成长的日用品公司把更新作为一种艺术和科学并获得了成功。迪阿吉奥为它的传统饮料品牌"泡泡甜酒"注入一种全新的优秀的价值理念，将其定位为一种旨在以青少年消费者为市场目标的饮料。例如，皇冠伏特加是思美洛的新名称。迪阿吉奥借助共享资源策略来实现公司内部操作。公司将外包摆在流程的重要位置，而这个流程是以信息技术和应用支持开始的。

（3）**扩展**：这些策略要求公司开拓新的业务领域。一个扩展中的公司会延伸自己的业务模式，包括新的市场、价值链功能以及产品和服务线。新的业务线仅仅是对原有业务的扩展而非替代。

例如，菲利普莫里斯集团（Philip Morris）成立了一个新的控股公司——奥驰亚公司（Altria），并仍保持着世界领先品牌烟草制造商的地位。它还创建了一个全新的食品公司——卡夫公司，通过并购实现从充满争议的烟草行业到多样化投资的转变。近来，卡夫国际公司调查了外包业务的可行性，并将此作为实现从一体化到共享服务的一种途径、一种使已有业务得到巩固的手段。

（4）**再创新**：这确实代表了一个非常彻底的转变。不同于扩展策略，这种策略要求企业有意地将原有模式转变为一个全新的运营模式并不再改回。

显然，这种转变是我们要达到的最后阶段。诺基亚公司就是一个很好的例子：该公司的业务范围从其传统的纸浆和造纸业转变为移动电话技术。电子设备公司正在两种基本的策略中作选择：以顾客为中心和以工程技术为中心。在同样综合性的行业中，为了追求更集中于自己的经营策略，公司通常用客户来与实物资产做"交换"。在这种情况下，客户呼叫服务中心以及网络工程服务是作为外包手段的很好的例子。

随着公司为了追求优秀业绩而改变它们的运行模式，BPO在未来公司的发展中发挥着自己的作用。BPO业务全球交付模式需要标准化和一致性，采用真正全球外包交付模式的服务提供商不仅注重为客户构建稳固集成的全球基础设施，更注重具有一致性的流程和标准。随着工作被转移到全球各个不同地区，这一点就尤为重要。

常用的业务交付模式主要有：

（1）现场服务是在客户的地点进行交付的，典型的服务包括项目管理、客户接口与业务分析，它们是由服务提供商的员工交付的。

（2）本土/非现场服务是通过一个卓越中心、共享式服务中心或开发中心进行远程交付的，这些中心位于与客户同样的国内。非现场服务的实例包括软件方面的系统集成与测试，这些软件是针对共享式开发中心创建的，它们专注于一种特殊的技术。

（3）近岸服务是从一个邻近国家进行交付的，离岸服务是从位于远离客户位置的国家内的中心进行交付的。

BPO 是一种极具创新意义的服务业务战略，它可以涉及公司多个业务部门的外包，尤其是与客户相关的部门、人力资源部门、财务会计部门、物流部门和后勤服务部门。它可以帮助公司降低成本，提高顾客满意度。在美国和欧洲，假如把一些工作进行外包，可以节省成本的 60％至 70％而质量不会受到影响。

5.1 甄别和选择 BPO 接包商

寻找合适的接包商对于一个组织的外包活动是至关重要的一步，同时也是最难管理的一步。对 BPO 的允诺常常被取消，原因在于将内部业务流程的责任交给另一个公司伴随着可感知的风险，即便它不是核心业务或者多么的普通。不止一位管理者由于媒体偶尔报道的关于接包商选择失败的消息而畏惧BPO 项目的实施。许多管理者宁愿稳重行事保住现在的地位，而不愿意朝着事物发展的方向推进。

由于其中蕴含着组织长期的战略方向，BPO 生命周期中接包商的甄别和选择阶段必须认真谨慎地进行。当一个组织进入了 BPO 关系，它就赋予第三方一定的权责来管理它的部分业务。很显然，当该决策确定之后，组织必须承担起相应的风险。

接包商的甄别和选择流程有其自身生命周期，该过程从通过互联网以及其他信息来源来甄别潜在的接包商或合作伙伴，经过繁琐的熟悉阶段、评估阶段到最后做出选择。如果一切顺利的话，服务交付工作将会按计划进行并且可能在原来合同完成后继续合作。这使得双方都满意。如果事情发展不顺利的话会导致双方关系破裂，使得 BPO 发包商不得不寻找其他接包商或者通过重新建立一个内部标准来完成该业务流程。

从某种意义上来说，BPO 接包商的选择过程是一项具有很大主观性的事情。比如说，决定选择哪个接包商在一定程度上取决于发包商和接包商之间的关系如何。因为选择一个与 BPO 发包商组织文化相抵触或完全不匹配的 BPO 接包商将是不明智的、也可以说是荒唐的。

毫无疑问，在接包商的选择上存在许多的定性因素，但是仍可以系统、严密地执行该流程。许多诸如施乐公司那样的大企业作为 BPO 的先驱者，很好地开发了甄别和选择接包商的系统方法。幸运的是，由大型企业在早期首先使用过的系统方法正在随着时间推移而不断地精确化和标准化。如今，甄别和选择 BPO 接包商的基本步骤已经众所皆知。这种标准化意味着接包商已经形成了它们是如何被接近以及它们将被要求怎样来竞标项目的期望。由于对接包商选择的标准步骤越来越熟悉，接发包间的又一接包商审查和选择过程便加快了。

一个 8 步骤的过程：为了协助管理 BPO 接包商选择过程，我们将该阶段的 BPO 生命周期分为以下 8 个主要步骤：

（1）任命—支接包商选择团队（VST）；

（2）建立资格标准；

（3）列出接包商的长名单；

（4）发布信息征询书（RFI）；

（5）发布需求建议书（RFP）；

（6）对建议书进行评估；

（7）筛选出接包商的短名单；

（8）选出最终的接包商。

我们之所以推荐使用这种系统方法来甄别 BPO 接包商是有一定理由的。最明显的一个理由就是与 BPO 接包商关系从长远上看对 BPO 发包商具有战略上的重要性。首先，从一开始选择了正确的接包商，能够加快实现与有效的 BPO 关系有关的战略利益；第二，系统的方法能更好地揭示市场上的多种选择，同时还能帮助发包商辨别可选的服务。如今越来越多的外包提供商进入这个市场，它们用不断发展的高级服务方式来区分自己，这些方式通过它们提供的服务来实现。由于 BPO 接包商市场的动态性，创新性的企业容易进入该市场，这就使得通过系统的方法来选择接包商成为必然。

虽然通过系统的方法不一定能找到最完美的 BPO 接包商，但至少能让发包商避免因雇用一个没有做充分准备的接包商而产生负面结果。下述案例的学习强调了非系统的过程将导致不满意接包商的选择结果。

【案例研究】选择非正规的接包商带来的灾难

一家大型的享有很高声誉的企业预想能在 20 世纪 90 年代初期成为最精益且利润最高的工业界制造商。该公司的首席财务官（CFO）认为，如果能够集中精力于自身的长处而不是那些庞大的支持性功能，那么整个公司将会更有效地运转。通过观察它的人力资源部门，首席财务官决定将该项功能外包出去，这将可以节约一大笔的管理费用并使得公司长期以来一直面临的问题得以解决。

首席财务官首先声明自己为公司 BPO 的支持者（此时公司排名并非第一）。接下来他同首席信息官洽谈，并向他解释这种外包尝试将带来公司下一年排名的提升，同时他将会很乐意地承担变革发起人的角色。

首席信息官意识到自身并没有 BPO 的相关经验，于是他决定向外部寻求帮助。他所面临的第一个问题就是向谁求助。首席信息官与当地的一个专门致力于宽带网外包的咨询集团有关系。该公司被邀请前去参加一个会议，并询问他们是否有兴趣参与 BPO 项目。

该咨询集团向企业解释了外包怎样成为他们所提供的服务之一。然而，就咨询顾问的理解而言，外包项目并不意味着能快速或低价地完成。尽管如此，首席财务官接受了咨询集团的陈述并且同意进一步行动。

接下来一周的周一上午，一场为时 3 小时的会议在首席信息官、首席财务官以及热心的咨询公司之间展开。咨询公司的报告中涉及了企业进行高水准外包以及这种外包给企业财务带来的影响。该报告通过阐述企业可以预期的资金节约重申了首席财务官的愿景。然而遗憾的是会议室没有人对这个项目的复杂性有任何的概念。

首席财务官组建了项目团队并指定了几个相关领域的专家在团队里兼职。由于大家都是在兼职，因此没有人能真正在这个项目中负起责任，并且他们简要地认为咨询集团会对此负责。然而咨询公司并不清楚人力资源部门的职责，因此它无法组建一个新的流程。咨询公司的建立并非是致力于解决人力资源的后台办公功能，而是试图把该流程外包给另外的咨询公司。

这个 BPO 项目在几周的时间内就变得无法控制了。在浪费了 7 个月时间、花费了 80 万美元之后，首席财务官对项目没有取得进展而感到愤怒。首席信息官也由于选择咨询公司的失误而被开除，咨询公司很显然没给企业带来任何价值，它也因此而遭到解雇并面临起诉。

对于首席财务官来说这次经历让他感到失望，于是他决定继续采用原先的方法来运作人力资源部门。直到今天，该组织的人力资源运作还与 BPO 项目失败前一样效率低下。

◆ 第一步：任命一支接包商选择团队

选择一个接包商远比选择一个新的供应商更加复杂。与购买—供应关系不同的是，BPO 发包—接包关系包括了定制服务、服务水平的详细协议以及战略导向的长期契约。鉴于我们对稳固的 BPO 关系本质上具有战略性的讨论，BPO 的发包商和接包商在主要目标和价值观方面必须要有共同的利益。BPO 发包商和接包商之间的关系应该比标准的购买—供应关系更加密切。总而言之，BPO 发包—接包关系以定期举行的高级管理层会议以及共享一些机密信息为特征。因此，企业间主要管理风格的统一是取得成功的必备条件。

以 BPO 生命周期模型和基于团队的方法作为参考点，我们现在进入接包商选择阶段。BPO 分析团队（BAT）识别 BPO 的机会、估算成本以及为外包项目建立商业档案。在接包商选择过程中应该可以逐渐建立一支新的团队或者至少制订一份团队章程。我们称这支新的团队为接包商选择团队（VST）。在图 5-1 中列出了接包商选择团队与 BPO 项目中其他各团队的关系。

组织可能为接包商选择过程保留 BPO 分析团队原封不动，或者他们可能选择组建新的团队。许多企业决定对新团队授权并给予特权来管理接包商的甄别、选择和发展，以引入创新思想。

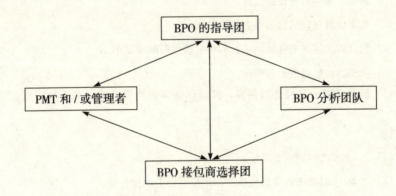

图 5-1　接包商选择团队与 BPO 项目中各团队的联系

无论是否建立一个完整的新团队来管理 BPO 生命周期的这个阶段，组织还应该有意识地挑选、发展一个或者多个将成为组织 BPO 项目管理者的个人。这些被挑选出来的管理者应该是来自 BPO 分析团队的成员。BPO 管理者将负责发展和深化长期的外包关系。经验证明，为了管理动态关系，在接包商甄别和选择团队中挑选一名 BPO 管理者比此后挑选的时机要好。

接包商选择团队的主要成员应该包括以下一些人员：

■ 高级经理；
■ 契约方面的法律专家；
■ 技术人员及信息系统分析师；
■ 终端用户；

■ 财务人员。

咨询公司应该在制订工作声明、评估内部需求、谈判、评估接包商绩效以及提供质量保证等方面对接包商选择团队有所帮助。虽然这些服务会带来额外的外包成本，但是它们会促使组织降低外包风险、实现目标以及挑选出合适的BPO 合作伙伴。

从表 5-1 我们可以看到，接包商选择团队的任务就是给潜在接包商制订最低标准或资格。建立资格标准是接包商选择过程的下一步骤。

表 5-1   接包商选择团队章程样本

目的：承担甄别和选择接包商的过程，以保证其在 BPO 分析团队鉴定的范围内提供外包服务。

目标：

（1）列出 BPO 接包商最低资格要求的清单。

（2）甄别名单上的潜在接包商。

（3）收集信息并评估长名单上的接包商。

（4）制订需求建议书并且评估长名单上接包商的建议书。

（5）筛选出接包商的短名单。

（6）最终选出一名候选接包商，同时评估其满足需求建议书上规定绩效目标的能力。

进度：

（1）在 30 天之内完成长名单。

（2）在 30 天时间内收集信息以及评估长名单上的接包商。

（3）在 15 天的时间内制订需求建议书。

（4）在 60 天的时间内完成建议书收回和审查。

（5）在 30 天的时间内审查短名单上的参选者。

（6）在 6 个月的时间内挑选出一家接包商。

◆ 第二步：建立资格标准

与寻找一位新的经理和主要执行官相同，BPO 发包商制订对 BPO 接包商的最低资格要求是必须的。这些资格可能包括一些标准的事项，比如说经验、价格以及地理位置。资格清单可能还应该包括更多的战略事项，例如接包商的组织文化、决策风格以及声誉。根据对发包商需求的大量研究，通常用于寻找一位接包商的资格标准有以下几点：

- 质量；
- 历史绩效；
- 担保和索赔政策；
- 设施和生产能力；
- 地理位置；
- 技术能力。

客户服务是组织可能要考虑的另外一个因素。当关系将变得越深并越具战略性时，这个因素就显得越重要。深厚的关系将需要组织之间更多的交流和来往，同时如果接包商具有良好的声誉并能提供良好的顾客服务方面的知识，那么这种关系将会更加容易管理。BPO发包商必须在BPO生命周期的这个阶段保持客户的意识。伙伴关系的意识应该并且只能出现在接包商已经选取并且合同签字活动已经开展之后。通过在接包商选择阶段保持客户的意识，BPO发包商就能够避免过早放弃许多东西。在BPO伙伴关系的发展阶段，相互的妥协以及合作是众所期盼的。在接包商选择过程中，发包商致力于从接包商身上获取尽可能多的价值，同时在为该项目已建立的任何规定上不应做出让步。保持客户的意识对于激励接包商努力工作以证明它们有能力来满足发包商的项目需求是非常重要的。妥协与合作将在后面进行介绍。

对于任何外包项目都要着重考虑流程知识。离核心业务越远的外包流程所需考虑的东西越少。与外包组织核心竞争力接近的流程，绝不能外包给没有任何经验的接包商。

数据共享几乎是任何外包关系的一部分。考虑到要在不同的商业数据库中共享数据是非常困难的，接包商的技术平台是个限定条件。如果接包商的系统与发包商的现有系统不兼容，它们将有责任说明如何来克服这个障碍。

了解接包商的业务重点及其收益目的对于选择一个合适的接包商是非常重要的。例如，大型接包公司通常寻求较大的合同。与大型接包公司洽谈较小的外包合同时，所得到的质量很可能跟较大合同是不一样的。

BPO发包商寻求接包商的主要领域应该是行业专业化领域。除了作为主要咨询顾问之外，任何宣称自己在许多外包服务领域独树一帜的接包商都应该被谨慎对待。具备大量的多功能外包专业知识是很罕见的，更别说还需花费高额费用来维护它。许多接包公司都宣称它们具备将某项外包功能从某一工业领域转至另一领域的技术。这也许是事实，但是总的来说，如果接包商不是该领域的专家，它将不可能了解提供相关领域服务伴随的潜在风险。

总而言之，如果接包商在BPO发包商需求领域提供外包服务的经验有限的话，选择了这样的接包商通常会导致不必要的成本，主要表现在发包商将支付 BPO 在职培训项目的费用。选择已被证明在发包商特定的行业具备了相关经验的 BPO 接包商将避免很多烦恼以及大量的重复工作。

不管接包商选择团队设定什么样的资格条件，这对于发包商而言都是关键事项，应该在接包商选择过程的早期阶段决定下来。必备的资格条件至少应该包括两个方面：期望绩效水平以及与发包商组织相适应的战略。许多企业还从软性和硬性条件两方面来辨别资格条件。软性条件包括文化和组织价值观、使命和愿景以及组织历史。硬性条件更容易量化，通常包括绩效和生产率。除这些差别之外，一些企业还使用权重系统来分配在决策过程中各事项的相对重要程度。表 5-2 列举了一个权重系统的例子。

运筹学专家发展了比表 5-1 更加复杂的决策模型。然而，对于外包一个已经明确定义的业务流程来说，使用类似于表 5-2 所示的权重系统以及系统方法来收集和分析数据将能得出具有资格的接包商的名单列表。接包商选择过程的下一步就是列出可能的接包商名单。

表 5-2　BPO 资格条件权重系统

参　数	权　重
质量	0.20
■ ISO 认证	
■ 六西格玛	
历史绩效	
■ 其他相关项目的经验	0.25
■ 与其他客户的绩效	
担保和索赔政策	0.10
设施和生产能力	0.15
地理位置	0.05
技术能力	0.25

◆ 第三步：列出接包商的长名单

开展 BPO 接包商选择是令人畏惧的。在试图甄别具备资格的接包商时，并没有黄页或魔法咒语来帮助你。这是建立明确资格标准重要性的原因之一。寻找具有特定资格的接包商比起考虑所有通用接包商将会给寻找过程带来更高的效率。

　　接包商选择团队在这个步骤的目标是列出 15～20 个 BPO 接包商的资格清单。有许多方法可以用来搜寻 BPO 接包商。不管你信不信，互联网是要甄别BPO 接包商候选者的最丰富源泉之一。接包商可以通过使用标准互联网搜索引擎及关键词的组合在接包商甄别上取得进展。例如，如果企业正在寻找服务支持中心功能外包，那么它的搜寻可能包括以下关键词：

■ 服务支持中心外包；

■ 服务支持中心接包商；

■ 外包 IT 功能。

　　许多组织用于建立长名单的另一项技术就是在它们现有的服务提供商中寻找，看看它们当中是否有人符合要求且愿意竞标 BPO 项目。我们把这种关系称作单采购或单独采购，如果建立在其他业务领域的合作经验的基础上，这种关系将非常有效。

　　然而单独采购将会导致所保留的接包商不完全符合管理需要外包的业务流程的资格，这同时也增加了业务风险。如果接包商遇到问题，BPO 发包商的很多流程将受到影响。通过寻找和评估多个接包商，BPO 发包商将更好地理解市场能提供什么，这样就更有可能找到满足它们需求的最佳接包商，从而在多个合作伙伴之间分摊风险。

　　许多外包杂志和在线指南提供了寻找外包伙伴的正确方向，例如 Outsourcing Central. com、外包中心、外包协会以及企业建造者。这些组织可以为查找潜在接包商提供帮助。一些 BPO 发包商可能希望通过第三方咨询顾问来帮助它们找到能够满足它们需求的接包商。有时这些咨询公司提供的搜寻是无需成本的，常常是已经具有接包商名单，只需从中选择便可。

　　对长名单上的候选接包商的实际情况进行调查的好方法是访问它们各自的网址。很多接包商在它们的网页上都有详细的介绍。在许多情况下，接包商会在它们的网站上提供包括案例回顾、合作伙伴和顾客的名单以及所提供服务的介绍。虽然这些信息毫无疑问都是正面地反映接包商，但它仍可以为接包商是否符合接包商选择团队建立的资格标准以及接包商的战略是否符合发包企业提供分析参考。

　　长名单的开发流程通常要以半保密（至少针对外界）的形式开始。如果BPO 发包商暴露要从市场中挑选 BPO 接包商的意图，它就很容易淹没于接包商主动提供的建议书中。在很多情况下，进行一个新的 BPO 接包商的搜寻会带来是预期的 3 倍甚至更多倍的建议书。

　　接包商选择团队的目标在于消减长名单，直到发现合格的、能够与其建立长期有效的伙伴关系的接包商。接包商选择过程的下一步将以精选第三步建立的长名单开始。

◆ **第四步：发布信息征询书**

在收集了必要的数据，列出 15～20 个潜在接包商的长名单后，接下来就应该直接收集来自候选者的信息了。常用的方法就是对长名单中的每个接包商发送工作范围（SOW）描述以及信息征询书（RFI）。SOW 应该包括外包建议的广泛意图以及回复的时间框架。RFI 是为了确定接包商能力水平和兴趣的问卷调查。组织应该发送 RFI 给长名单上的所有接包商，同时跟踪各接包商对项目的兴趣。

首次与长名单上接包商接触的常用方法就是同各接包商销售部门以电话的方式联系。这次电话只包括关于 BPO 项目的一次高水平讨论。该讨论是在开始发放 RFI 之前为衡量接包商的兴趣水平而设计的。如果确实有兴趣，那么就应该收集关于 RFI 发往哪里、发给谁的详细信息。接包商应该被告知在开始发放 RFI 前发包组织是否允许继续进行对话。

接包商选择团队应该设定一个回复 RFI 的期限。在该期限之后接包商选择团队将安排时间对可接受的回复者举行一次能力访谈，以确定它们各自满足项目目标的能力。能力访谈通常以电话会议的形式开始。在能力访谈中需要考察的事项包括：

■ 接包商的核心竞争力是什么？
■ 接包商用来衡量自身效益的标准是什么？
■ 接包商现在受理多少客户？
■ 接包商具有未被使用的能力吗？或是能力必须进一步增加，才能为新的客户提供服务？
■ 接包商的资源投向哪里？
■ 接包商与现有客户的关系如何？
■ 接包商的文化是否与发包商的文化相适应？

在能力评估过程中，BPO 发包商应该确认各个接包商是否具备完成项目的技能、技术以及必备人员。对接包商实地的访问将有助于这种确认。如果实地访问被允许，接包商选择团队应该与接包商管理团队及员工会晤，评估它们的工作场所，同时观察它们怎样对需求和问题做出回复。

能力访谈之后，长名单上的 15～20 个接包商应缩减一半，只保留 7～10 个接包商进入下个阶段。这些相互竞争的接包商应该被告知它们已经被选上，可以接收正式的需求建议书了。

◆ 第五步：发布需求建议书

建立需求建议书的目的在于创建一个详细描述了 BPO 项目要求的服务、活动以及绩效目标的文档。除此之外，需求建议书同时也是为能给 BPO 发包商组织带来增值的、感兴趣的接包商所设计的销售文档。

对于不同的组织，需求建议书有不同的形式。但至少对 BPO 项目的要求应该与接包商进行清晰地交流。在这个阶段，详细的需求交流确保了初始响应为接包商满足组织需求的能力提供一张完整、清晰的蓝图。RFP 需求部分必须反映接包商为成功地完成建议书所需要的精湛技术和经验。

为编写有效的需求建议书，有一些总的指导原则可以参考。最重要的就是要对外包的业务流程以及要求接包商的工作范围有清晰的认识。同时，需求建议书不应该太长太繁琐，以造成一些有资格的接包商会选择不回复。在任何需求建议书中都要包括的事项有以下几点：

■ 管理方面：包括 BPO 发包公司的信息、业务优先顺序、需求建议书的目的、回复的期限、要求的形式、评估的标准以及联系信息。

■ 总体需求：详细描述对于所提供的服务、报告和信息共享、客户服务、索赔处理、合同执行、培训以及费用基准等方面的期望。例如，一家寻找服务支持中心功能外包的企业，可能包括一部分功能详细信息，如表 5-3 所示。

表 5-3　关于服务支持中心流程外包的 RFP 部分

■ 我们目前在 24/7 时间表中有 20 个 FTE 服务台
■ 它们的主要责任是支持分布在世界各地的 3000 余名雇员
■ 服务支持中心的运作中心位于俄亥俄州总部，并通过我们的免费电话来支持所有服务支持中心
■ 应用软件支持 6. x 版本的 Microsoft 2000 办公软件以及 CAD 2. 7
■ 服务支持中心人员同时负责通过免费编码进行升级维护
■ 服务支持中心票据由服务支持中心专业软件管理，票据平均的使用期限是 12 个小时
■ 服务支持中心员工平均有两年的大学经历以及四年从事 IT 工作的经历
■ 我们目前并没有标准的操作程序

■ 价格需求：列出期望价格方式，包括净利润目标以及折扣幅度。

■ 合同/法律：提供详细的预期合同条款和条件、授权、补救措施和任何可能的弃权。

总而言之，接包商选择团队在审阅了接包商的投标书后应该能够排除 2～3 家公司，因为它们的技能与 BPO 项目的需求不匹配。同时应该立即发信给被排除的接包商。这时只剩下 5～8 个接包商参加竞争，它们成为 BPO 发包商合作伙伴的潜力将被评估。

◆ **第六步：对建议书进行评估**

BPO 发包商所接收的来自竞争接包商的建议书将会非常广泛。最初的建议书筛选可能会揭示接包商的有趣信息。例如，接包商选择团队应该审查各份建议书，以确定该建议书是否表达了组织特殊的需求。通常，BPO 接包商将从其他建议书中剪切和粘贴材料，并且简单地插入到当前的建议书。虽然这种行为在某种程度上是可以理解和接受的，但是过多地剪切和粘贴建议书可能意味着接包商没有花太多的时间来考虑该发包商的独特需求。接包商选择团队应该仔细阅读需求建议书，同时查找使用普通模板的标记。好的 BPO 接包商必然是以客户为导向的。需求建议书应该是直接为发包商的 BPO 项目而编写。发包商应该提防那些用样板文件和吹捧言辞来填写需求建议书的接包商。

对于那些递交了可接受建议书的接包商，应该安排时间进行电话访谈，这个阶段的电话访谈通常需要一个小时。接包商选择团队期待每一个接包商都能进行面对面的交谈。然而，只有那些短名单上保留的候选接包商才有机会与接包商选择团队在正式场合下会晤。

在远程电话会议中，BPO 接包商应该详细解释它们所递交的建议书，所表达的内容应包括以下几点：

■ 实现服务的途径；
■ 公司背景；
■ 流程领域的经验；
■ 实力；
■ 可行性；
■ 认证证明书；
■ 建议方案。

在接包商解释了建议书之后，接包商选择团队应该要求提交一份投标书。该投标书是一份严密地阐述接包商打算做什么以及怎样计算费用和票据清单的精确文件。发包商还要求接包商提供以下事项：

■ 案例研究。接包商应该能够提供与 BPO 发包商项目相类似的 BPO 项目的案例研究。
■ 简介副本。各接包商将发送它们最好的、信任度最高的职员的简介。

如果特定的接包商被选中，发包商应该确保这些职员是确实在该项目上工作的人员。

■ 认证副本。BPO 接包商经常引用行业认证，例如 ISO 或六西格玛。BPO 发包商应该索取这些认证的副本以便核实它们的真实性。

■ 参考名单。BPO 发包商要求提供至少三项正面的参考，如果可能的话还要有一项负面的参考。BPO 发包商与至少一个以上经历了负面结果的接包商客户交谈是十分重要的。目的在于确定接包商在项目濒临失败时怎样来解决问题以及为什么意外事件出现计划不能得到纠正而导致外包失败。

■ 财务稳定性的证据。要求接包商提供表明它们财务稳定性、员工人数、从业时间以及设施完备性的文件。

与流程中的其他事项一样，接包商选择团队应该设立递交投标书的严格期限。掌握了有关接包商的建议书和递交的投标书的信息之后，就该将候选者的长名单缩短至短名单了。

◆ 第七步：筛选出接包商的短名单

一旦第一轮建议书评估结束之后，接包商选择团队便应该拥有必要的信息来挑选 3～5 个最具资格的接包商。被选中的接包商应该进行直接接洽并且被邀请参加面对面的正式陈述。

接包商选择团队应该安排好会议时间以确保每天只与一位接包商会面。接包商的访问应该尽可能安排得紧凑，这样的话接包商选择团队就能趁此对各个接包商的记录进行比较。总而言之，每次陈述应该限制在 4 个小时之内，接包商选择团队应该制订会议日程并且提前告知各接包商。在正式陈述之初，接包商选择团队主持人应该进行以下沟通：

■ 告知接包商已被选进了短名单。

■ 告知接包商将有 4 个小时的陈述时间。

■ 表明在接包商价格模式上的兴趣所在。

■ 重申组织需要接包商提供的资料。

■ 通知接包商以电话会议的方式陈述递交的标书。

■ 要求接包商在企业制订的期限之前递交最佳的标书。

■ 通知接包商何时作出选择的最后决定。

在接包商陈述期间，接包商选择团队成员应该弄清楚以下事项：

■ 接包商参加会议的人员。

■ 陈述是特别准备的还是只是泛泛的。

■ 接包商制订了应对偶发事件的计划吗？
■ 接包商提供了什么样的绩效数据？
■ 谁是接包商的主要客户？
■ 接包商团队对发包商团队的倾听情况。
■ 接包商的陈述是否涉及需求建议书中的问题？

应该特别注意在陈述中列出的逻辑体系结构。许多接包商在陈述中展示了它们的技术专长，但是缺少对工作流程及过程改善机会（逻辑体系结构）的深层次理解。没有抓住外包业务流程的逻辑体系结构是 BPO 接包商缺乏该业务流程成熟性的最明显标志。

在接包商陈述结束之后，开始对接包商进行最后的审查。接包商选择团队应该详细审查所有陈述材料及出席会晤人员的会议记录。接包商选择团队内部的成员要记录下团队的所有问题，因为这些问题在同各接包商最后的电话会议中可以得到回答。

最后，电话会议的时间是用来了解有关接包商的建议书和提供的服务等所有突出的问题以及就正式的陈述进行讨论。

在电话会议期间，BPO 发包商应该进行以下交流：

■ 向接包商说明它已进入最后名单。
■ 说明这将是最后的陈述。
■ 重申最终的价格表必须精确。

接包商应该被允许提出任何问题。发包商应该申明在电话会议之后，最终的决定将在规定时间（通常是两周）做出并挑选出一位 BPO 接包商。这将有助于激励接包商为获得发包商的业务而尽可能地做到最好。

在电话会议之后，BPO 发包商应该选择 2～3 个接包商进行第二轮面对面的陈述。这次选择一旦完成并通知接包商，电话会议将尽快提上日程。各个接包商应该被告知它有 4 个小时的时间做最后的陈述。

◆ 第八步：最终选定接包商

最终接包商的选择应该在第二轮面对面的陈述结束不久后完成。此时，通常应该清楚哪个接包商制订的需求建议书在短期和长期上都是最符合发包商的需求的。如果接包商选择团队在早期已经建立了它的接包商资格标准，适当地权衡它们，同时从定量和定性两个方面来考察每个接包商，便很容易在最终的选择上达成一致。

必须申明，接包商选择团队可能在最后决定列入名单的接包商中没有一个接包商能够满足组织的需求。如果这种情况发生的话，考虑到组织的利益就应该放弃这个 BPO 项目。据说，危险的现象就是伴随 BPO 项目开始而来的所承担义务的扩大。对于许多执行官和经理人来说，在投入了大量的个人时间和其他资源之后，要做出放弃一个项目的决定是非常困难的。然而，有时做出可靠的业务决策要求企业当机立断并继续前进。在这种情况下，如果按照系统方法筛选之后没有发现满足组织特殊需求的接包商，那么试图改变自己的特殊需求，或是允许接包商修改投标书来满足需求都不是明智之举。

如果接包商中的一个成为 BPO 项目竞标的优胜者，在进入签订外包合同阶段之前还需要考虑许多步骤。例如，在任何合同签订之前，拟转交给接包商的 BPO 发包商员工中的成员应该会见新的管理团队，允许雇员发表他们的观点并提问有助于减少员工被抛弃的感觉。在这些会议中可能会出现影响接包商绩效的风格和个性方面的冲突。在合同签订前的阶段，企业还应该表明条款事项和雇佣条件，其中包括如果接包商雇佣不可行或未达到要求就应该做出相应的补偿。如果由于加入了新的组织而需要任何额外的培训，那么就应该明确加以说明。

来自双方的 BPO 实施的领导应该就新工作流程的目标以及组织希望实现的目标进行讨论。新成立的跨组织工作团队的所有成员都应该明白，只有他（她）们个人的贡献才能带来整个团队的成功。在 BPO 实施早期阶段与员工进行定期、充分的交流则可以避免许多问题，包括诸如谣言可能快速传播、员工不知道该相信谁或相信什么等。

另外在签订合同之前的阶段另一个有益的事情是确保合同能够支持繁琐和复杂的现实运作，在合同最终签订前拿出时间进行调整并判断伙伴关系破裂的可能性是理想的。

总而言之，这种签订合同之前的测试阶段应该不少于 90 天——这段时间足以让任何预料之外的事情发生。例如，当雷曼兄弟公司（Lehman Brothers）决定将它的 IT 功能外包给一家离岸公司时，它在有不同参与者的 80 个单独试点上的花费超过了 800 万美元。记住，BPO 发包商和接包商正试图发展伙伴关系，同时这也会引发一些工作中必须克服的问题。

在测试期结束之后，需要表述的主要事项是许多预料之外的工作以及它们将如何影响接包商建议书的成本模式。同时，发包商应该在判断服务水平上小心谨慎，因为新的人员和流程将会随着时间改善绩效水平。由于新的 BPO 关系，在发包商组织中许多责任和流程很可能会发生变化。尽管存在变化，但是 BPO 发包商应该小心不让其法人身份发生变化。

◆ **小结**

用系统的方法帮助组织进行接包商的甄别和选择，使用列出的系统方法不能保证一定成功，但是它能够帮助降低由于选择不合适的接包商而带来的风险。在本书中的其他章节也讲到，进行 BPO 是个战略选择问题，伴随 BPO 的风险并不会导致无所作为。无论 BPO 发包商使用怎样系统的选择过程，它们都没有办法找到十全十美的 BPO 接包商。但是如果发包商在接包商选择中使用了这种系统方法，那么就会发现这将是有助于达到其目标的恰当选择。

外包并不是一个新的现象，虽然它最近的热度让它看上去是如此。实际上许多公司已经将它们的业务流程外包出去很多年，并且从外包经历中能够得到普遍的教训和启示。本章所述的系统地甄别和选择接包商的过程就来源于这些教训和启示，同时可以帮助 BPO 发包商在不失严格的条件下加速 BPO 生命周期。最后，遵循一个严格的接包商选择流程将会帮助发包商了解未知事宜，并促使其选择一个能够成为真正战略伙伴的接包商。

◆ **概要**

■ 一个系统的接包商选择流程有助于加速认识与有效 BPO 关系相关的战略利益。

■ 接包商甄别和选择过程的八个步骤分别是：（1）任命一支接包商选择团队；（2）定参选资格；（3）列出接包商的长名单；（4）发布信息征询书；（5）发布需求建议书；（6）对建议书进行评估；（7）筛选出接包商的短名单；（8）选定最终接包商。

■ 接包商选择团队（VST）可以由 BAT 成员组成，并拥有独立的、新的特权。

■ 接包商选择团队应该有一人或多人被指定为组织中 BPO 的领导者。

■ 接包商参选资格应该既包括软性标准又包括硬性标准。

■ 在接包商选择中经常被引用的参选资格包括：质量、交付期限、绩效历史、担保和索赔政策、设施和生产能力、地理位置以及技术能力。

■ 发包商寻找接包商时应该以客户服务、流程知识和数据共享等方面为关键条件。

■ 使用关键词在互联网上进行接包商搜索。

- 长名单上的接包商通常由 15～20 家具有必备参选资格的企业组成。
- 信息征询书（RFI）将帮助接包商选择团队将长名单缩至 7～10 名潜在的接包商。
- 需求建议书（RFP）应该提供足够的关于项目性质和范围的详细资料，其中包括发包商企业的经营信息、对接包商期望的大致要求、价格要求，以及关于法律方面的详细信息。
- 对建议书进行评估应该邀请多个接包商企业向发包商做正式的陈述。
- 递交投标书将提供关于接包商更多的细节，其中包括案例研究、主要人员简历、证书副本，以及参考清单。
- 短名单由 3～5 名接包商组成，对这些接包商要通过电话会议进行联系。
- 在电话会议的基础上，2～3 名接包商将被再次邀请进行第二次正式陈述。
- 接包商选定之后进入合同签订前的时期，应该对企业进行深入了解并实施试点项目来测试双方关系。

5.2　BPO 合同

人们通常认为进行外包的很多企业都没有达到目标。然而令人吃惊的是，首次使用外包策略的企业外包成功率自 1998 年以来就没有怎么变化过。美国管理协会 1998 年的一项研究报告显示：接受调查的美国管理者中有 3/4 声称外包结果没有达到他们的期望，2002 年国际钻石串公司（Diamond Cluster International，美国芝加哥的一家管理咨询公司）进行的一项研究显示：接受调查的公司中有 78% 承认曾不止一次地提前解除合作关系，原因是外包没有达到它们预期的要求。尽管导致对外包合作不满意的因素复杂，但还是存在一些共同的因素。

严格来说外包失败本质上并不是由法律引起的，但是对外包合同各项条款的仔细推敲有助于规避很多重大风险。事实上，一份低质量的外包合同是引起外包关系失利最重要的原因之一，而一份经仔细谈判和拟定的合同则会排除大多数引起外包关系不满的因素。

本节研究了外包关系中法律方面的问题，但是必须时刻铭记的是：成功的 BPO 计划，必须建立在员工之间、组织之间相互信任的基础上。作为合同商洽的重要环节，条款的拟定应体现双方的战略合作关系。同时条款要全面、精确，从而避免日后产生纠纷。拟定合同是 BPO 项目生命周期中的一个重要环节。它是在接包方被选定后的第一阶段，是发包方和接包方的首次合作机会。主管人员从自己的角度出发就 BPO 合同中应该注意的问题给出了一些经验性的建议。

本节主要分两部分：合同谈判和合同条款。尽管谈判是拟定合同的重要组成部分和一项需要重点培养的技能，这里只简单介绍了 BPO 谈判的一些重要因素。关于谈判技巧和技能的参考书已经有很多了，本章将着重讲述在 BPO 合同中要考虑的条款。让我们先看看 BPO 合同谈判中的一些要素。

◆ 协商 BPO 合同

由于外包过程的复杂性和演变性，BPO 合同的协商需要一个不同的思维方式，它往往不遵循传统商业协议的协商习惯。确切地说外包是一个合作性的活动，而不是一个零和博弈。零和谈判意味着各方都希望能在有限的资源中获得尽可能多的价值，即使损害另一方的利益也在所不惜。相反，在谈判中各方都致力于创造更多的资源和价值，然后对其进行分配。那些"64 美元问题"（即"很难回答的问题"——译注）往往要通过协商谈判的。BPO 谈判应被视为一种与合资伙伴而非卖方的谈判活动。

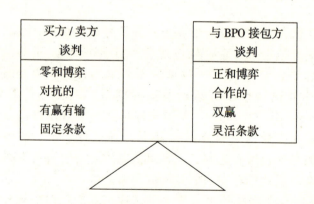

图 5 - 2   标准买卖方谈判与 BPO 谈判

从 BPO 发包方的角度来说，选择接包方的过程和外包合同的谈判过程使他们第一次有机会评价接包方的公司文化和习惯。决定开展 BPO 业务的企业应该利用这个机会来评估与接包方的文化融合度。在这一阶段有很多可预示未来问题的潜在信号。例如，如果接包方不能很好地认识到并且认真地对待这一重要阶段，这就可能成为以后合作不能顺利开展的红牌警告。

BPO发包方可以用一些策略来了解他们所选择的接包公司的特性。比如说，可采用不同的谈判策略将有合作诚意的接包方和没有合作诚意的接包方区分开来。在选择开始阶段，委托人可能会在需求建议书上由主管提议的外包合约（没有详细规范，如工作范围、服务水平协定和定价）来估计哪个接包方会接受发包方的一般条件和状况。在没有进行详尽谈判的情况下，那些不愿意或勉强接受客户一般要求和状况的接包方会很容易被甄别出来并取消其资格。

【案例分析】管理者的观点——签署高效合同的经验法则

大卫·S. 派珀，得克萨斯州休斯敦 Boyer & Ketchand 律师事务所律师

高效BPO合同的拟定有几个基本经验原则。第一，每个介入到合同拟定过程中的人都要将BPO关系的性质铭记在心。发包方和接包方长期战略利益的一致性应该在合同的条款中体现出来。第二，能够用精确的语言描述服务和绩效水平是非常重要的。合同应该包括对测评服务绩效和绩效出现问题而采取的一些措施的细节描述。最后，各方做好退出的计划也很重要。在BPO合同中这一点常被忽略，因为它意味着在未来的某个时候合作将会终止。所以应该在合同中处理好退出事宜，这样当合作不得不终止时能采取友好的结束方式。

企业在拟定外包合同的过程中会犯一些常规错误，其中之一是不能衡量绩效标准和测评战略的衡量标准。一家将服务支持中心管理流程外包出去的公司在合同中指出服务质量通过客户调查反馈来评测。服务支持中心接包方将质量调查应用到每个服务支持中心问询处，结果极大地惹怒了发包方的客户。更糟糕的是，调查的执行过程要求完成一定的投票数量。结果服务支持中心职员为了完成投票不断指示雇员去恳求客户回答调查问题。在这个例子中，忽视调查对于雇员态度的影响导致了不必要的抱怨和批评。

为了在BPO合同签署过程中将诉讼费降到最低——这似乎有点荒谬——就让法律团队早些介入。早介入可以确保团队熟悉业务流程并且适当地理解服务水平度量方式。企业同样应该让法律团队与操作员工沟通，从而避免签署脱离实际的合同。团队对实际业务流程越熟悉就越会起草出有效的服务水平标准。

然而，协作的重要性并不仅限于发包方—接包方合作关系上。发包方

工作团队成员之间也需要这样的合作。签署合同的过程中需要发包方的律师和参与到外包流程工作中的职员紧密合作。在这个过程中，对于雇员的问题应该给予关注。那些工作被外包出去的雇员可能会对推动外包取得成果的代理人不够合作和坦率。在某些情况下，聘请外部咨询顾问自会比较合适。

谈判结果的区别通常被概括为有赢有输、双赢和双输。在零和谈判中，结果是有赢有输，由于一方或其他方自行其是，通常会损害他人的利益。在一个标准的买卖双方关系中，经常会有意无意地听见谈判胜出方吹牛说他们是以价格优势取胜的。这是在谈判中优势一方的标志。这种策略的结果可能带来较低的价格，但是合作关系可能变成对抗的而不是合作的。与接包方合作需要长期的协作来保证组织学习和战略进步贯穿于项目始终。一个对抗的、有赢有输的谈判策略不太可能会促进这种合作关系。

相反，理想的 BPO 谈判策略是一个合作的、基于追求双赢的结果和获得长期、灵活的合同条款的指导思想。这需要双方的妥协。与此同时，伴随妥协而来的风险可通过激励条款以及在不能完成绩效情况下的补救措施来得以规避。这种合同创新是 BPO 合同条款的一部分。

◆ BPO 合同条款

我们已经声明 BPO 合同谈判应该发扬正和博弈的精神，着眼于建立信任、协作的合作关系。与此同时，以为有信任充当控制机制就够了的想法还是不成熟的。事实上，起草详细的合同条款（包括一旦绩效没有达到期望而采取的补救措施）有助于在困难时期维持好的合作关系。

接下来列举的条款是一份正式 BPO 合同应该考虑和涵盖进去的。虽然并不是很全面，但是讨论到的条款几乎是所有 BPO 合同都包括的并且构建了工作关系的核心。讨论条款如下：

■ 业务范围；
■ 服务水平协议；
■ 定价；
■ 合同条款；
■ 治理；
■ 知识产权；
■ 特定行业问题；
■ 合同终止；
■ 转移；
■ 不可抗力；

■ 争端解决。

我们将分别讨论这些合同要素，并且在很多案例中强调了替换策略。

因为 BPO 合同对于买卖双方合作关系的成功是十分重要，所以建议在合同起草、谈判和修改上应取得第三方（法律）的支持。

工作范围

外包合同的关键是对外包出去的工作性质的描述，通常被称为"工作范围"或者是"工作说明书"。为了准备清晰、完整的工作说明书，发包方的律师必须和发包方的职员紧密的合作从而熟悉外包出去的业务流程的细节。不论变更的增加是由技术进步还是发包方机构合并或剥离引起的，一份合理的外包合同的条款必须略述变更流程，因为这属于它的工作范围。

外包合同同样应明确描述工作由发包方转移给接包方的流程。在这方面，交易反映了业务单元的购买或出售。人员、硬件和软件（如知识产权、卖方合同）、还有许可协议都将转移给接包方。

企业必须给予员工足够的重视。应考虑保留拥有关键的制度化知识或其他技能的员工。优秀的项目经理应该被安排到发包方的管理团队中。

同样对于约束接包方的就业法规也应该给予足够的重视。比如在欧洲，在某些情况下，当业务单元被转移，新雇主向被转移雇员支付的工资和福利应和他们现有雇主支付的一样多。员工安置问题也需要仔细考虑，因为在外部管辖权上职员的解雇和裁员通常更加复杂。发包方和接包方应该讨论并且就接包方使用二级分包商的想法达成一致。对美国劳工法也应该给予重视，如《劳工调适和再培训法案》（The Worker Adjust-ment and Retraining Notification Act，WARN）。

几乎在每一个涉及国际交易的 BPO 交易中，合同各方都必须考虑雇佣法规。发包方和接包方同样都可能触犯或藐视就业法，当然每个国家的雇佣法不尽相同。例如，欧洲颁布了强硬的劳工保护法，当雇主决定将雇员的工作外包出去时，这项法规可保证雇员免受收入损失。《行使权利条例》（The Applied Rights Directive）大约是在 20 多年前颁布的。它旨在当公司把雇员的工作出售或外包给其他国家或承包商时能够保护雇员的就业，维持其报酬和生活条件。

英国颁布了类似的立法，如《业务转移就业保护条例》（Transfer of Undertakings Protection of Employment，TUPE）。这些法规有效地保护了就业权利，并且使得欧洲公司很难通过业务外包获得可观的成本效益。下面的案例研究展现了美国康柏公司（Compaq）同一个发包方因企业转让就业保护条例问题所遭受的艰难的经历。

【案例研究】BPO 接包方对欧洲法规的困惑

管理劳工权利的国际法规将在 BPO 未来的发展中扮演重要的角色。事实上，伴随着越来越多的工作岗位被消除并且在世界范围内转移，就业者和政策制订者将寻求新的法规。

美国康柏公司（Compaq）和法国的源讯公司（Atos）发现它们被卷入一场起源于就业保护法的劳资纠纷中。这场纠纷中有 60 个 IT 支持员工面临失业。接包方卷入了这场劳资纠纷是因为，在朗讯公司（Lucent）将外包合同从源讯公司转移到康柏公司后，谁将雇佣先前供职于法国源讯公司的 30 个在英国的技术支持员工和 30 个在海外的技术支持员工尚不明晰。纠纷起源于对欧洲就业保护法的混淆，也就是《行使权利条例》和英国的《业务转移就业保护条例》。当雇员的工作被转移给第三方时，该条例保证了他们的就业。

当朗讯公司决定与源讯公司解除外包合同关系并将工作转移给美国康柏公司时纠纷就产生了。两个接包方都在 2000 年 7 月与朗讯签署了为后者提供服务支持中心管理和网络支持服务的合同。

根据企业转让就业保护条例，源讯公司在英国、荷兰和德国的员工应该自动转移到美国康柏公司，但是美国康柏公司没有这样做。它给源讯公司有关员工发邮件拒绝雇用他们。

对康柏公司来说，他认为《业务转移就业保护条例》不起作用，因为他们打算使用不同于源讯公司的运作模式。康柏公司将为少数人、少数国家提供服务。

就业律师认为这个案例说明了源于《业务转移就业保护条例》的混乱，并将向政府施压要求其解释该法律。

服务水平协议

在服务水平协议中，接包方需要达到规定的绩效水平。如果接包方没有达到规定的目标，服务水平协议将为发包方提供各种权利和赔偿。

设计详细的一组服务水平协议会使买卖双方的利益达成一致，而设计粗略的服务水平协议将会导致外包关系破裂。

不幸的是，服务水平协议是外包合同条款中最困难的部分之一。拟定合理的服务水平协议要求起草协议的律师对业务流程相当熟悉（服务水平协议不应该让非律师人员设计）。各方需要能够记录下每个外包流程的详细需求并且就服务水平的测评方式和不能达到目标的后果达成一致。

　　服务水平协议的基础是定义出需要评测的服务水平和关键绩效指标。
　　一组服务水平协议可与任何可量化的指标联系起来，但是通常与关键绩效指标如质量、速度、可获得性、生产量，适时性或者客户满意度相挂钩。比如说，就呼叫中心而言，服务水平可能包括回答一个电话的平均时间、电话持续的时间、首次电话中问题得到满意解决的百分比和客户满意度。服务水平协议应该与定价紧密联系，从而使接包方经济效益和发包方的商业目标相一致。例如，定价与一定数量的固定问题相挂钩会抑制问题的产生。质量通常是比数量好的评测方法，尤其是在固定价格合同中。
　　一旦确定了合适的服务水平，就应该明确确立使用条款。例如，计算机系统中的"可用的"是什么意思？如果发包方可以登录系统但是速度很慢，这样的系统可算作"可用的"吗？如果接包方不能控制的某些因素导致了接包方系统不可用怎么办？在这种情况下谁来承担责任？在谈判的过程中深入讨论这些问题可在外包项目实施过程中避免不必要的纠纷。
　　服务水平可能与运作时间或其他变量有关。反应时间应考虑到诸如时差等一些因素。就如何测评服务水平各方应达成一致。技术能力可能是个制约因素，尤其是对规模比较小的发包方和接包方。一些软性的评测方法如客户满意度可能会遇到来自接包方和发包方双方员工的阻力。因为正是由于流程外包，他们才被要求填写满意度调查表的。如果可能的话，发包方应该在外包前使用服务水平测评方法，这样既可以设立评测标准基线也可以确定其适用程度。
　　服务水平协议应说明谁负责评测服务水平标准及评测频度。根据被测评对象的类型，服务水平可以出接包方、发包方、第三方或他们的组合来评定。为了使评定结果有意义，评定的时间跨度应该足够长，但不要太长而使得成本上升或者对接包方不公平。重要的是定价，通常以奖励或奖金的形式体现，可以与是否达到规定的服务水平以及发生差错的事件数挂钩。奖励可通过给发包方的现金回扣或抵消未来向接包方支付的费用来实现。各方就评定所使用的数据应达成一致。
　　在设定服务水平时常犯的一个错误是定义了一个标准的或者是普遍的服务水平，而忽视了定义协定绩效以外合适的服务水平。例如，如果一个呼叫中心的服务水平要求95％的求助电话必须在规定的时间内回答完毕，那么服务水平协定还应该说明解答剩下的5％的求助电话所应达到的可接受的最低标准。服务水平协定应该设定目标服务水平和最低服务水平。定义适当的与目标服务水平协定的偏差能为双方带来效益。如果没有达到最低服务水平就可能由此导致外包合同终止。

应该仔细考虑当接包方不能达到相应服务水平时发包方需采取的补救措施。除了信誉问题，当接包方不能达到最低服务水平或与目标服务水平有较大的偏差或者多次重复仍不能达到预期的服务水平时，发包方就可以考虑终止合同。

对于工作范围和定价，BPO 发包方和接包方都需要想到，不管是因为客户需求的改变、技术进步、常规需求变更抑或是接包方工作流程的改进，时间长了服务水平总是会变的。由于服务水平协定的特殊性，接包方和发包方应该详尽地讨论那些将达成协议的变更流程。各方都应该明白服务水平协定和变更流程的试金石应该是将接包方和发包方的利益尽可能达成一致。表 5-4 是一组服务水平协议的例子。

表 5-4   服务水平协议样本

范围和定义

接包方要拥有对成熟产品的持续生产能力，这一点双方要达成一致。这样接包方就能够为大量装配环境设计产品，并利用接包方的购买杠杆优势将零部件外包出去，进而大大削减产品的生产成本。

接包方的责任

- 发布每个单位库存产品的物料清单。
- 负责工程变更订单的启动、实施和落实，从而支持产品持续改进。
- 执行交叉功能成本削减和产品升级任务。
- 为实施解决方案来处理产品质量问题的发包方提供技术支持。
- 为发包方提供成本节省计划。计划应包括可行性报告、设计研究、特性分析。
- 实施"生命终止（end of life）"活动以减少产品的废弃残存。
- 审批元件级新品首件检验。

发包方责任

- 开发、维护和提供客户需求规范。
- 审批接包方提出的关键技术和工程变更。
- 提供产品的规格、工艺和包装。
- 为由接包方提出并经发包方认可的工程变更提供固件支持（firmware support）。

定价

外包服务定价可通过多种方式来制订，不同定价方式的组合是常见的。固定费用定价法、交易额定价法、成本加成定价法在 BPO 合作中较常见。评估外包合同价格时，发包方应该明白涉及外包关系管理的某些费用是永远不会消除的。第四章已详述了 BPO 成本的问题。

BPO 合同中收费结构的选择主要是受即将获得结果的影响。买卖双方都必须认真考虑合同中的收费结构，因为不可预知的事情常会带来繁重的经济责任。例如，BPO合同可以详细说明每处理好一件退回产品，接包方都会得到相应的补偿。如果零售商可以控制退回产品并且可以让其客户只有在有收据的情况下才退回产品的话，这种付费方式就是可行的。然而，如果零售商单方放弃索要收据，这种付费方式就难以奏效了。在这种情况下，接包方由于无法对产品进行核实便会对退回的产品不知如何处理了。

在多年协议的执行过程中，外包的运行可能需要从数百到数百万美元的资金，这主要取决于外包业务的规模和复杂程度。一般来说，合同可以基于固定价格法或可变价格法来拟定。在固定价格合同中接包方承担了成本变动的风险。当报价太低时，固定价格合同会削弱接包方的灵活性，降低他们应对变更企业目标和采用新型技术的积极性。尽管可变价格法可实现风险共担，但在成本超过预算时也会带来误解，尤其是当工作范围和责任义务定义不清楚的时候。

很多BPO发包方为它们的业务选择了"现收现付"效用模型。这听起来不错，照这样发包方只需为所获得的服务付费，但是如何度量所获的服务呢？不久前，这种效用支付模型主要基于技术计量，如CPU的周期或内存损耗。最近，企业已经在采用业务计量（business metrics）来确定费用。例如，加拿大人寿公司（Canada Life）每卖出一份保险就会支付给IBM一小笔费用作为后者为索赔处理申请提供主机支持的回报。Digital River公司的业务收益与通过他们自建自营的美国职业棒球大联盟网站卖出的随身用具数量挂钩[12]。表5-5给出了BPO合同报价方式的一览表。

表5-5　BPO定价模型

成本加成定价法：在这种模型中，支付给接包方的费用为实际成本附加上一个预先确定的利润百分比。当商业目标和技术在合同执行期间发生变化时，这种模型就会显得缺乏灵活性，同时也无法激励接包方提高工作效率。

单位定价法：在这种定价模型中，接包方为每一个特定的服务水平设立一个预先确定的费率，发包方依据其使用付费。

固定价格法：在合同执行过程中，这种模型中的服务报价是固定的。一些企业更愿意使用这种方法，因为它们确切地了解接包方目前甚至将来的报价。这种方法面临的挑战是企业必须在签订合同以前详细地定义流程范围，并且设计出有效的计量方法。否则，接包方将有可能提出超出合同范围的特殊服务或服务水平的要求，使得发包方承担附加的费用。

可变价格法：这种模型对接包方提供低端服务采用固定价格报价，对高端服务则按照其提供的服务水平采用可变价格报价。这种方法的效率取决于清晰定义流程范围和计量方法。

　　绩效定价法：这种模型的中心思想是采取激励措施鼓励接包方以最高效率工作。例如，如果项目提前完成或按照要求完成，发包方组织会为接包方支付一笔奖金；反之，如果服务没有达到合同中规定的服务水平，接包方则要支付一笔罚款。绩效定价法在接包方交付服务过程中的应用将会使发包方获得最优服务。

　　风险/收益共担定价法：在这种模型中，发包方和接包方都将承担一定的风险。如果接包方的绩效获得最优并且达到了发包方的企业目标，双方将都会获得一定比例的利润。外包不应当只是一种将所有的事情都抛给接包方以节省成本的方法。合作双方只有从一开始就制定好服务水平协议、价格以及共同期望，双方才会获得一种共赢的合作关系。

合同条款

　　外包合同的条款是考虑的重点对象，有统计数据显示，很多公司在合同期结束之前就解除了外包合作关系。BPO 合同的协商条款最起码要使相关流程的生命周期和业务周期中的变更相匹配。制定条款时需考虑到外包业务的可变性，包括范围、服务水平协定和定价这些方面可预期的变化。同样也要考虑到发包方为了方便而终止合同的权利和合同终止所带来的直接或间接的费用，后面将会对此进行讨论。

治理

　　正如前面提到的，外包关系是合作性的。外包合同应被视为动态文档，因为一些涉及业务范围、服务水平协定和定价方法的条款在 BPO 合同周期中可能会变化。考虑到这些因素，关系治理是相当重要的。事实上，治理是对BPO 合作过程中执行阶段进行指导和监督的过程，旨在确保买卖双方利益一致，同时通过现有的高效流程实现各方总体目标。说的更简单点，治理包括了绩效评估和变革管理。

　　根据外包合作关系的规模和复杂程度，治理可通过合作各方之间单点接触或由各方代表组成的委员会决策来实现。下一章我们将介绍项目管理团队管理BPO 生命周期的运作阶段的概念。治理过程结构是无限变化的，但是成功的治理有一些基本要素。沟通和报告是治理过程的重点。治理结构需确定会议时间表和职权范围，尤其是涉及工作范围的流程变更、服务水平协定标准依存性和运用标杆管理确定新的服务水平协议标准或定价。基于参与到治理过程的人员的资历，在治理过程中产生的争论扩大化是正常的。发包方和接包方双方工作人员参与治理过程是相当重要的，治理应该启动于外包合作的伊始。

知识产权

　　知识产权的转让、使用、泄露、保护和发展是外包过程的重要法律考量。在考虑外包项目的初始阶段，发包方应仔细考虑外包知识产权衍生物。

各个国家知识产权的法律和实施各不相同。很多国家制订了保护知识产权的法律，他们都是世贸组织的知识产权条款《与贸易有关的知识产权协议》(TRIPS) 的签署国。然而，对于美国进行离岸外包的企业而言，美国有一套当地实施的知识产权保护细则。只有接包方所在地设立了这一套细则，依靠这些法律保护的 BPO 发包方才会冒险将业务外包出去。

显而易见，最保险的做法就是将重要的知识产权留在美国。然而，如果一个发包企业将知识产权转移到国外，它就得完全依靠自己来保护自己的财产。首先是对潜在接包方及其安全保密性程序的尽职调查，还要了解接包方国家对于外国知识产权的文化意识。一些国家把外国人的知识产权看作公有的已不是什么稀奇的事。有迹象显示印度欲通过对外国人的知识产权提供强有力的法律保护来使自己区别于其他国家的外包提供商。无论在融入到城市中的道德规范和惯例还是显示在保护知识产权所使用的方法上，印度企业在某些方面优于美国企业。

然而除了尽职调查外，外包合同应该详细说明接包方为保护发包方知识产权所采取的措施。这些措施不应与对国内企业采取的措施有实质性的差别，但情况通常并不如此，比如说它们在国内是这样执行的：对员工进行背景调查；在保证需求的基础上限制访问数据；监测接触到关键知识产权雇员的保持率，并且对这些雇员规定一些机密的、不可泄露和非竞争性的条款。除非这些程序在管理过程中得到合适的、连贯的执行和监督。否则，列出这些程序就是毫无意义的。

任何机构考虑外包时最担心的就是关键知识产权的保护问题。让人垂涎的洞察力、客户信息或贸易机密通过电子邮件散布出去可能会导致一些经理度过无数个不眠之夜。

事实上，一些外包变革的观察家已经注意到：一些离岸外包目的地的信息安全和保护标准比美国的要高。例如，一些提供税收筹划服务的印度公司有广泛的安全措施来确保他们所处理的信息的完整性。雇员被禁止将钱包、公文包或笔记本带到处理设施处。他们必须使用带锁的存物柜，并且不能打印或保存他们工作中处理的信息。除了针对雇员的措施外，与美国公司相比，很多印度公司还有高级的物理、网络和通信防护措施。

安全和知识产权保护对于考虑 BPO 的企业来说必须是重点，可以确信无疑的是接包方正在加班加点地工作来确保潜在的客户可以睡个安稳觉。BPO 的主要驱动力继续从成本优势向战略优势转移，世界范围内的接包方将继续在除人力成本以外的其他方面展开竞争。他们正在将竞争能力指向那些需要优先安全保护措施的高价值工作。

有效的、始终如一地运用程序来保护知识产权，其重要方法之一是要有专人或团体通过启动赔偿程序来实现。如果支付赔偿费用的一方在美国拥有资产并且这些资产可被用来支付任何赔偿的话，这个赔偿程序将会更加有意义。作为该赔偿程序的补充或替代，BPO 发包方应该就防止知识产权丢失和被窃取的有效性和花费进行调查。

即使是在美国，接包方的破产也会对发包方产生严重的影响。因此 BPO 发包方应该考虑由第三方保护关键知识产权，一旦接包方破产或遇到其他财务或运营问题可持续保持其知识产权。BPO 发包方还应考虑到，不仅源代码合同由第三方保存，而且所有的知识产权和其他与外包流程相关的关键信息包括经合作可充分开发知识产权价值的人员的联系信息都应该由第三方来保存。

另一个关键问题是在外包合作中产生的共有知识产权的所有权问题。共有知识产权如专利权、商标权和著作权等是个尤其复杂的问题。外包合同应明确地提出谁控制该项知识产权，包括主张这类知识产权所有权的诉讼。各方也要考虑为共有知识产权申请许可的潜在可能。谁有为这项知识产权申请许可的权利和向谁申请？这项知识产权可以授权给发包方的竞争对手吗？

合同终止

从提前终止外包合同的企业数目可看出，终止条款是合同条款中最重要的条款之一。刚开始的重点应该集中在预期在什么样的情况下 BPO 发包方会希望解除外包合作关系。两种原因可导致合同授权的 BPO 合作关系解除：（1）方便；（2）事由。

由于外包过程对灵活性和变革管理的需要，发包方有权为了方便而解除合作关系是必要的（也就是没有任何原因）。在大多数情况下，发包方为了方便而终止合同时，接包方要求一定的终止费是正当的。尤其是在外包刚开始盛行的前几年，当接包方可能还没有完全收回它们在建立外包关系过程中所投资的资金时情况更是如此。终止费依合同终止时各方所处的预期经济状况而定。

典型的是接包方不可以为了方便而终止合同，因为这样会给发包方带来极大的成本、风险和破坏。如果接包方坚持要为了方便而终止合同，那么终止费应该体现出对发包方损失的补偿。一般来说，只允许接包方为了事由而终止合同通常意味着发包方不能支付接包方应得到的费用。

外包合同应该明确指出什么原因可允许发包方为了事由而终止合同。为了事由而终止合同应该包括对外包合同实质性的违约及连续的或反复的对外包合同非实质性违约。在这一点上，各方应该就服务水平协定设定具体的参数。为了事由而终止合同也应该考虑到无财政偿付能力的情况及接包方的不安全性。

无财务偿付能力的情况及接包方的不安全性的案例中，预防要比补救更好。为了充分地维护发包方的利益，与出现在贷款协定中的类似，外包合同应该包括各种财务约定事项和财务比率，为无财政偿付能力提供客观标准。这些条款需要以需求报告和审计权来作为补充，这样发包方就可以监控接包方的财务健康状况。无财政偿付能力可能与公开股东股票价格的急剧回落有关。

因为事由而终止合同的原因可能也与接包方的重要职员保持率或整体员工流动率有关。这些很重要因为它们反映了接包方的组织适应度。高员工流动率或不能留住重要经理或主管意味着接包方存在着可能置 BPO 发包方于危险境地的内在管理问题。

因事由而终止合同应该也包括与接包方和其他接包方（分包商）的合同有关的所谓的交叉违约条款，这些分包商可能介入了发包方的外包流程，也可能没有介入。如果接包方（分包商）没有履行这些合同，就可能构成外包合同的违约。依据接包方与分包商的依赖度，因事由而终止合同的原因也可能包括任何一方不履行转包合同或分包商的无财政偿付能力及其不完全性。

最后，在因事由导致的合同终止中，应该也考虑到与发包方和接包方双方有关的控制权变化。接包方的新的管理模式可能导致发包方在外包合作最初信任的那支管理团队被替代，也可能导致接包方向发包方的竞争对手提供服务或甚至成为了发包方的竞争对手，从而对发包方的知识产权构成了潜在威胁。发包方的控制权的变化可能会导致将先前外包的流程剥离掉或首先排除外包需求。考虑到这些因素，当发包方企业高层的控制权发生变化时，接包方也应该有权解除外包合作关系。

转移

如果一个 BPO 合作失败并且一方或双方都决定解除协议的话，发包方有必要重新收回外包业务或者寻找另一个合作伙伴。无论何种情况，原始合同中都应该考虑到外包流程的转移问题。

最初的协议中应该包括外包流程转移条款（外包合作关系解除的情况下）的原因是显而易见的。考虑从发包方转移到接包方的这个过程中所涉及的所有计划和实施，现在想象一下，如果原先的发包方对其流程、伴随资产和员工失去了控制，那个流程的实施将会是多么困难啊！更具挑战性的是，转移正好是从一个不合适的或没有竞争力（经常二者兼具）的接包方开始。这样的话，从一个接包方到第二个接包方的转移或者将外包流程重新整合到发包方这个过程将比原先的流程复杂千万倍。所以应该仔细考虑如何实施转移和包括外包合同在内的详细转移计划。有效的转移计划的要素与那些包含在原始外包流程中的相似，仅仅是更加复杂而已。

业务转移计划应该包含接包方提供转移计划协助的承诺。协助应该包括硬性、软性资产的库存（保管）、相关数据的备份、流程的详细描述和其他与外包流程相关的信息。发包方应该有权使用这些数据并且将其公开给新的可能的接包方。发包方同样也应该有权购买与外包流程有关的资产并且招聘与外包项目有关的关键人员，还有权利选择新的接包方。

当流程从一接包方转移到另一个新的接包方或返回给发包方时，转移计划应该提出需要将流程并行处理一段时间的要求。这其中可能会有对共享资产持续使用的需求，如计算机网络。

正如发包方和接包方的利益一致是外包合作协议成功的关键因素，在转移期这种利益一致也起着重要作用。一般来说，利益一致通过现金激励的形式来推动转移计划的成功实施。

不可抗力

外包合同，就如同其他商业协议一样，一般包括不可抗力条款。不可抗力条款使得在如火灾和与天气相关的灾难发生的情况下免除接包方不能履行合同的责任。考虑到 BPO 接包方所在国家的地理政治情况、战争和恐怖事件，使得制定不可抗力条款很有必要。然而，因为外包流程通常在发包方业务中扮演重要角色，一套仔细设计的外包合同不应该仅仅考虑在不可抗力事件发生期间免除接包方不能履行合同的责任。外包合同还应该将不可抗力事件的发生与灾难恢复计划和继续经营计划结合起来。

争端解决

正如在讨论外包合同过程中强调的，外包合同是一个动态文件，必须将变革管理流程融入其中。然而变化会不可避免地引发争端，外包合同应该预见这种可能发生的事件。当企业治理无法解决时，争议解决程序就启动了。当企业治理的所有手段都已使用并且各方争端还没有解决时就应该诉诸法律程序来寻求解决。

就像治理过程一样，这些程序应包含升级机制，尽管这并不是必要的。争端解决可能是通过非正式非约束性的程序发起的，例如调停。然而除了这些非正式非约束性的程序，争端解决还可以通过约束性仲裁或起诉来实现。如果各方决定使用仲裁手续，它们必须赞成仲裁条例。在美国国际经济交易中，各方经常使用国际商会调解规则中的条例。在美国国内交易中，各方经常指出仲裁要依照美国商务仲裁协会颁布的商务仲裁规则。在任何情况下，必须指明纠纷解决的地点和选择的法律。

场地是指纠纷将被解决的地方。各方应该既要考虑到方便解决纠纷的人员和设施方面的效率问题，还要考虑到中立问题。有关法律选择的条款决定了将依照什么法律来阐述外包合同和确定纠纷解决的规则。法律选择条款通常是由黄金规则（golden rule）决定的，即拥有适应各方需求的"黄金规则"的一方决定。

小结

制定一份有效的合同是 BPO 良好合作关系的重要组成部分。在整个 BPO 项目生命周期的这一阶段，BPO 发包方不应该把精力仅仅放在降低成本上。制定高效的合同、组建一支时刻铭记双方战略利益的法律团队可能会在将来节约大量的时间和成本。正如本章所提到的，BPO 合同有很多共通部分。同样，在 BPO 合同签署以前 BPO 发包方也应该考虑到很多重要的问题：

合同是否清楚地描述出了预期结果？

接包方是否保证能完成目标？

如果没有完成目标，可以采取什么补救措施？

合同是否包含了所依靠的所有接包方代表？

合同是否显示出了接包方对自己完成任务能力的信心？

什么事件会触发你履行向接包方支付费用的义务？是由于完成了目标？或者是因为一些相对没有意义的事情——如不管在什么时候只要接包方告诉你该支付费用了？

如果随后发现交易行不通，能否向上司说清楚这个交易的来龙去脉？

不相干第三方（陪审员）通过阅读合同是否可以理解交易的情况？

5.3　资源的规划

BPO 在中国有非常大的机会和发展潜力，近几年全球服务外包产业市场呈现了稳步增长的趋势。据《2008 年中国 BPO 服务市场研究及 2009—2013 年预测报告》显示，2008 年全球 BPO 市场规模的年度增长速度超过 10%，并且预期 2009 年至 2013 年的年度市场增长率将都不会低于这个比率；研究报告还显示，客户服务、财务与会计服务、采购与物流服务、人力资源服务是整个 BPO 市场中的主力军，并预计随着市场不断发展和成熟，营销与销售、采购与物流的外包都将成为其后的发展最快的细分市场。

随着中低端 BPO 服务交付市场在稳定的增长速度发展，预计高端市场将会有较大较快的跃进。未来 BPO 服务交付市场持续加速增长的重要发展动力无穷，如客户服务中的专家服务、财务与会计服务中的高级别咨询服务、采购与物流服务中的战略整合型服务、销售与营销中的高端营销服务等都具有较大的市场潜力。

表 5-6   BPO 业务资源的规划分类[①]

需求管理资源	企业内部管理资源	业务运作资源	供应链管理资源
管理企业与客户关系	管理企业内部支持性功能	管理企业生产与销售运作	管理企业与供应商之间关系
·客户选择	·人力资源	·制造	·采购
·客户开发	·金融与财务	·零售、批发、运输	·运输
·客户关系维护	·后勤行政	·客户服务	·仓库\库存管理
·客户关系延伸	·支付流程		·服务

　　企业与 BPO 外包服务提供商之间建立稳固的资源协作关系。通过优势互补的方式，服务提供商能够根据公司的业务规划更好地预测其可能面临的变革和挑战并帮助公司采取应对措施。面对日益增多的外包选择，企业面临的挑战不仅仅是有效的资源配置，还要学会选择合适的外包服务提供商，有效地管理多家厂商；而服务提供商则要在竞争中脱颖而出，根据客户的期望提供最佳的流程和一流的行业专业技术。

　　这样，通过高效的资源配置规划可以有效地评估 BPO 为企业带来的收益或造成的损失，可以同时减少双方承担的风险。企业可以明确自己的期望，而外包服务提供商的价值也能够被证实、被量化。对于服务提供商，它们则需要利用流程管理和衡量的标准，以确保管理和评估外包带来的各种优势，包括外包质量的控制、业务交付流程的改进、客户满意度的提升、相关法规的遵从以及由此产生的能够不断满足企业发展变化的业务需求。

　　企业参与 BPO 外包的目的不仅是节约成本，更注重改进流程和客户服务。企业希望通过 BPO 获得除了节约成本以外的更多益处。它们希望通过衡量外包服务业务交付的绩效、借助 BPO 提供商实现业务转变并获得较高的投入产出比。

5.4　质量的控制

　　企业在参与制定 BPO 外包战略与执行框架的同时会注重以下几个问题的

────────────

　　① Yongmin Chen，Jota Ishikawa，Zhihao Yu. Trade Liberalization and Strategic Outsourcing [J]．Journal of International Economics，2009（7）：419～436.

分析，例如：

（1）成本/销售指标：企业的运营成本的历史趋势是否不断攀升？

（2）人均成本/利润指标：单人为企业创造的价值是否不断下降？

（3）利润率指标：企业收益率是否正在变低？

（4）固定成本/可变成本：企业是否需要降低成本？

而在BPO服务业务的流程重组与共享服务中，我们也应注意：

（1）并不是所有企业的低效职能都需要外包；

（2）外包的核心就是降低成本，提高效率，塑造企业的核心竞争力；

（3）共享服务的核心思想是：新技术能够更有效地利益稀有的技能资源，更有效地提供服务和信息，降低管理成本。

因此，对于BPO业务质量的控制、流程的优化，从降低成本、提高效率的角度，对内则为内部共享服务，对外则为外包服务。

BPO业务质量控制的水平协议十分关键，它规定了服务供应商和客户各自的责任。一般来讲，它应该包括以下内容：

（1）供应商应该向客户提供哪些服务？

（2）服务的质量如何？

（3）服务的期限是多长？

（4）服务如何交付？

（5）服务供应商如何控制服务质量？

（6）修改服务质量协议的程序是什么？

BPO服务业务的质量控制标准涵盖了服务外包的23个主要过程，从服务提供方（以下简称"组织"）运营角度将业务过程分为战略管理、服务实现和服务质量交付保障。本标准中引入"戴明环"的管理思想，对服务外包管理体系的建立、实施、监控和评估以及改善提出要求。

质量控制通用要求标准框架如图5-3所示：

其中，战略管理关注于组织如何规划服务外包业务、组织能够提供什么样的服务以及组织如何建立和维护服务能力及可用性以满足服务外包的需求。包含以下三部分标准：业务规划和部署、服务目录管理、能力和可用性。

服务实现涵盖了组织根据服务需求进行服务设计和部署，并交付服务的过程。主要包括以下五部分：服务设计和部署、服务移交、服务交付、问题管理和事件管理。

服务交付保障关注于组织服务交付的支撑活动并将这些活动分为三个方面：业务管理、资源管理和威胁管理。业务管理与外包业务的开展直接相关的过程，包括协议管理、服务级别管理、关系管理、沟通管理、配置管理和质量

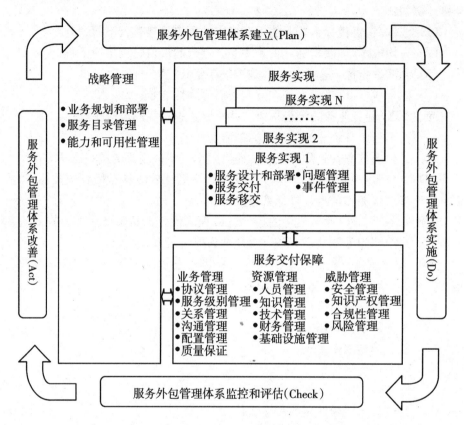

图 5-3　BPO 服务业务交付质量控制通用要求框架

保证；资源管理管理服务交付所需各种资源的过程，包括人员管理、知识管理、技术管理、财务管理和基础设施管理；威胁管理对可能威胁服务顺利交付的因素实施管理的过程，包括安全管理、知识产权管理、合规性管理和风险管理。

　　BPO 服务外包以其降低成本、提高效率和质量、增强核心竞争力等多重优势成为国际产业转移的重点领域，也是未来我国产业升级的重要发展方向之一，其对外包服务贸易贡献与日俱增，在服务业的地位日趋重要。

　　全球服务外包的领先企业如 IBM、Accenture、凯捷等已经逐渐将其 BPO 服务外包业务、IT 服务外包业务、咨询服务业务等融合起来，形成完整的价值链行业解决方案，将其与金融企业的合作关系从传统的服务提供商逐步转变为战略合作。

　　例如，2007 年摩根大通与 IBM 达成为期 7 年的总价值 50 亿美元的 IT 外包和业务流程交付服务协议，摩根大通在将 IT 外包给 IBM 的同时还将 4 000

名后台业务支持员工一起移交 IBM，从而使 IBM 牢牢占据了对该客户服务外包的优势地位。

　　近年来服务外包市场的大型连续服务外包合同，无不显现这一特征。发包方通过这种大型外包服务合同成功地将事务性非核心业务外包给经营效率更高的接包企业，既获得了成本的大幅降低，还在一定程度上获得了这些大型企业在信息技术应用、运营管理等方面所具备的技术优势，从而增强了自身的竞争力，可谓一箭双雕。发包方所看重的是这些大型服务企业所具有的全方位的、全产业链的 BPO 业务交付能力。

　　又如，图 5 - 4 显示了 TCS 的组织形态和 BPO 服务业务交付形态：

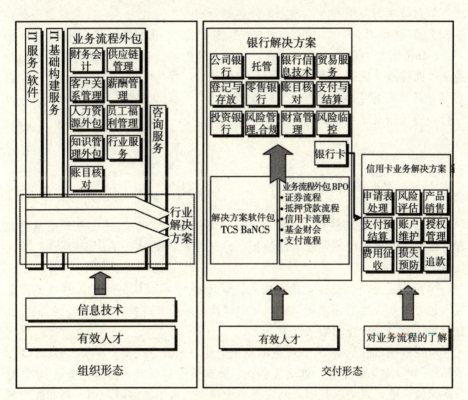

图 5 - 4　TCS 的组织形态和 BPO 服务业务交付形态

　　左侧方框内容是概要的 TCS 组织机构形态，我们可以看到在组织能力的构成上包含技术能力（软件、硬件和集成）、行业服务能力（各种行业解决方案）、专业咨询能力（财务管理、CRM、人力资源等）；右侧方框内容是其呈现给客户端的服务形态，包括公司银行业务、贸易服务业务、支付与结算业务等。在这些综合的行业解决方案的集合背后有效集成了左侧方框内所体现的各类专业能力，这种综合方案的集成一方面显示出 TCS 全面的服务交付能力，另一方面还体现了 TCS 良好的资源调配和专业整合的能力以及其具有的完善的内部服务定价基础。我们从中还可以看出 TCS 的管理模式已经非常接近咨询公司的管理形态。总之，TCS 通过有效集成 ITO、BPO、KPO 服务逐步确立了向大型金融服务机构的业务运营提供全方位端到端解决方案的交付能力，树立了提供全方位金融服务外包的战略定位和品牌形象。

我国 BPO 业务交付模式的发展大都经历了从上世纪 80 年代开始的近 20 年的流程和组织改革，通过改革逐步实现了其全球配置资源、全球化经营的战略目标。伴随着这一变革进程的是大规模信息技术的应用和服务外包业务的开展，信息技术的应用和大规模服务外包的开展催生和壮大了一批全球服务外包的领先企业如 IBM、HP、Accenture、凯捷以及印度的服务外包精英，如 TCS、Infosys、Wipro 等。基于此，我们有理由相信，如果我国的服务外包企业能够抓住改革机遇、不断提升自身交付能力、保持与发包方的良性互动和对发包方需求的引导、改善企业风险管理能力，一定会不断地推动 BPO 服务外包行业的飞速发展，使我国的服务外包水平登上一个新的高度。

5.5　流程的管理①

BPO 服务外包的接包企业需要完成认识流程，调整改进业务开拓策略流程，逐步提升交付价值和能力的流程，这三个流程的核心是认识 BPO 机构的运营流程。

BPO 服务业务提供企业需要深入认识理解 BPO 机构的运营流程，始终掌握发包方的业务需要和变化趋势，从中寻找拓展业务、提升服务价值的机会并且前瞻性地培养自身的服务能力。

审视我国目前从事 BPO 业务的本土企业，大致分两类：一类是从 ITO 逐步拓展 BPO 业务的企业，如文思创新、海辉软件等；另一类是完全从 BPO 服务起家的企业，以华道数据、西安炎兴为代表。由于发展时间短、企业能力参差不齐等诸多原因，这些企业的业务规模和水平与国外同行相比差距很大，嵌入发包方业务运营的程度、创造不可替代服务价值的水平还不高。目前所能提供的业务服务大多局限在影像处理、数据服务和呼叫服务等相对低端的业务流

---

①　黄建锋，崔荣燕. 服务外包兴起与中国的对策分析［J］. 南通大学学报（社会科学版），2009（06）：127～132.

程水平，某些 BPO 业务虽然逐渐走入高端，但这类业务在行业总量中比例过小。

例如，业内领先水平的华道数据拥有引以为业界骄傲的商业银行信用卡客户外部征信服务和保险公司快速理赔服务，其业务能力和价值已经超出了同行的普遍水平。虽然如此，这类业务在其自身的业务总量里也未处于优势地位，尚在大规模培育阶段。因此国内 BPO 企业还未确立业务特色和优势竞争地位，服务层次还在低水平的劳动力密集型阶段。

怎样才能逐步提升 BPO 接包企业的服务交付水平？首先，接包企业必须从认识发包方机构的业务流程和运营管理体系入手，通过了解流程分析未来有哪些业务可能产生外包需求，从而有意识地开展相应的业务推广并培育自身的相应能力，在时机成熟时实现与发包方需求产生实质性的业务对接。

相关知识链接：认识 BPO 业务交付流程需要从分析企业的流程开始，习惯上把一个组织的流程划分为五个级别，如下图所示：

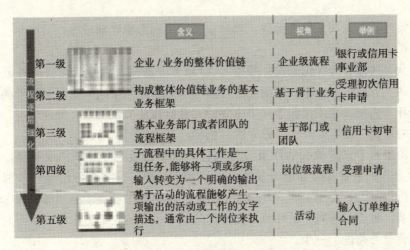

		含义	视角	举例
流程逐层细化	第一级	企业 / 业务的整体价值链	企业级流程	银行或信用卡事业部
	第二级	构成整体价值链业务的基本业务框架	基于骨干业务	受理初次信用卡申请
	第三级	基本业务部门或者团队的流程框架	基于部门或团队	信用卡初审
	第四级	子流程中的具体工作是一组任务，能够将一项或多项输入转变为一个明确的输出	岗位级流程	受理申请
	第五级	基于活动的流程能够产生一项输出的活动或工作的文字描述，通常由一个岗位来执行	活动	输入订单维护合同

图 5-5　组织流程级别图

第一级：企业级的流程，也可理解为企业级的价值链，它概要性地反映了企业实现最终目标过程中各个关键环节的相互关系，例如零售银行企业级流程中通常包含了交付渠道管理、产品 /服务开发、客户关系管理、交易与清算处理、客户服务、人力资源管理、财务管理等几个重要环节；独立运营的事业部也可以拥有独立的一级流程，例如信用卡业务，可以独立构成完整的价值链。

第二级：基于业务的流程框架可以简单理解为对上一级流程某个环节的分解。例如，对于客户关系管理业务，可以再分解为发现目标客户、联系目标客户、受理初次信用卡申请、跟踪客户服务、寻求产品和服务改进等重要环节。

第三级：对第二级流程的环节进行分解，形成基于业务部门或者团队的流程框架，例如对于"受理初次信用卡申请"可以分解为初审、处理申请、信用评估与审核、发卡、开卡、建立客户档案六个环节。

第四级：基于工作或岗位，由一组任务或活动组成，该流程描述了一组活动。如"处理申请"环节，包括处理申请材料、录入系统。

第五级：基于活动的流程，该流程描述了流程中的标准动作或规范。

知识点启发：

每个级别的流程都有自己的流程拥有者或者是流程的负责人。一级的拥有者可以理解为企业或者事业部的一把手，以此类推，五级的拥有者是某个具体工作岗位。

承担、拥有或者负责的流程级别越高对企业的价值越大。因此对于接包企业而言，在发包方运营流程中掌握的环节越多或者所承担的环节在流程体系中的定位越高，则接包方所提供的服务价值越高，所嵌入发包方业务流程的能力越强。

第四、五级属于操作流程，对企业的价值和影响度都较小。

举例分析如下：

从上述流程分级图来看，目前 BPO 服务业务交付企业的主要业务范围还在第四、五级流程水平。以商业银行信用卡业务体系中的"受理信用卡初次申请"环节为例，它主要包含六个主要的三级流程环节：初审、处理申请、信用评估与审核、发卡、开卡、建立客户档案，如图 5-5 所示。

图中每个三级流程的环节，又包含了若干四级流程环节。很明显，当前 BPO 企业的主要业务如录入系统、资信调查、制卡、文档备份等环节都属于四级流程范围；信用卡客户外部征信服务一定程度上延展了在四级流程中的若干环节，覆盖了所属三级环节"信用评估与审核"的大部分工作，从而向价值链配套服务前进了一步。

BPO 服务企业应基于对运营流程的深入了解，采取有针对性的业务拓展策略：

从单点 BPO 业务向相邻流程环节相同业务能力的环节发展，逐步实现价值链的服务交付能力，例如从事数据录入业务接包企业可以尝试单据预审、外部征信等相邻的服务环节。

以现有成熟的单点 BPO 业务开发多点相似业务，扩大操作规模从而实现规模效益。

综合现有的交付业务，增加知识含量，进而向综合解决方案方向发展。

适度提升技术水平，做到实时服务，把 BPO 服务延伸到业务运营的现场，

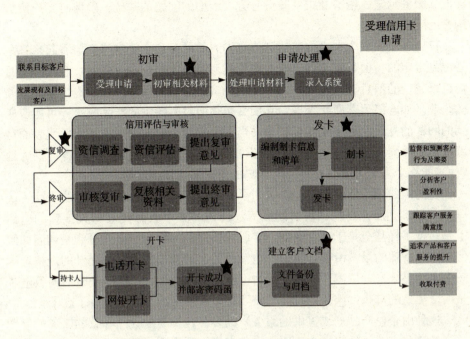

图 5 - 5　银行信用卡申请受理流程

目前商业银行与接包企业开展的对公业务票审的业务合作就是实现实时服务外包的例子，这种合作使接包企业参与了银行的运营。

古人云"知己知彼，百战不殆"，我国的 BPO 服务企业只有深入了解发包方机构的服务业务交付流程才能从中不断发现 BPO 业务的商机，从而始终掌握行业发展的先机。

5.6　与客户确保信息畅顺

本节以呼叫中心为例谈谈 BPO 企业如何确保与客户的信息沟通保持畅通。BPO 企业中，呼叫中心的客服代表是企业客户服务系统中直面客户的关键人物，是企业面向客户的窗口，是与客户信息交流的第一人，他们的服务态度、服务水平第一时间决定着客户对企业服务的认可。要完成一次优质的服务，客服代表的服务态度固然要好，但服务水平与信息沟通的顺畅才是更关键的因素。道理非常简单，客户致电的目的是要寻求专业帮助，服务人员的态度再好，如果不能顺畅交流、不能解决实际问题，一定不能赢得客户满意。所以客服代表作为专业客户服务人员一定要在熟悉企业的产品知识、价格策略、资费标准、服务承诺、销售及维修政策等方方面面的问题的基础上确保与客户信息沟通的顺畅。

仅凭客服代表个人之力能达到信息沟通的顺畅这个要求吗？乍看起来答案好像是肯定的。但其实不然。因为对于类似呼叫中心的企业来说，它们必须面对越来越快的信息更新换代；而对于生产多种功能的通用产品或提供多种服务的企业（如电信运营商）来说，它们又必须面对所提供的产品或服务可能遭遇到的问题的复杂性和多变性。试想，当一个大型企业的呼叫中心客服代表面对着数十个序列中成千甚至上万种服务的林林总总的信息时，不可能指望着她（他）能靠个人能力就能对每一个客户的请求做出快速准确的响应。

以美国的 3M 公司为例。由于 3M 公司生产、销售超过 1 万种的产品，从 Post-it 贴纸到反光材料、塑料制品等，公司的客户服务代表每天接到的电话也是多种多样甚至是千奇百怪的。客服代表接到的第一个电话可能是询问如何使用一种特殊的录音磁带，第二个电话是关于最新出品的某种光纤的规格，第三个电话是来自一位需要 3M 公司的年度报告的投资人，第四个电话的致电者是一个焦急的母亲，因为她的儿子刚刚把 3M 新出的玩具笔吞进了肚子……

这种由企业产品（或提供的服务）的多样性及易变性而导致的服务的复杂性会给这些企业的呼叫中心客服代表带来很大的压力，处理不好通常会引发服务水平下降、服务效率降低、乃至客服代表离职等一系列后果，最终又会造成企业客户满意度下降、客户流失、运营成本增加、企业效益减低等恶果。

如何确保信息的准确沟通与交流？如何在这种情况下减轻客服代表的压力？如何提高客服代表对客户问题的一次解决率以提高客户满意度？如何针对一些常见的问题引导客户进行自助服务以降低服务成本？如何在短时间内对员工进行更有效的培训、在减少培训成本的同时降低因人员脱产培训而造成的业务压力？如何有效地管理客服人员在工作过程中积累的技能和经验、使这些宝贵的资源不因人员的流动而流失？答案很简单，那就是依赖"呼叫中心的信息管理"。

按照"信息管理"研究的先行者达文波特的观点，其关键在于创造一种环境，让每位员工能获取、共享、使用组织内部和外部的信息以形成个人知识，并支持、鼓励个人将知识应用整合到组织的产品和服务中去，从而最终提高企业创新能力和市场反应速度。

具体到呼叫中心而言，按照《全国呼叫中心运营绩效标准》的要求，是指"呼叫中心应该建立并不断更新、完善知识库系统。呼叫中心的知识库应该包含常见问题及解决方案、产品知识、价格策略、资费标准、市场信息、销售及维修政策、服务承诺、最新通知等内容。呼叫中心的知识库系统的建立应该考虑使用及查询的方便性，并应该建立相应的更新和维护机制，尤其是与企业其他相关部门的知识与信息沟通共享。同时，呼叫中心应与企业其他数据信息系统保持通畅的连接。呼叫中心应指派专门的人员或岗位对知识库进行及时维护，以确保数据信息的有效性、完整性、安全性"。统计资料表明，很多公司包括已经拥有优秀客户服务中心的公司在采用了信息管理系统后，客户服务成本平均降低了25％。通过在呼叫中心集成信息管理，企业可以让客户服务代表、客户、其他部门员工以及合作伙伴等都能够轻松高效地获得准确一致的信息，既改进了服务效率、提升了客户满意度，又降低了企业的运营成本，可谓一举而数得。

完成了呼叫中心的信息库建设并有专人来维护和管理，是否就可以说呼叫中心的信息管理已经万事大吉了呢？当然不是这样，因为呼叫中心信息库的完善与更新不是仅依靠个别人或一个团队来完成，而是一个呼叫中心全体员工乃至企业全体员工直到最终客户共同参与的过程。如果把信息比作"点石成金"中的金子，那么呼叫中心中创造与共享的机制就如同能够"点石成金"的手指，有了这根手指，才能使信息库中的信息不至于成为"无源之水，无本之木"，才能让信息发挥最大的作用。

以联想的呼叫中心为例，每一次客户服务过程的有效性取决于接电话的客户服务代表，而客服代表为客户解决问题的有效性又取决于呼叫中心的信息库，信息库的完善程度直接决定了客服代表工作的有效性。这就是一个信息的共享与应用过程；另外，电话上不能解决的情况就要客服工程师到现场解决，如果之后他将这个案例的解决过程记录下来、提炼并进一步将这些信息优化、整合、最终加入信息库、使相应的信息知识因此得到丰富，这就是一个信息的创造过程，下一次其他客户服务代表应用此信息为客户服务解决问题的过程就是一个信息的分享过程。

简单而言，呼叫中心信息管理的益处可以归纳如下：加快作业与培训速度，降低成本；协助快速寻找相关资料与经验，缩短作业时间；避免不必要的重复工作，提高作业效率；分享优良榜样与范例，促进学习，激发创新能力；保障服务品质，增进顾客服务，维系客户忠诚；记录客户资讯，掌握顾客需求，提升客户价值；建立企业优良形象与商誉，形成竞争优势。

5.7　KPI

引例：

有一个故事，讲的是一个小和尚在庙里担任撞钟一职，由于他撞的钟声比较洪亮，引来很多老百姓上山拜佛。半年过后，小和尚觉得这份工作无聊之极，每天的事情就是"做一天和尚撞一天钟"而已，慢慢地他不再有热情，钟声也没有先前那样吸引人了，许多老百姓就转而去了其他寺庙拜佛了。有一天，老主持不得不宣布他不能胜任撞钟一职，让他改到后院劈柴挑水。小和尚很是不解："我每天都是按时撞钟的，为什么还要把我调走呢？"老主持告诉他："你撞的钟虽然很准时，也很响亮，但没有达到我们要求的标准，钟声是要唤醒沉迷的众生，撞出的钟声不仅洪亮，而且要圆润、浑厚、深沉、悠远。"其实，老主持也很迷惑，寺庙的钟还是原来的钟，小和尚还是原来的和尚，为什么先前的钟声那么洪亮，后来却慢慢地变得空泛、疲软、没有感召力了呢？

诊断：小和尚因为长时间做同样的事情才产生了"当一天和尚撞一天钟"的思想，而老主持却犯了一个常识性的管理错误，他没有提前公布撞钟的标准、要求，也没能把对小和尚的工作标准及时地更新并告诉小和尚，这样才导致了小和尚的怠工。也许有人要为小和尚鸣不平：他的消极怠工行为是由于老主持对他工作标准要求的忽略而间接造成的；试想，如果在小和尚进入寺院的当天，老主持就让其明白撞钟的重要性，小和尚的怠工行为还会发生吗？

结论：KPI 指标体系的制定。

其实，老主持的困惑也是许多企业老总的困惑。由于对企业员工疏于管理，没有充分利用关键绩效指标（也就是我们通常所说的 KPI）来指导员工工作，一定程度上导致了员工业绩的下滑以及最后不能够胜任工作。众所周知，企业绩效管理最重要的是让员工明白企业对他的要求是什么、他将如何开展工作和改进工作以及他的工作报酬会是怎样的。KPI 刚好可以实现前面的两个关键因素。部分企业老总曾在人力资源部工作总结会上感慨，绩效管理在运行中出现问题一是由于考核工具本身不严谨、二是由于管理者不理解如何利用这一工具。由此我们可以看出，企业工作之所以做不好，首要的原因并非出在员工身上，而是因为企业方案不够好，没能制订出足够具体的标准，考核量化指标的提炼和整体评估力度不够，才造成了考核流于形式。因此，设计好严谨而实用的 KPI 体系对企业绩效管理是十分必要的。

企业关键业绩指标（KPI：Key Performance Indicator）是通过对组织内部流程的输入端、输出端的关键参数进行设置、取样、计算、分析、衡量流程绩效的一种目标式量化管理指标，是把企业的战略目标分解为可操作的工作目标的工具，是企业绩效管理的基础。KPI 可以使部门主管明确各部门的主要责任，并以此为基础明确各部门人员的业绩衡量指标。

建立切实可行的 KPI 体系是做好绩效管理的关键，它把对绩效的评估简化为对几个关键指标的考核，将关键指标当作评估标准，把员工的绩效与关键指标做出比较，在一定程度上可以说是目标管理法与帕累托定律的有效结合。关键指标必须符合 SMART 原则，即具体性（Specific）、衡量性（Measurable）、可达性（Attainable）、现实性（Realistic）、时限性（Time-based）。

· S 代表具体（Specific），指绩效考核要切中特定的工作指标，不能笼统；

· M 代表可度量（Measurable），指绩效指标是数量化或者行为化的，验证这些绩效指标的数据或者信息是可以获得的；

· A 代表可实现（Attainable），绩效指标在付出努力的情况下可以实现，避免设立过高或过低的目标；

· R 代表相关性（Relevant），是指年度经营目标的设定必须与预算责任单位的职责紧密相关，它是预算管理部门、预算执行部门和公司管理层经过反复分析、研究、协商的结果，必须经过他们的共同认可和承诺。

· T 代表有时限（Time-bound），注重完成绩效指标的特定期限。

关键业绩指标是绩效的一种目标式量化管理指标。它结合了目标管理和量化考核的思想，是绩效管理的重要工具。由此，利用 KPI 为老主持解除困惑是十分可行的，我们必须为"和尚们"建立 KPI 体系。

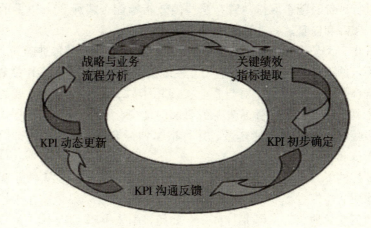

图 5-6　KPI 的制订流程

设计 KPI 体系应以企业的战略目标为基础，同时要结合企业流程上各个岗位的责任分析。KPI 的制订流程可以分为 5 个步骤：战略目标与业务流程分析、关键绩效指标提取、KPI 体系初步确定、KPI 反馈以及 KPI 的动态更新。如图 5-6 所示，这是一个动态循环的系统工程。

第一步：企业战略目标与业务流程。以企业销售战略为中心就企业现有业务流程进行全面调查研究，这是进行 KPI 制订的基础和启动步骤，其目的是用以鉴别和确定哪些绩效属性是重要的、可度量的、可验证的，并把它们作为 KPI，形成绩效沟通和评价的定量化或行为化的标准体系。

第二步：关键绩效指标的提取。按照 KPI 理论，员工的工作绩效被认为是符合"二八原则"即员工的工作绩效是由占总体数量 20％的关键因素决定的。在进行绩效考核时不可能对所有影响因素、所有维度、所有时间逐个进行考核，只要抓住这 20％的关键胜任能力因素就可以。

第三步：KPI 指标体系初步确定。在确定关键绩效指标时，要分析本企业成功的销售经验和市场上其他成功的销售经验，提取出成功因素，结合销售目标，分类列出数量、质量、成本、时限、行为等方面绩效指标，确定各类指标在具体执行时要达到的标准，最后将这些指标和标准形成体系。目标体系实际上是行动的方向和目的地，要达到目的地需要标杆指引。关键绩效指标就是在目标执行过程中少而精的指引标杆。可以这样说，完成和达到关键绩效指标就基本能完成公司的总体目标。

第四步：KPI 沟通反馈。依据初步制订的销售人员 KPI 指标，同时要考核的岗位对应人员进行沟通，参考他们的意见和上级管理者的意见。具体可以从以下几方面进行：关键绩效指标是否可以证明和观察？多个评价者对同一绩效指标进行评价时能否取得一致？这些绩效指标能否解释 80％以上的工作绩效目标？跟踪和监督这些关键绩效指标是否可行？

第五步：KPI 指标体系的动态更新。关键绩效指标及其标准确立之后，要审核所确定的指标是否全面、客观、方便地反映被评价对象的工作绩效以及它们是否符合 SMART 原则。对与企业实践相矛盾和不适应工作发展的进行修改和动态更新，如果工作目标改变也要及时地变化相应的 KPI 指标体系。通过以上步骤制订出 KPI 指标体系，并将指标和标准落实到企业各部门的每一位管理人员和销售人员。

有了好的 KPI 体系是否就代表企业的绩效管理可以高枕无忧了呢？实际上，就像所有考核过程一样，基于 KPI 的绩效管理效果更多的在于执行是否有效。如何有效地执行 KPI 指标体系？如何将引入 KPI 到以 KPI 为核心的绩效管理体系应用于企业的实践过程？通用（中国）公司的绩效考核工作就是一个很好的例子：该公司的绩效管理过程包括目标与计划的制订、良好的沟通、开放的氛围、过程考核与年终考核结合、信息的及时反馈、考核与员工的利益紧密联系、强调公司的价值观、领导的支持、管理层与一般员工的参与、有一个良好的制度保证等。

一套有效的 KPI 实施流程必须包括三个方面：即战略规划流程、经营计划流程、人力资源管理流程。在战略规划流程中，企业要确定与战略规划相关的关键业绩指标，深入了解基于业务基础上的战略看法；经营计划流程，主要是签订各层管理人员业绩合同，通过经营计划或预算程序确定年度业绩指标，通过业绩审核会，定期监控各有关部门的业绩达成情况；在人力资源管理流程中要进行严格客观的、跨越组织等级的、透明的、公开的考核，并与公平的激励制度相挂钩。

KPI 指标体系的建立流程：

KPI 指标的提取可以用"十字对焦、职责修正"一句话概括。但在具体的操作过程中，要做到在各层面都从纵向战略目标分解、横向结合业务流程"十"字提取也不是一件非常容易的事情。以下主要运用表格的方式说明 KPI 指标的提取流程，如图 5-7 所示。

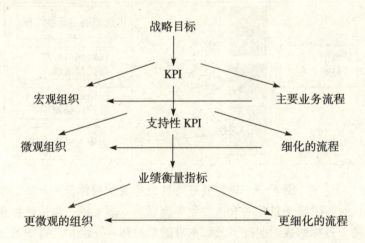

图 5-7　KPI 指标提取总示意图

企业的总体战略目标在通常情况下均可以分解为几项主要的支持性子目标，而这些支持性的更为具体的子目标本身需要企业的某些主要业务流程的支持才能在一定程度上达成。因此，在本环节上需要完成以下工作：

（1）企业高层确立公司的总体战略目标（可用鱼骨图方式）；

（2）由企业（中）高层将战略目标分解为主要的支持性子目标（可用鱼骨图方式）；

（3）将企业的主要业务流程与支持性子目标之间建立关联。

企业战略目标鱼骨图分解方式示例，如图5-8所示：

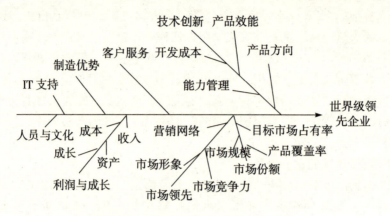

图5-8　战略目标与流程分解示例

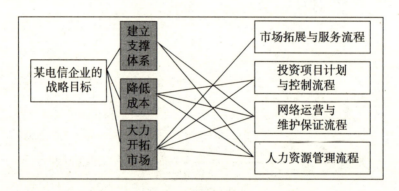

图5-9　确定各支持性业务流程目标

在确认对各战略子目标的支持性业务流程后，需要进一步确认各业务流程在支持战略子目标达成的前提下流程本身的总目标，并运用九宫图的方式进一步确认流程总目标在不同维度上的详细分解内容。

确认流程目标，如表5-7所示：

本环节通过九宫图的方式建立流程与工作职能之间的关联，从而在更微观的部门层面建立流程、职能与指标之间的关联，为企业总体战略目标和部门绩效指标建立联系。

表 5-7　确认各业务流程与各职能部门的联系

流程总目标: 低成本快速满足客户对产品质量和服务要求		组织目标要求（客户满意度高）			
		产品性能指标合格品	服务质量满意率	工艺质量合格率	准时齐套发货率
		产品设计质量	工程服务质量	生产成本	产品交付质量
客户要求	质量	产品设计好	安装能力强	质量管理	发货准确
	价格低	引进成熟技术			
	服务好		提供安装服务		
	交货周期短			生成周期短	发货及时

确认业务流程与职能部门联系如表 5-8 所示:

表 5-8　部门级 KPI 指标的提取

流程:新产品开发	各职能所承担的流程中的角色				
	市场部	销售部	财务部	研究部	开发部
新产品概念选择	市场论证	销售数据收集	—	可行性研究	技术力量评估
	—				—
产品概念测试	—	市场测试			技术测试
	—				—
产品建议开发			费用预算	组织预研	

在本环节中要将从通过上述环节建立起来的流程重点、部门职责之间的联系中提取部门级的 KPI 指标。

部门级 KPI 指标提取，如表 5-9 所示:

表 5-9　目标、流程、职能、职位目标的统一

		关键绩效指标（KPI）维度			指标
		测量主体	测量对象	测量结果	
绩效变量维度	时间	效率管理部	新产品（开发）	上市时间	新产品上市时间
	成本	投资部门	生产过程	成本降低	生产成本率
	质量	顾客管理部	产品与服务	满足程度	客户满意率
	数量	能力管理部	销售过程	收入总额	销售收入

　　根据部门 KPI、业务流程以及确定的各职位职责，建立企业目标、流程、职能与职位的统一。

表 5-10　KPI 进一步分解到职位示例

流程：新产品开发流程		市场部部门职责		部门内职位职责			
				职位一		职位二	
流程步骤	指标	产出	指标	产出	指标	产出	指标
发现客户问题，确认客户需求	发现商业机会	市场分析与客户调研，制定市场策略	市场占有率	市场与客户研究成果	市场占有率增长率	制定出市场策略，指导市场运行	市场占有率增长率
			销售预测准确率		销售预测准确率		销售预测准确率
			市场开拓投入率减低率		客户接受成功率提高率		销售毛利增长率
			公司市场领先周期		领先对手提前期		销售收入月度增长幅度

　　构建 KPI 体系几大关键点：

　　第一，公司的组织架构是否稳定合理及功能是否明确。

　　这个是基本前提，一个公司组织的确定顺序一般为先确定经营战略，依此确立为达到该战略须建立哪些功能区块，在依此确定的区块确立细部部门，根据部门确立职位，这样一级一级往下确定。若一个组织不稳定，对细分公司短、长期战略目标也好、对 KPI 项目选取也好都有不小的负面冲击。这是组织稳定性的问题，另外得注意组织架构合理性的问题，检视哪些功能区块已经不符合公司经营战略是可以裁掉的、哪些是可以合并、哪些是可以重组的、哪些是可以减少的，需检视到职位及职位上的个人。

　　第二，公司是否有明确的战略目标。

　　比如近一年内目标是什么、近两年目标是什么、三至五年内目标又是什么，这些要非常清晰合理。如果公司确立不了三至五年中期目标，在建立 KPI 绩效管理体系时至少应该明确近两年的短期目标。若确定了公司级的战略目标，依现行的组织架构一级一级确定下级单位的分目标（延伸出的问题是：如何确保公司级的战略目标被下级单位有效地承接，承接不好，就会出现下级目标达成为 100%、而公司级的目标达成却只有 70% 的怪事）。

　　第三，是否有 KPI 项目数据支持与处理系统。

　　财务数据如营业目标达成率、净利达成率、净利率达成率、库存目标达成率、废品损失金额、新客户贡献度、生产力用人费用率等项目是否有明确的来源，非财务数据如 IQC 一次合格率、QC 一次合格、率 QA 一次合格率等品质相关项目数据来源、还有订单交期达成率、生产效率等项目数据来源。另外，就人力资源部的项目数据来源举一例说：人力资源的功能职责及每年的计划项目经过一定程序分析筛选得出部门级 KPI 项目有用人费用率、招聘达成率、策略性人员留任率、人员离职率、薪资发放及时率、平均培训人时年度训练计划达成率等项目（各项目的定义及计算公式略），这些项目有些是财务数据，需财务定期提供、有些是本部门需提供的，关键点在于各部门是否有定期做数据统计报表。若没有就成问题，KPI 项目架构得再合理，由于没有数据支持系统得不到数据就分析不了各项目的达成情况。此问题在我目前所供职的公司不成问题，公司有财务面、生产面、营运面的 ERP 系统，数据采集大部分情况下比较容易。

　　第四，合理架构各级部门的 KPI 项目（定义、公式、数据来源、提报单位）体系。

　　一个企业的 KPI 项目体系分为几个层级：公司级、下面部门级、再下面职位级，三级之间应是相互关联的，下级单位的 KPI 项目应有效承接上级单位的 KPI 项目。确定顺序为首先确定公司级的整体目标，然后确定厂级或部门级的。公司级的战略目标项目应纳入公司级的 KPI 项目中进行管理并做好项目目标分解，分解到哪个部门该部门就应纳入其 KPI 项目中并确认目标值。除公司的战略项目就纳入 KPI 管理中外，各部门的关键成功因素项目（我目前所在公司叫做日常管理要项）也应纳入 KPI 项目中进行管理。

　　第五，合理确定 KPI 项目的目标值。

　　KPI 项目的目标值过低缺乏挑战性，过高则达不到，对部门或人员缺乏激励性，望而未及不好。上面的公司级的战略项目目标如 A 企业 10 年的营业目标为 40 亿元人民币，则公司级 KPI 项目的营业额目标值就可定为 40 亿元人民币，但该项目须向下有效分解，比如 A 厂承担 20 亿元人民币、B 厂承担 10 亿元人民币、C 厂承担 10 亿元人民币，这样三个厂级 KPI 项目中就必须把营业额项目纳入进来，目标值则分别为 20 亿元人民币；有些项目可能不是公司的战略项目没有目标，但可能是年度预算项目，比如库存金额这个一般都有做预算，就可依年度预算额业定目标值；再如年度用人费用等。

　　KPI 设计的总体思想与基本原则：

　　1. 成本业绩评价时期（19 世纪初～20 世纪初）

　　·简单成本业绩评价阶段；

· 较复杂成本业绩评价阶段；

· 标准成本业绩评价阶段。

2. 财务业绩评价时期（约 20 世纪初～20 世纪 90 年代）

· 以销售利润率为中心的财务业绩评价阶段；

· 以投资报酬率为中心的财务业绩评价阶段；

· 以财务指标为主的业绩评价阶段。

3. 企业业绩评价指标体系创新时期（20 世纪 90 年代）

· 核心竞争优势的形成与保持是由多方面因素决定的；

· 那些影响企业战略经营成功的重要因素在业绩评价；

· 指标体系中得到了充分的体现，非财务指标日益显得重要；

· 综合平衡体系。

选取关键绩效指标的出发点不在于指标本身，而在于指标背后所代表的管理指向。当前中国企业的普遍特点是管理基础尚不成熟，发展战略尚不清晰。在此阶段，应当从企业现实的管理需要出发，区分不同的管理指向，选取相应的指标。适用于中国企业的常见指标通常有如下三类：

1. 发展性指标：基于企业战略发展的关键绩效指标

根据企业的战略规划，分析支撑企业战略的关键成功因素或结果领域，据此设计发展性的关键绩效指标。发展性指标的作用在于以更为清晰和量化的标准阐述企业的战略意图，指明企业经营的方向与重点。发展性指标与企业战略密切相关，而企业战略是一个动态发展和不断诠释的过程，因此发展性指标的评价标准在于指标是否紧跟企业战略的变化、是否对有效支撑企业战略的实现。严谨的战略分析、及时的合理调整是确保发展性指标效度的关键。

2. 改善性指标：基于企业经营改善的关键绩效指标

中国的很多企业在运营管理中存在一些"短板"，有很大的改善空间。这些短板虽与企业战略无直接关系，但如不及时抬升，会制约企业战略的实现。比如，某企业奉行"产品领先战略"，产品推向市场的速度很快，但由于技术支持和服务跟不上，导致客户抱怨和流失。因此企业必须针对自身短板，阶段性地重点加以改善。具体选取改善性指标时可以从指标的波动性程度切入，通过与外部标杆企业数据进行对照分析，发现那些波动性大、差距也大的指标。

3. 监控性指标：基于企业经营保障的关键绩效指标

还有一类指标如安全指数、质量指数等，其最大的特点是只能保持、不能恶化。若加以"改善"，对企业运营起不到重要的推动作用；若发生"恶化"，则必定严重损害企业的运营。从本质上说，这类指标对现实工作牵引性不强，更像是一种"高压线"，通常采用扣分的方式，即维持现状属合格，出现"恶化"事件则扣分。

KPI的优缺点分析:

优点:

1. 目标明确,有利于公司战略目标的实现

KPI是企业战略目标的层层分解,通过KPI指标的整合和控制使员工绩效行为与企业目标要求的行为相吻合,不至于出现偏差,有利地保证了公司战略目标的实现。

2. 提出了客户价值理念

KPI提倡的是为企业内外部客户价值实现的思想,对于企业形成以市场为导向的经营思想是有一定提升的。

3. 有利于组织利益与个人利益达成一致

策略性指标分解使公司战略目标成了个人绩效目标,员工个人在实现个人绩效目标的同时也是在实现公司总体的战略目标,达到两者和谐、公司与员工共赢的结局。

缺点:

1. KPI指标比较难界定

KPI更多是倾向于定量化的指标,这些定量化的指标是否真正对企业绩效产生关键性的影响如果没有运用专业化的工具和手段是很难界定的。

2. KPI会使考核者误入机械的考核方式

过分地依赖考核指标而没有考虑人为因素和弹性因素,会产生一些考核上的争端和异议。

3. KPI并不是针对所有岗位都适用

KPI是对组织运作过程中关键成功要素的提炼和归纳,一般有如下特征:

(1) 具有系统性。KPI是一个系统。公司、部门、班组有各自独立的KPI,但是必须由公司远景、战略、整体效益展开,而且是层层分解、层层关联、层层支持。

(2) 可控与可管理性。绩效考核指标的设计是基于公司的发展战略与流程,而非岗位性的功能。

(3) 价值牵引和导向性。下道工序是上道工序的客户,上道工序是为下道工序服务的,内部客户的绩效链最终体现在为外部客户的价值服务上。

KPI指标如何选择:

1. 上山型岗位

上山型岗位一般考核指标较少且存在主流业绩指标,比如业务员的销售指标、生产工人的生产件数指标,这些主流业绩指标允许占权重达到40%以上。

上山型岗位 KPI 指标选取顺序为：（1）业绩生产类指标；（2）能力指标；（3）职能类指标。

2. 平路型岗位

平路型岗位工作内容较多，权重较为平均，所以考核指标也较多，单个指标权重较少超过 30％以上。

平路型岗位 KPI 指标选取顺序为：（1）职责、职能类指标；（2）胜任力指标；（3）工作业绩指标。

3. 下山型岗位

下山型岗位指标往往存在大指标和小指标，大指标内有包含若干个小指标，分类较细。如会计报税指标又可细化为报税及时性、报税完整性、报税差错率等要求。研发类下山型岗位指标还具备一个特色，即存在流程性指标，工作存在先后顺序，每月工作重点不同，指标及目标值变动较大。

下山型岗位 KPI 指标选取顺序为：（1）胜任力指标；（2）业绩产出指标；（3）职能职责类指标。此类顺序更多为针对研发型下山型岗位。

KPI 实施过程中的再改善：

1. 对不同的人员进行各有侧重的绩效管理观念的灌输

人们通常把 KPI 当成了一项任务去完成，而不是把它当成一种提升个人工作绩效和企业管理水平的方法，没有变成一种自觉自愿的行为。为了保证企业顺利推进绩效考核工作，企业的上上下下必须转变观念、明晰角色、各就各位。对企业高层而言，一个企业的绩效管理体系能否获得成功，关键就看高层是否有决心、有魄力去大力推进。对企业中层而言，需要努力转换他们的观念，让他们理解"磨刀不误砍柴工"的道理，有效的绩效管理可以有针对性的提升下属的能力，能够立竿见影地提升部门的业绩，从而"利己利人"。对基层员工而言，通过绩效考核和面谈沟通，自己可以及时了解自己的工作在哪些方面做得不够好、还可以如何改进等等，从而让个人的能力随着绩效考核的推行而不断得到提高，员工和企业都将从此受益。

2. 绩效的沟通、反馈与改进

只做考核而不将结果反馈给员工，考核便失去它应有的功能和作用。反馈的主要方式就是绩效沟通，因为只有通过绩效沟通才可能让被考核者了解自身绩效，找到工作的不足之处及改进的方法，端正工作态度，同时通过各种可利用的措施使其工作能力与绩效大幅提高，使其工作目标与本部门相一致，并加强团队与合作精神。缺乏有效的双向沟通的绩效管理很难真正的达到目的。

3. 绩效考核结果的运用

KPI 绩效考核首先要与分配制度相分离，建立以任职资格为基础、变单项奖罚为基于 KPI 的全面绩效评价体系，再通过薪酬制度、岗位轮换制度、培训教育制度、资格晋升制度等体现对员工的激励。变负向激励为正向引导，不断提升员工的工作能力和工作绩效水平，共同实现企业的战略目标。

5.8 接包方关系管理

成功管理 BPO 关系对于发包方和接包方来说同样都是一个挑战，尽管我们已经系统、详尽地介绍了外包过程中存在的同类一些潜在利益，但是外包协议自身的复杂性仍然使交易双方面临各种各样的关系管理方面的挑战。虽然说 BPO 关系管理在一个成功的外包项目中起着关键性的作用，但是却往往容易被人们所忽略。传统的供应商与客户之间的关系管理策略是不足以用来处理 BPO 关系中存在的同类问题的。尽管外包活动确实是一项企业依照自身需求以及实施流程来完成的活动，但是外包合作伙伴之间关系的不断变化以及细微差别远远超出典型的供应商与客户的关系。因此，认识 BPO 关系管理的规范方法对于 BPO 发包方来说是非常有必要的。

当企业开始向外部表达自己的外包意图时，BPO 关系便产生了。成功的外包关系管理取决于如何定义需求、如何描述目标、如何选择接包商以及如何拟定合同；另外，选择 BPO 关系管理的人员也非常重要，这些人员需要具备以下技能：

谈判技能。谈判技能在 BPO 关系管理中常常发挥着重要的作用。因此，项目管理团队成员应当具备专业谈判技能，并且具备能使对方容易接受的态度来表达自己观点的能力。

沟通技能。外包项目管理团队（PMT）负责企业业务需求与接包方服务间的联系。有效沟通可以避免简单问题复杂化。

业务技能。以 BPO 发包方的业务目标为基准，不断了解企业变化的需求，并调整接包方所提供的服务是非常重要的。

【案例研究】FMC 公司的外包关系经理职位

7 月 3 日，星期五，距离周末只有几个小时了，Jill Fosmire 卷入了自从她 9 个月前接受这份工作以来的第一场重大的危机。

FMC 公司是一家位于费城的具有 20 亿美元资产的化工企业，它将其全球范围内的网络与通信业务外包给了得克萨斯州普莱诺市的电子资讯系统公司（EDS），而 EDS 公司的通信网络依赖于世界通信公司（此公司已破产）。所以它面临的最大问题是，世界通信公司的通信系统是否会失败？如果失败了该怎么办？Fosmire 向 EDS 公司寻求一份应对紧急情况的计划书，并且她的团队也草拟了一份方案。

在这一新设的 IT 外包与合同经理职位上，Fosmire 的工作就是在与外包商进行每日工作交流的同时处理好紧急关头的外包事务。Fosmire 不仅是一位有 20 年 IT 业务经验的工作者，她还是一个婚姻顾问、质量控制专家、营销人员，这正是 FMC 公司所需要的能从业务结果出发、同时处理 4 种 IT 外包关系的人才。

随着外包协议变得日趋复杂，商业环境变得越来越难以预测，外包关系经理的地位也在不断提升。由此相关人才的需求也在不断加大，这些人才不仅需要具有一定 IT 经验、相关业务知识、销售能力以及解决问题的技能，而且还要能够与决策者建立紧密联系并能站在本公司的角度与合作方进行协商谈判。

进行监控，以确保项目的正常实施。在发包企业与接包企业之间，高层管理者在外包动机及外包效果分析的沟通中扮演着十分重要的角色。

由此我们可以看出，只有彼此尊重、恪守各自的职责、用一种完善的、沟通流畅并且相互信任的项目管理计划来指导工作才能使双方的合作关系变得友好。对于 BPO 发包方和接包方中的任意一方来说，花费一定的时间和资金去制订这样一个规范的计划都非常有必要，这种计划能够持续地监督管理 BPO 关系的各个方面，并且当这种关系发生变化时能够及时采取有效的调整措施。正如本章开头引用的爱因斯坦的名言中所说的，BPO 项目不可能仅从其法定架构中获得很大的潜在利益。要想获得这些潜在利益，合作双方必须在一个沟通流畅、信息共享并相互理解的稳定架构的基础上建立彼此的信任关系。

在规范的项目管理计划的基础上论述有效的 BPO 关系。我们所讨论的关系管理原则适用于所有工业企业部门的大多数 BPO 项目。由于工业企业性质的不同或是 BPO 类型的不同（例如：在岸外包和离岸外包），关系管理的复杂性也随之不同，我们试图突出这些问题，并且提出一些应对新挑战的方法。但是每一种 BPO 关系都具有独特性，没有一种普遍的方法能用来应对所有的关系管理，因此 BPO 接包方或发包方应当把我们已明确表述过的原则作为其有效行动的指导，而不是将其视为任何环境下的解决方法。

同时也论证成功 BPO 关系的一般性原则以及企业在进行 BPO 关系管理时通常易犯的一些错误。本章所讨论的这些原则与问题是紧紧围绕 BPO 生命周期的执行阶段展开的。在签订合同、开始执行 BPO 项目后，合作双方便开始向对方提供自己更多的内部信息。但是当双方遇到一些难以预期的困难或是对环境比较敏感时便会产生紧张的气氛。下面我们来讨论一下建立成功 BPO 关系的 6 个要素以及组织建立 BPO 关系时的 7 种错误。首先，我们来看一下各种 BPO 关系的基本特征。

BPO 关系的基本特征

无论是工业企业还是 BPO 企业，BPO 关系都包含以下 4 个基本特征：

（1）关系的深度；

（2）关系的广度；

（3）所使用资产的选择；

（4）适应还是探索新的企业文化的选择。

BPO 关系发展的深度取决于外包业务流程的重要性程度。外包出去的流程越接近于 BPO 发包方的核心业务，企业双方的 BPO 关系就会越深入。在合作双方了解了外包功能的重要性以及这些功能将如何变化与发展时，便产生了如下一些关系：

交易的关系：主要表现为成本驱动或者服务水平协议（SLA）驱动；

合作的关系：合作各方必要的频繁沟通交流；

组织的延伸关系：合作各方为了共赢建立一系列的依赖与承诺关系。

一般来说，BPO 关系越深入，接包方与发包方的结合力与增效作用就越强。从运营的角度来看，紧密的结合力可以表现为合作双方信息交流的频率和范围以及资源共享的程度。由于外包的业务流程常常近乎发包商的核心竞争力并且要求其实施过程不能出错，所以合作双方必须紧密联系，建立一种深层的合作关系。双方必须保证信息的双向自由流动，按照一定的规范正确执行外包流程，并且保证任何变动不超出可容忍的执行范围。

建立深层次的 BPO 关系需要合作双方共同制订一个项目管理计划，此计划能以一种透明的方法详尽地阐述组织间定期交流以及信息共享活动。它不仅包含常规合同中规定的条款，而且包含紧急会议及沟通渠道等内容。那种认为 BPO 关系不需要合作双方进行频繁沟通的观点是十分肤浅的，项目管理团队将决定如何处理合作双方的信息共享问题并且决定双方应当建立怎样的合作关系。

BPO 关系的广度取决于发方是与多家 BPO 接包商建立合作关系，还是仅与一家或有限几家接包商建立合作关系来完成各种外包业务。与多家接包商合作来实现更多的业务功能需要扩大项目管理团队的规模或者增加项目管理团队成员的数量。当然，同时与多家接包商合作也各有利弊。

提供单一服务的接包商通常专注于专业化水平的发展，他们往往能提供世界级水平的服务。但是与仅能提供单一服务的接包商合作的不利之处在于：对于任何一种新的外包活动，我们都需要与新的接包商的建立关系。而建立并维护与多个接包商的关系对我们来说不仅面临更多的挑战，而且将增加总的外包成本。

因为多服务提供商对其发包方比较熟悉，所以能够寻找到更多与发包方合作的机会。BPO 接发包方之间流程、信息、知识等共享的程度越高，企业深入洞察全局业务流程及发展其战略的潜力就越大。这种合作方式能够促使组织产生新的运营方法和战略。而仅与一家或有限几家接包商合作的不利之处在于：这种合作方式本身就可能给企业带来更大的业务风险。因为随着对合作伙伴熟悉程度的提高，这种风险会随之降低，所以在将自己的一些流程外包给其他企业之前，首先熟悉对方的情况是十分必要的。如果发包方自身都不对接包商的业务水平有信心，还将自己的业务流程持续不断地外包给同一个接包商，这样的做法是十分愚蠢的。

如果企业实施与多个接包商合作的战略，那么项目管理计划将需要多个内部管理者及项目管理团队参与。在这种情况下，指导团队需要将其他内部团队整合为一个团体，从而为各种信息能够交叉共享提供条件。所以说，无论BPO 关系有多么复杂，指导团队除了承担基本的监督责任以外，还必须起到整合作用。

选择与一家或有限几家接包商合作的企业可能会把不同的任务分配给不同的管理者或项目管理团队来管理，这时，指导团队的主要任务便是监督。

由于外包业务常常需要把某些流程的控制权或者关系维护交给第三方来处理，所以就会产生由谁来承担相关费用的问题，例如花费在人员、基础设施以及技术资产等事项上的资金。对于花费的是"哪方的资产"这个问题是很难回答的，但如果集中于特定业务上，回答就变得简单了。例如，与这个问题极其相似的一个问题是"接包方和发包方谁更容易获取及管理所需资产"；而另一个需要考虑的相关因素是：无论从规模还是创新目的而言哪个公司更有能力扩大资产投资。

面对应该选择哪家企业的组织文化及运营风格的问题时，我们首先应当从实际出发。我们既不能只采用政治标准，也不能只考虑采用一方或另一方所坚持的自己熟悉和喜好的文化。在离岸外包中，后一种情况尤为重要，由于工作日长度、性别歧视以及社会阶层的不同，很可能引起文化问题。当然，BPO发包方或接包方在进行外包活动时是不应该违反双方的法律法规及道德标准的。若要坚持把自己的文化标准或工作方式强加于人，那么只能产生负面的影响。

在选择采用哪家企业文化作为 BPO 项目的衡量标准时，我们应该时刻思考：哪种文化更有利于项目的成功实施？虽然回答这个问题并不那么简单，但是我们也已经发现一些关键的衡量和评估因素，它们可以作为我们选择时的参考依据。表 5 - 11 描述了某公司如何回答采用"谁的文化"的问题。

表 5 - 11　赋有权重的文化选择体系

文化因素	权　重
外包流程中的劳动个体主要来自于发包方或是接包方	0.05
与发包方客户的文化相近的文化	0.10
易于与其他文化形式相融的文化	0.15
最适于发包方应对竞争挑战的文化	0.20
能够提供长期稳定发展的文化	0.50

BPO 接包方应该直接向其发包方阐明在工作时应当采用"谁的文化"的问题，这是一个不容回避的问题。稳固的 BPO 关系必须认真地对待这种文化差异，同时还要更多关注其普遍的目标——业务流程的高绩效。当然，发包方在选择接包商时应该考虑本土接包商的有利地位。从历史情况来看，争论的问题主要集中在难以接受的劳工法律上。因此，正如《商业道德与公司治理》(The Ethics and Governance) 上所述的那样，围绕美国大量工作向国外转移的现状，这种由文化差异带来的问题目前已经变得越来越棘手了。

人们已经普遍接受这样的观点：企业可以通过外包业务来降低其投资成本。但是近些年本土工作的大量外流已经引起政界人士的关注，他们借机表现对选民的关心。这种关注的一个表现就是他们制定法律法规来限制离岸外包活动。例如，美国众议院议员 Rosa De Laura 已经提出一项法案用来限制 L-1 签证的签发，这种签证经常被企业用来将其国外的劳工临时召至美国进行培训。而这项法案就是把 L-1 签证的数量限制在 35 000 名（现在尚未执行）并且禁止那些在 6 个月前辞掉美国劳工的企业使用。当然还执行了一些其他法规。

BPO 关系成功的因素

我们提出项目管理结构应该在 BPO 生命周期的转移和维持阶段充分发挥作用。项目管理计划可以随着 BPO 生命周期的改变而改变。同时，我们需要采用一种系统而周密的方法来认真考虑这种变化。项目管理团队应该包含来自于接发包双方的成员，而且这些成员必须彼此接纳与信任，这样才能平衡各自企业的需求。这种平衡活动是有难度的，但并不是不可能。

虽然 BPO 接发包方之间建立的项目管理计划与双方签订的合同密切相关，但项目管理计划却不能仅仅视为一种合同。项目管理计划包含人与人之间、组织与组织之间的相互作用，而这种作用在合同中却不能简单体现出来。例如，为了能够通过 BPO 活动更加了解组织的战略利益，双方必须彼此信任，从而才能发挥双方核心业务的竞争优势。这就要求企业必须认真履行合同及服务水平协议（SLAs）中具体指明的交付情况、进度表、惩罚措施及补救措施等。任何一方都必须尽力去了解双方的竞争环境并在这种环境下运作企业，维持企业利益。这些都需要合作双方花费足够的时间与资源建立彼此信任的关系。但是要在合同中定义这种信任关系是非常困难的，事实上法律条款中所详细表达的观点与现实问题恰恰是相悖的。

如果建立 BPO 关系的双方想要获得超出合同中所述收益的更大利益，那么他们首先必须相互信任。信任关系可能会给组织带来更多的业务交易，并且产生一些新的、非预期的超出原有合同范围的收益机会。事实上，建立一种有生机的 BPO 关系就是要不断寻求新的方法，深化发展双方的合作关系，从而为彼此赢得更大的战略收益。

不同于传统买方与卖方之间的关系，我们必须从每一天的战略目标出发来计划与管理好 BPO 关系。在寻求共同战略收益时，接发包双方应该用其共同制订的项目管理计划来管理 BPO 项目并且完成项目的基本目标。

建立 BPO 信任关系的要素：

统一的愿景与共同的目标；

行为的一致性；

对方反应的预见性；

尊重对方的机密问题；

长期性、成熟性、持续性；

利益、目标的一致性；

相互尊重与理解；

预先的沟通与交流；

完善的系统及流程；

激励与参与；

共担风险与分享收益。

人们普遍认为，随着外包关系的变化，其适用的管理方法也在发生变化。例如，关注于 IT 职能的 BPO 项目的管理战略不同于关注人力资源（HR）的 BPO 项目的行业。但是无论企业的目标功能是什么，各种 BPO 管理战略总是有重叠的部分并且存在着一些通用原则。我们已经研究了数百个 BPO 项目的案例，并且查阅了一系列的大众文献和学术文献，想通过对这些资料的研究找到成功 BPO 关系的有效模式。研究表明，虽然在这些关系中没有任何两种关系是完全一样的，但一些影响因素的频繁出现足以让我们确定这些因素的重要性。因此，除了合作双方彼此的信任外，我们又提炼出影响 BPO 关系成功建立的 6 个因素：

（1）BPO 发包方必须了解与尊重接包方的利益需求。BPO 关系不能只从降低成本的角度来考虑，还要考虑其他影响因素。为了能够激励接包方持续不断地为发包方提供高质量的服务，我们必须同时考虑双方的利益。

（2）合同应该为服务水平协议的修正和调整制订一些条款。随着业务环境的改变，原有的服务水平协议可能不符合生产实践的实际情况，需要重新修正。

（3）发包方的责任应当清晰明确地表达出来。许多 BPO 合同清晰明确地表达了接包方的责任而忽略或缩小了发包方的责任。

（4）BPO 项目管理计划应当包含项目管理团队结构及成员变动的条款。尽管项目管理团队结构与成员变动不应该是随意的，但是成员间的摩擦与轮换是不可避免的。

（5）项目管理团队应当使用系统的问题识别方法与决策技巧。项目管理团队应当使用一种预防性的系统方法去解决关系处理中的问题，而不是在问题变得尖锐时才去解决。当然，这样一种方法必须是建立在组织内部相互信任与真诚对待的基础上。

（6）项目管理团队应该发展人与人之间的关系准则。这样的准则应该在组织内发展，并且指导项目管理团队成员对待彼此的行为态度。

BPO 关系与利润

合理的接包方边际利润能够维持外包关系长期稳定的发展。在外包关系中，任何一方都不应当追求一些不现实的业务优势。当然，外包应该能为 BPO 发包方取得经济利益。但是我们也必须记住，接包方也是一个企业，为维持生存与面对竞争它也需要进行盈利经营。工作的收益与报酬能够激励接包方为发包方提供所需要的服务，并且确保服务的质量与水平，确保双方都能获得新的合作机会，同时激励接包方以一种及时、积极的态度来解答客户的业务问题并且进行创新。如果注意力过多地集中在降低成本上，那么会形成这样一种外包关系，即接包方向发包方提供尽可能低的服务水平以求维持合同。如果发包方考虑使接包方也能够得到公平的利益，并且鼓励接包方进行利润再投资以扩大核心竞争力，那么这种现象就可以避免并且双方均可获利，同时还可使接包方为发包方提供更多的高水平服务。

条款的修正与调整

服务水平协议中的修正条款是重新评价与调整合同条款的有效工具。在 BPO 关系的合同体系中，具体化并执行一项基准条款能够为奠定服务水平、修复紧张关系或是根据新的业务或服务条件来调整原有条款提供机会。合作双方常常会由于合同要旨的激励不时地识别及量化需要调整的可交付服务。项目管理计划应该体现服务水平协议中任何一个发生变化的合同条款，并且根据实际需要执行这种变化。当然，这个事情做起来没有听起来那么简单。每一项变化都需要经过反复地协商与检验。按照其操作原则（这些原则可能包含投票准则、问题决议草案等）项目管理团队应该掌握所有的变化情况。例如，在陷入僵局时，我们有必要把问题提交给指导团队做最终决议。

发包方的责任

BPO 发包方管理外包关系的职责是外包关系管理中最容易被忽略的问题之一。企业往往倾向于以最少的内部资源来有效地管理接包方。BPO 发包方常常因为投入的资源过少而不能与接包方建立良好关系，或是因为进行关系管理的人员缺乏技能与培训从而不能建立成功的关系。如果发包方只把外包看做降低成本和减少员工的机会，关系管理就会变成一件困难的事情。同时，只从关键流程中挑选项目管理团队成员的做法是有问题的，因为选自这些关键流程的人员尽管在技术上是称职的，但是仍有可能不具备有效管理外包流程所需要的其他技能。如前所述，我们还必须关注项目管理团队中的非技术性的个人技能。

项目管理团队的变动

在紧张的 BPO 关系中，一方或双方的不良企图将成为建立成功 BPO 关系的一个主要障碍。在某些情况下，更换一些已对 BPO 项目产生敌意的或有个人偏见的团队成员是十分必要的。

项目管理团队也可以不时地更换除领导者外的其他成员。这使得人与人的冲突不至于发展为一个持续性的问题。同时，这种方法也能给组织带来许多新的见解，并且为建立有活力的 BPO 关系提供了更大的可能性。

系统的问题识别与解决

项目管理团队可以使用不同的方法对 BPO 项目的结果进行监督与评价，并且在服务水平协议中制订的衡量标准可以作为评价项目效率的起点。除此之外，小组定期地观察外部环境，以决定是否以 BPO 为基础的工作关系可以使合作双方产生战略优势。

许多 BPO 合作伙伴已经使用平衡记分卡来评估绩效，并为价值创造机会的探讨提供便利。引入了附加值的平衡积分卡使接包方能够明确合同中规定的价值以及明确业务需求与提供服务间的关系。

如果外包关系被破坏或是被曲解，项目管理团队的另一个战略就是使用"首要十大问题（top ten Issues）"方法。通过使用这种方法，项目管理团队在每次会议中将确定项目所面临的最棘手的 10 项事务。接下来的讨论将跟踪这些事务的进展，列出前 10 项关键性问题，并希望能够一一解决。这种针对前 10 项关键问题的方法需要大量的审查评价以确保这些事务是客观的并且能够用文件清楚地阐述它们。一旦合作双方对这前 10 项关键问题的性质及范围达成一致，他们便开始花费一定的时间去执行针对每个问题可接受的解决方案。项目管理团队的责任便是建立一定的监督机制，以保证接包方或发包方能够使用一定的方法来处理这些相关的问题。在任何一种情况下，我们的任务都需要一个高层管理人员来执行这些衡量标准、建立相关机制以及必要的流程以保证双方完成所期望的事务。

发展人际关系

工具和技术可以帮助我们监控外包关系和外包流程执行的程度，但这并不能排除接发包方建立信任的人际关系的必要性。表 5-12 提出了一些建议，以帮助企业与 BPO 伙伴发展良好的人际关系。

表 5-12　发展有效 BPO 人际关系的建议

完善一套促进联盟关系的方法
将出席项目管理团队的例会作为最重要的事情
当文化差异应用于权力和权威等问题时，一定要对文化差异予以宽容的态度
在安排项目管理团队会议的座位时一定要避免加深"我们对他们"的思想
在服务水平协议条款变化和合同延期问题的谈判上，一定要寻求双赢
要理解和正确评价对方的业务和竞争领域
轮番在对方的所在地召开会议，允许双方都能以主人身份进行服务

大多数发展人际关系的标准原则可以应用于 BPO 关系。离岸 BPO 关系更具有挑战性，定点的会议需要与会人员穿梭于世界各地，而今天的国际会议则可以通过远程会议的形式解决。远程会议技术可以降低管理离岸 BPO 项目的相关成本，然而接发包各方每年还应当参观对方企业至少一次以联络感情、加强人际和业务联系。

在人际关系领域中，最重要的因素是双方关系公共标准的确立，健康 BPO 关系的行为规范基于以下三个维度：

1. 柔性

是指双方随着环境变化而愿意做出调整的期望。

2. 信息互换性

是指接发包双方为彼此提供有用信息的前瞻性期望。

3. 融洽性

是指双方都高度重视彼此之间的关系，并要求双方的行为要以维护相互关系为指导。

员工被指派到项目管理团队去开展互动以使得双方相处融洽，在这一过程中需要花费一定的时间形成一套完善的行为规范。在团队管理中出现的最严重的错误是干涉指定规范，破坏自然团体小组的规范流程。在促进规范流程的初期阶段，项目管理团队需要经常碰面。项目管理团队应当试着把一些标准编入项目管理计划，还要认识到随着团队的成熟，这些标准需要随时改变和重写。

关系风险因素

虽然成熟、无缝的接发包方关系大都能强化外包的收益，但是外包关系的失败会导致消极、甚至可能无法挽回的后果。在商业文献中常有外包关系失败的案例，而且在未来几年中还会有更多类似事件发生。随着外包革命的到来，毋庸置疑的是很多新的接包商会进入市场，他们宣称拥有实际上尚未具备的能力和接单量。一些毫无戒心的发包方将会惹上麻烦，而且大量的资金也会随之付诸东流。

虽然控制 BPO 市场的发展之路是不可能的，但是组织者却可以控制与谁建立伙伴关系以及如何发展这种关系。通过分析研究大量 BPO 业务中接发包方之间的经验教训，总结出通常导致 BPO 关系失败的 7 个常见因素：

（1）发包方缺乏对外包的有效控制；

（2）文化背景的差异；

（3）BPO 合同缺乏灵活性；

（4）服务水平协议中相关指标及标准不详尽；

（5）治理不足；

（6）缺乏目标的一致性；

（7）缺乏整合。

发包方缺乏对外包的有效控制

承担外包业务的组织者必须要认识到外包并不完全是权力的让位，当一项活动被外包出去，发包方应当确定一个管理者或团队与接包方开展互动。当双方都致力于为彼此的战略和业务提供增值服务时，双方关系将会发挥最好的作用。然而如果发包方坚持完全控制整个被外包出去的流程，那么将有可能破坏受雇接包方提供满意服务的互惠关系。

外包关系的危机在于发包方不能对外包进行适当的控制。适当的控制应是这样的：为了完成合约要求的服务，允许给予接包方以有限的自由度，同时也不放弃阻止小问题扩大的权利。这是一种微妙的平衡行为，毋庸置疑的是它需要随着时间进行调整。举个例子，在合作关系建立的初始阶段，接包方会高度关注于高水平地执行任务，从而取悦新的客户。从这一点来看，发包方此时就不需要像后来接包方热情退却、执行合同完全是例行公事时那样用太多的精力控制双方关系。当接包方无意识地将执行合同作为例行公事，降低了内部监管的力度时，问题最有可能出现。前瞻性的管理方法将预计到接包方工作中的这种波动，同时建立具体的报告制度以阻碍这些变化。

文化背景的差异

发包方与接包方之间的工作风格以及文化的差异将导致严重的误解和不信任。组织文化被定义为执行的原则和规范，这些都具体体现在组织的政策、决策和行动上。当 BPO 发包方推出一个项目并与工作风格及文化背景都有很大差异的接包方开展合作时，问题就会出现，这些差异通常是可以协调融合的。问题是双方能否认识到这些文化差异并采取前瞻性的步骤来解决它们。

如果有一方或双方不能认真聆听或理解对方，接发包方之间的文化差异将会扩大，致使关系恶化。在接包商的选择过程中，发包方应该非常仔细地观察投标者能否认真地听取他们的需求以及他们能否提出一些尖锐的问题，使发包方意识到这个候选者由于文化差异会引发潜在的问题。如果接包方在被选择阶段不能认真地聆听需求或是无法提出关键问题，那么它应该尽可能的被排除。

当然，在选择接包商的过程中，不可能揭示所有的文化差异，有些只会在执行阶段显现。项目管理框架应当引导双方识别和发现由文化差异导致的问题。

BPO 合同缺乏灵活性

BPO 合同的设计必须具有足够的灵活性。这样才可以承受商业环境的动态变化以及此类合同式协议的内在压力。典型的 BPO 合同是在与技术、业务环境、人际关系等问题有关的关键假设上精心构造的。而这些假设却很有可能随着时间而变化。无论合同多么详尽以及条款多么完善，BPO 合同都无法预计发生的所有变化，尤其是处在一个动态的、全球的商务环境中。由于变化的不可预测性，随着时间流逝，双方不可能还沉醉于他们之间原有的合作关系。一个缺乏灵活性的长期合同，显然会增加双方不满意的可能性，而且会从负面影响双方关系。

一旦合同生效，就会诱使双方偏向关系局部优化，并且企图获得更多的利益，但这往往需要对方付出代价。减小这种诱惑的最好方式就是制订一个维持长期关系的合同，以及一个可根据环境的变化而进行调节的短期协议。合同中这种长期的规定可以清楚地说明双方的意图，而短期的服务水平协议可以随着单方或双方战略目标的改变而进行调节，包括标准和度量工具的改变。

服务水平协议中相关指标及标准不详尽

服务水平协议的详细说明衡量了接包方在整个 BPO 生命周期执行阶段的履行情况。这些都必须进行明确地定义，并有效地设计在合同中。这样可以使发包方以合适的方式将业务流程的控制移交给接包方。与服务水平协议相关的衡量标准表明公司能否得到他们所支付的服务。

很多企业意识到执行了多年的业务流程很难用精确的书面条款加以描述。然而，对于必须实施的流程执行方式的清晰说明，对确保接包方有效的执行是非常重要的。常见的是企业移交一项业务流程给接包方，希望他们提交与期望一致的服务，却没有提供期望的具体描述。

详细描述一项流程的工作是十分困难的。这需要涉及整个流程的所有人参与讨论，绘制流程图，清晰地说明可接受服务的程度和补救方法。大多数的企业都会发现，对于一个给定的流程，无论他们为接包方多么认真详细地说明期望，往往还是会有一些细节漏掉。另外，接包方并不能完全控制雇员，雇员中的很多人可能会单方面地认为他们接到的详细说明是可以忽略的。他们仅仅按照自己的方式工作，因为他们并不同意这些详细说明或是并不相信这些说明是更好的方式。认真构建的服务水平协议与严格应用的衡量标准可以确保积极的、富有成果的接包方实施水平。

治理不足

对关系管理没有给予正式的、有条理的和足够的重视往往会引发关系问题。人们往往充分关注遵守服务水平的层面，而很少关注管理和达成成熟关系的层面。团队在执行性文件——合同的关注和执行中要发挥司法和立法的作用，这一点是非常重要的。这里所谓的司法作用是指项目管理团队需要说明双方以怎样的频率共享信息和衡量执行情况，而且还需说明在未履行的情况下应当如何处理。

这里所提的立法作用是指项目管理团队应当完善和商讨项目管理计划的改变。这些进行中的流程应当由合同来引导，这样就可以保证在项目管理团队中充分发挥司法和立法的作用。

缺乏目标的一致性

如果业务流程外包双方在目标、利益上缺乏一致性，那么它们之间的外包关系有可能会破裂，原因是双方很难就各自的利益自发地达成统一。实际上存在很多市场诱因，就像我们前面所描述的那样，会促使合作双方在合同中达到局部的最优化。为了共同的目标，双方行动一致，这些行动包括投资时间和经济资源。而仅仅规定目标是远远不够的，双方必须通过行动来表明对目标的承诺。

当出现如下情况时，很多 BPO 关系会失败，那就是当一方意识到另一方并没有按其口述的目标行动或是没有以持续的面向目标的方式行动。这些现象可从两方面看出来，一个是缺乏对促进目标达成的新技术和创新的投资，另一个是缺乏从事共同发展项目的兴趣。当一方发现另一方并没有朝它既定的目标前进时，怨恨和其他消极的情绪就会滋生。如果接下来这种情况没有改变，那么这些消极情绪会腐蚀健康、持久合作的精神，从而导致双方的不信任。一个稳固的项目管理计划要求每一方不仅能口述它们的组织目标和对象，而且能表明它们将如何达成。定期更新双方目标和对未来的期望，可以非常有效地矫正在 BPO 合作关系中由于对方履行承诺的不确定而导致的担心与不信任。

缺乏整合

有效的 BPO 关系不仅是一个流程或基础设施的问题，而且需要文化的移植以及价值观和愿景的共享。信息技术的整合带来了独特的挑战，尤其是当业务流程被离岸外包。一般而言，那些曾经发起软件安装或硬件更换的人很容易将整合作为一个主要的挑战。由此看来，与 BPO 相结合的信息技术整合问题并非是独一无二的。基于以往与客户合作的经验以及经济上生存的愿望，大多数接包方甚至已经做好准备迎接数据和信息整合的挑战。BPO 发包方应当调节市场压力，使接包方承担大部分的整合责任和成本。

此外，还可以雇佣专门的第三方企业来负责异构数据库的沟通以辅助整合流程。发包方可再次将整合的成本负担设法转移给接包方。

BPO 产业带来的文化、工作方式、政策以及流程等诸方面的整合，似乎没有特定的科学性，但它呈现给接发包双方的却是巨大的困难和挑战。我们已经讨论过在 BPO 转移和运营过程中，项目管理团队应该思考诸如"谁的文化"及"谁的资产"这类问题。尽管这只是一些程序化的问题，然而由一种文化形态向另一种文化形态的转移必须要运用变革管理的策略。它所涵盖的内容都在第七章有更详细的讨论。这里，我们提到的仅仅是在 BPO 项目管理中常常被忽视的地方。忽视文化转移就如同忽视政策与程序转移问题一样，是导致 BPO 项目失败的一个主要原因。我们在第七章讨论的管理策略的内在改变可以帮助我们避免这些潜在的致命问题发生。

小结

由于任何潜在 BPO 项目的复杂性，接发包方关系只有通过持续地致力于双方预期的业务利润，才能得以控制。接发包方需要雇佣一位有能力的管理者或十分称职的项目管理团队，尤其是 BPO 生命周期的运营阶段。随着从国内移交服务到国际移交服务这一流程的转变，当双方的角色和职责明确时，合作关系就应开始实施。合同必须建立在业务目标实现的基础上，而且服务水平协议衡量了业务流程外包成功的重要因素。随着市场状况的变化，以及应对动态商业环境的服务外包移交策略的变化，接发包方关系和服务水平协议都会随之发展。

由于外包能够通过可量化的业务和策略价值，为公司带来更大的潜在竞争优势，接发包方关系以一体化的方式结盟是势在必行的。如果 BPO 的发包方不具备内在的能力去设计和执行一项有效的项目管理计划，那么就应该从外界的咨询机构寻求帮助，帮助建立一个项目管理模型以更好的应对外包项目。

呼叫中心外包有着各种各样的利弊。在外包日益普遍的浪潮中，提供商应该如何发挥自身的作用、降低组织外包的风险以最大程度的保证组织项目的成功实施呢？我们认为提供商应该做到以下几点：

专业化

外包提供商一定要体现行业领导者的特质。呼叫中心相对于其垂直行业（比如制造、金融、电信等）来说，是居于它们之上的一个产业。也就说我们是独立于任何一个垂直行业以外的一个专家产业。作为外包提供商来说，一定要是这个行业的一个领导者，然后才能告诉他人怎样做才是做好方案。每一个外包服务商都有机会做自己水平行业上的行业领导者，来帮助各个行业上的客户，使他们互相借鉴最佳方案以提高他们非核心流程的竞争力。而这些非核心流程的竞争力经过我们这些水平行业提高后，自然会更好地作用于核心行业的流程中去。这样制造者就能更好地专注于制造设计本身，金融行业人士就能更好地专注于金融，控制风险等等。

高质量

我们知道如果提供商的质量做得不好的话，由此带来的附加成本往往会高于外包成本收益。

这里面质量包含了三方面，首先是速度，做外包的速度是非常重要的；第二个是准确度，毋庸置疑，他也是质量的一种表征；第三个是生产效率，也是代表外包上好坏的标准，我个人更愿意把客户愿意看的成本节省放到生产效率里面来看。客户为什么愿意给提供商，就是因为提供商能带来更好的生产效率，比如说单人产出更高，担任专家知识专业度更高，单位产出更高自然就带来了成本的节约，包括我们在大规模人力管理的灵活性。

重规划

提供商必须对组织自身需要什么、问题在哪里非常清楚，从而能够协调好与客户之间长期的合作关系。同时提供商也要让手下的员工积极地参与到外包项目中去。比如，网络标准、软硬件协议以及数据库的操作性能等问题都需要客户方积极地参与规划。组织（提供商）应该委派代表去参与完成这些工作而不是仅仅在合同中提出我们需要哪些。

另外提供商必须保持对新技术的敏感，要想在技术飞速发展的全球化浪潮中获得任何一点优势，组织必须尽快掌握新出现的技术并了解其潜在的应用。提供商应该注意同类公司的技术简介、参加高技术研讨会并了解组织现在采用新技术的情况。不断评估组织的软硬件方案，并弄清市场上同类产品及其发展潜力。

呼叫中心外包合同的内容，主要包括以下三个方面。

1. 服务内容

服务内容就是规定哪些服务属于外包合同的服务内容，除此之外就不是服务内容。最好以明确的区分界面标明服务的界限，例如"我方负责提供 7×24 小时的远程电话支持"。这个界限明确指出提供商只负责电话支持，现场支持不属于此合同内的要求。

服务总要有内容，并不是因为提供商不愿做更多的事情，而是因为每一项服务内容表示承担一项运行的责任。不是服务内容却要承担相应责任，这是提供商最不愿意接受的结果。

2. 级别协议

服务级别协议就是提供商对所提供服务的服务质量所进行的承诺，建议在服务级别协议中按照服务质量中可以量化的指标进行规定，例如每年对坐席支持服务的客户满意率达到 95％以上，甚至进一步量化为对每一个事件在 2 小时内解决、年度解决率在 95％以上。

切忌使用模糊的词汇进行服务级别的阐述，例如保证用户坐席系统正常运行。

服务级别协议，是把外包从粗放型转向集约型的一种标志，什么时候能够按量计算用户对外包的使用、按质量评估外包服务的成本才是呼叫中心外包管理的根本出路。

3. 双方的责任和义务

这是每个合同中必要的内容，为了成功地进行外包支持服务，需要双方密切配合，严格履行相关义务，因为提供商所服务的对象与企业所服务的对象是一致的。

合同双方的权利与义务划分没有固定原则，一般要根据客户实际的状况来确定哪一方承担哪一块工作，例如对于外包支持服务的服务申请流程、跟踪反馈流程等内容一般由提供商来制定，但是一定需要由用户认可并传达。

另外，有一些内容在合同中不容易定义清楚，建议通过《附件》的方式，作为合同的附件。在《附件》中主要规定服务的范围定义，即服务内容、服务的人员组织结构、服务的过渡计划和服务的考核等内容。

我们都希望，正在进行的外包业务长期进行下去。如何保证外包合同的顺利进行？

首先，要注意合同管理。提供商如果在合同签订后将合同放在一边，将服务内容服务方式与合同的要求严重割裂，必然导致服务无法衡量的情况出现。虽然服务过程中有可能出现新的情况，有些与合同内容有了较大的变更，但是在这种情况下必须按照正规渠道进行合同的变更，使所有的服务工作处于合同的约定下，以免因为工作与合同发生出入，在遇到意外情况时使双方陷入尴尬的境地。

另外，作为企业用户，在与提供商签订合同时应当考虑加入一些条款，当提供商的服务质量在不同层次上时按照不同的条件付款。例如设立关于外包热线事故最高时限，当达到要求时如何付款，未达到要求时如何付款，严重未达到要求时如何付款。这样一方面明确了提供商的质量考核标准，另一方面促进提供商改进服务和管理质量。

其次，关注流程对接方面的问题。无论采用哪种服务管理思路，外包支持提供商的服务管理流程需要与用户的运行管理流程尽可能地对接，使外包支持管理流程真正成为用户的管理流程，被用户理解和接受。

企业要把外包支持工作团队作为自己运行管理一部分，注意在日常运营中与服务团队密切沟通，实时交流，这有利于提供商在所承担工作的角度上发表自己的建议和看法，从而建立紧密的配合工作状态，而不仅仅是站在合同的高度上作为服务与被服务双方各取所需。

最后，进行文化融合。企业和提供商属于不同的行业，可能有着不同的所有制和文化背景。但是，为了能够将服务进行到底，提供商有必要仔细研究用户的企业文化，在服务活动中注意尊重和靠近用户工作习惯，使用户不会产生疏远和陌生的感觉，如果再加上到位的支持服务以及不断提高的用户满意度，这些都是服务持续进行的重要条件。

一般外包服务合同的签署有三种方式：第一次签署多年的服务合同，每年进行总结；第一次签署 1 年，每年重新进行合同的谈判和签订；第一次签署 1 年，但在合同中约定，如双方无异议 1 年后合同继续执行。

无论是采用了哪种合同的签订方式，每隔一定周期例如半年或一年需要进行前一阶段服务的总结，寻找以往服务中不足的地方或者前面合同中已有变化的服务内容。只有这样，才能为下一年度的服务合同签署做好准备。

作为用户，考评提供商的一个重要环节就是提供商对新需求的适应能力以及对已发现的流程问题的修正和响应速度。成熟的提供商总能够不断调整服务的管理来适应用户需求的不断变化，也从来不会放过任何一次流程的变更和提高的机会。

在续签服务合同的时候，根据上一年度的服务质量，用户应该提出下一年度的SLA（服务等级协议）要求，在条件允许的前提下与提供商沟通，一起探讨下一年度服务范围和要求。

从媒体公布的外包合作项目看，呼叫中心外包商与客户签订的合作项目仍以业务流程外包（BPO）及信息技术外包（ITO）为主，如客服外包、电话营销、系统集成等。但值得注意的是，少数具有成熟运作经验的呼叫中心外包商其角色正在发生变化：向咨询顾问提供商转变，也就是说这些外包商在为客户提供具体的业务支持的同时还担当客户的"服务咨询师"，集运营服务、技术支持、咨询顾问于一身，这在呼叫中心外包商们自身的服务模式及服务内容中也有所体现，比如赛迪呼叫的PCOM模式，其在财险市场屡获佳绩。从客户角度讲，客户开始为呼叫中心的"咨询顾问"买单，这说明中国的呼叫中心外包市场无论是承接方还是委托方正在逐步走向成熟、层次区分日趋清晰。

案例说明

一、呼叫中心系统在电视购物中的应用

1. 电视购物呼叫中心建设背景

电视购物通过电视发布商品信息，利用电话联系送货上门，以"无店铺销售"模式而著称，具有独特的营销风格。电视购物迎合了现代人快节奏的生活方式。社会上有一类消费层次的公众，他们在选购商品时，不太愿意花费大量的时间和精力逛商场，因此"电视推介，电话订货，店员送货"的运作模式得到了这部分人的欢迎。消费者只要一个电话，就有人将你所订购的产品送货上门，大大提高了工作效率。由于电视购物缩短了生产和销售的中间环节，产品成本更低，利润空间更大，这种模式也很受商家的喜欢。

随着电视购物规模的不断扩大、行业竞争的不断加剧、营销成本的不断攀升，开展电视购物的商家对提高电话销售的成交率尤为关注。当电视媒体广告播出以后，如何抓住那些用大笔的电视媒体广告费吸引进来的消费者，就成为电视购物经营者关注的焦点，特别是呼叫业务大部分是波浪式呼叫，大量的业

务和信息来不及处理，仅靠现有的设备和人员使用普通电话的经营模式，已经不能满足现代电视购物行业的需要。北京致力于专业为电视购物行业打造 IP 呼叫中心系统，系统广泛应用于各种类型的直销购物公司。

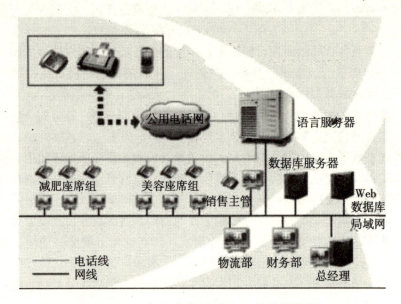

图 5 - 10　电视购物呼叫中心体统拓扑图

2. 方案简介

功能：

➤ 全国统一的 400/800 客户接入热线号码；

➤ 总部与各分支机构座席之间通讯零资费，大幅降低通讯成本；

➤ 客户资源管理系统（CRM）统一管理客户资料，提供来电弹屏功能，第一时间了解客户信息；

➤ 提供了强大的 IVR 自动语音导航、来电排队、ACD 自动话务分配、通话录音、留言信息、通话转移、通话保持、班长监听、呼叫代答、分机随行、营销外拨、网页 400 回呼等呼叫中心功能。

3. 功能简介

(1) 自动语音引导

• 以极其亲切的语言引导客户得到相应服务，避免了因业务员情绪等问题所导致的服务量的降低；

- 这些亲切的系统语音可以自己录制，也可以通过 TTS（Text To Speach）技术动态合成的语音信息；
- 本功能可以实现全天候 24 小时自助式服务。

（2）智能话务分配

- 如果用户首次打入客户服务系统，ACD 转接人工座席时是按人工座席的呼叫量转接用户电话（即找到接电话量最少的空闲座席）；
- 如果用户不是首次打入客户服务系统，ACD 会找到上次接该用户电话的人工座席，如果该座席人员在忙或未登陆则会转接到接电话数量最少的空闲座席上。

（3）来电弹屏

- 客户有电话打进时，系统会自动弹出电话号码及该客户的信息，包括客户姓名、通讯地址、以往消费信息等资料。转接客户来电给其他座席时同样支持弹屏，可以使每个环节都能第一时间了解来电客户详情。

（4）录音功能

- 自动录音：可以灵活选择录音的方式（需要时、总是、从不）及录音对象（来电、去电）；
- 自动播放：可通过话机、WEB 页面查询等多种方式播放录音文件。

（5）座席监控

通过监控功能座席班长和座席管理人员可以实时查看座席人员的工作状态，包括查看座席的在线状态、查看呼叫队列的状态、查看技能组的状态、监听座席的对话、控制座席的通话状态。

（6）主叫回呼

电视购物企业呼叫中心的特点是大部分呼叫是浪涌式呼叫，部分的业务可能来不及处理。为了避免流失潜在的客户购买，系统能够自动记录未能及时提供服务客户的主叫号码进行回呼。

（7）电话回访

坐席人员定期对客户进行电话回访，了解产品使用情况，收集客户资料，在客户关怀的同时了解潜在的商业机会。

（8）市场调查（满意度调查）

系统可以通过集中的外拨或其他形式对客户进行满意度调查，通过客户满意度调查加强企业与客户之间的沟通。发现产品或服务中出现的不足，了解客户对产品及服务的关注点，为企业改善产品质量提高服务满意度提供依据。也可以针对公众进行市场调查，明确产品的市场定位和目标客户群体，为调整产品结构和市场营销策略提供依据。

二、广电行业呼叫中心

1. 广电呼叫中心需求背景

随着人民生活水平的日益提高以及近年来广播电视数字化的全面推开，数字电视作为传统模拟电视的升级替代品，在资源利用方面由于数字电视的带宽利用率比模拟电视提高4至6倍，使得观众对数字电视节目有了更多的选择，输出的标准清晰度和高清晰度的电视使观众视听得到更好的享受。数字电视从根本上改变了传统意义上的电视流程，它直接面对的是终端观众，所有流程都以客户（观众）为导向，包括播出方式、节目编排、节目内容，强调服务上的互动。它改变了传统电视没有直接面对观众提供系列服务仅仅是你播我看通过收视率来调整节目的被动格局。数字电视的发展速度是美好的，数字电视正以不可阻挡之势步步深入百姓生活。如何使广大人民群众能够自发的参与数字电视，愿意为数字电视买单并且持续的买单？可以说做好产品的同时用服务弥补不足将成为数字电视的突破点。

数字电视为家家户户提供了一个集公共信息传播、信息服务、文化娱乐、交流互动于一体的多媒体信息终端。随着服务内容的增加、服务模式的转变，用户同广电部门的沟通也越来越频繁，同时收费的增加使用户对沟通的便捷性以及满意度提出了更高的要求。传统的营业厅窗口服务模式已完全不能满足用户需求。那么启用客户服务系统则成为服务用户、缓解矛盾、业务推广、创造利润，同时有效解决与用户沟通问题、连接广电部门与用户的桥梁。

2. 目前广电网络公司所面临的一系列问题

（1）老百姓对数字电视根本不清楚，在初次使用机顶盒及智能卡时对使用方法存在着比较多的疑问，但没有一个便捷的渠道来获得帮助。

（2）装上机顶盒可以看数字电视节目了，但开通的只是基本包的节目，还有一部分人希望能看到更多的节目却要到广电网络公司营业厅去办手续。这些人一般都很忙，没有时间去办，结果只能不了了之。

（3）好的节目推出后许多用户都不知道，没有一个很方便的方式来及时获取这些信息；而广电网络公司制作或引进好的节目需要花费较高的成本，推出后达不到一定的收视率的话对广电网络公司的收入影响会很大。

（4）碰到一些故障时，用户会有很大的意见。这些故障或许是设备的问题、或许是用户使用方法的问题，但用户不知道，只会抱怨广电网络公司，收钱比以前多了，还经常出问题。如果有一个方便的渠道，让用户出现故障后能马上联系广电网络公司、及时解决问题，用户就不会有这样的抱怨，相反也许还会感觉广电网络公司的服务好。

（5）对广电网络公司新推出的一些政策，用户想要了解只能到营业厅去打听，费时又费事。用户对这些政策也许有好的建议或意见或者对现有的服务不太满意但没有途径反映给广电部门，这样意见只会越积越深。

（6）数字电视业务作为一项收费性的整体平移工作必将对广电网络公司提出更高的要求，用户多花费了成本就会要求更好的服务，否则就会有怨言。同时，广电网络公司也将自己定位在提供信息服务的大型运营商，因此发展和建设都应该取决于如何更好地为用户提供满意的服务，满足用户的需求，在此基础上实行利润和自己的壮大。所以，如何更好地为用户提供便捷满意的服务是广电网络公司发展的重中之重。

要解决上述问题，建立一套适合自己企业的客户服务系统是一个行之有效的办法。客户服务系统在提高企业竞争力，树立良好企业形象方面作用重大，为稳定老客户、吸引新客户奠定了坚实的基础。

3. 广电网络公司建立呼叫中心的积极现实意义

- 通过信息共享，快速、准确的满足用户查询和申报服务，服务质量大大提高，由于准确、迅速地处理了客户需求，用户满意度极大提升；
- 便于建立用户专属的服务档案，建立人性化的服务体系，极大提升了客户满意度，进而促进用户忠诚度；也便于将来准确的产品营销；
- 整合电子商业工作流，简化了商业运作，促进企业管理；
- 开展增值业务：利用呼叫中心建立的庞大客户资料库，亦可进行电话、网络推销，提供市场调查，咨询服务等增值业务出租，产生较大的经济效益。还可以提供呼叫中心出租业务，为其他企业和政府提供服务。

4. 广电网络公司应用呼叫中心的服务优势

（1）第一时间为客户提供高品质服务

- 客户服务中心的客户服务代表均经过完善的技术技能、业务技能和服务技能培训，为客户提供第一时间的高品质服务。通过自动语音应答系统，能够24小时不间断地响应客户服务。
- 智能呼叫路由选择、基于座席技能的呼叫分配、屏幕弹出、电话屏幕同步转移等先进技术，为每个呼叫中心提供最佳的应答点，选择最合适的业务代表，提供最快、最专业化、一流的服务。

（2）提供标准化的服务流程和服务规范

通过统一的特服号接入，为家家户户提供业务咨询、查询、业务受理、故障申告、投诉、技术支持，主动呼出等各项服务。

广电客户服务中心作为广电客户服务系统的重要组成部分，严格按照广电网络公司所拥有标准化的工作流程和服务规范、严格的服务质量标准和全面的服务监督管理体系，采用统一的特服电话，实现统一的用户服务界面、服务功能和服务标准，树立统一的客户服务形象。同时，要把客户服务中心纳入统一的营销和服务流程，实现统一的业务处理流程，建立统一的服务流程协调、监督和管理，保证业务流程在各相关部门之间的快速、流畅传递，保障与客户之间始终保持最有效的沟通管道。

（3）最大限度地提高客户满意度

- 客户服务中心将客户反馈的建议提供给公司产品市场和决策部门，以供定制最合理的产品策略、为客户提供最佳的产品组合；
- 将客户的故障投诉以最快的速度通知技术维护部门，尽快处理突发问题，保障客户的消费权益；
- 定期回访客户，了解客户最直接的使用感受，为产品市场和决策部门提供数据，以供有效地调度资源，提高服务质量和产品竞争力；
- 客户服务中心的建成将极大地降低客户服务过程中的问题发生率，从而有效地提高客户满意度。

5. 广电呼叫中心系统

（1）系统概述

统一号码：以统一的特服号码接入；

统一界面：统一企业和客户之间的供需界面；

统一功能：统一热线的必备功能；

统一标准：统一热线的业务管理、业务处理和服务质量体系标准。

该系统利用广电网络公司现有的信息网络资源，将自动语音查询、短信服务、人工服务、互联网服务（如电子邮件、导航浏览、CALL BACK 呼叫回复、文本交谈等）、信息资料处理紧密结合起来，为客户提供全天候 24 小时不间断的优质服务，集中在一个统一的对外联系"窗口"。通过客户服务中心的建设，广电网络公司不仅可以更大程度的提高服务质量及工作效率，适应新形势下激烈的市场竞争，更可以体现出广电行业高科技特色、吸引众多用户，提高企业的利润，起到盈利性的目的。

（2）系统特点

- 应用软件实现业务平台和 CTI 平台的分离，实现广电业务功能和 Call

Center 支撑功能的分离；便于客户选择最适合自己需要的呼叫中心平台；

- 系统灵活的接口方式，可以和后台 SMS 系统、CM、模拟电视管理系统等其他整合，客户可以通过客服系统完成内部各种管理系统的应用整合，为客户和内部员工提供完整的工作流程支持；
- 业务平台采用浏览器、应用服务器和数据库服务器三层结构来实现，便于应用的部署和维护；用户可以大大降低系统的学习成本和维护成本；
- 采用应用服务器，便于应用在异构环境的实施，同时支持负载均衡和失败接管多种机制，保证系统的性能和可靠性；保障客户为用户提供 24×7 不间断服务；
- 提供业务生成环境，用户可以方便地定制新的业务和流程；保障客户能够根据市场的需要，快速地退出各项业务，在未来的激烈市场竞争中保持领先优势；
- 提供灵活独立的报表系统；各类员工可以以多种方式获得相应的报表。

6. 广电呼叫中心主要功能

(1) 主要业务功能

广电呼叫中心的业务功能主要分为业务咨询、业务查询、业务受理、故障申告、投诉与建议、技术支持、主动呼出服务等功能。

业务咨询

用户可以随时通过客服中心咨询相关内容，可以设置如下咨询内容：

- 广电开办的各项业务；
- 广电业务处理流程和规则；
- 申办各项业务的条件、手续、地点、收费标准；
- 服务时限及业务处理周期；
- 业务的性能、资费及使用方法；
- 营业网点及产品销售和维修网点；
- 客户使用广电网络业务碰到的各种问题；
- 根据实际需要可以很方便地维护更多的咨询内容。

在实际使用过程中，对于非常固定的信息可以录制成语音文件，用户可以不受时间限制就能咨询到要咨询的内容。

业务查询

实现各类业务的费用或业务资料查询。

- 客户可通过电话、Web、Email 等受理方式进行业务查询，如故障受理情况查询、投诉处理情况查询、技术资料查询、月结费用查询、月结清单查询、实时总额查询、实时清单查询等项目；
- 业务费用查询：包括上次缴费信息、下次缴费信息、申请业务费用信息等；
- 业务使用情况查询：用户申请的业务，有很多是有期限性的，通过客服系统可以清楚查询申请的业务的有效期以方便用户能够及时了解业务情况、采取下一步的措施、是否继续购买，有利于业务推广；
- 工单进展情况查询：用户向客服中心进行投诉、建议、障碍申告等活动时经常会发生还没有处理完、用户就已经等不及了，特别是障碍申告和业务投诉，所以提供给用户工单进展情况查询，用户提供必需的信息，比如姓名、内容等信息就可以清楚查询工单进展到什么程度。

业务受理

业务受理、预受理包括广电网络公司各项业务、业务申办流程、用户疑难解及新工程、个人用户、商业用户，数字、模拟、宽带等业务的预受理等。对于需要工程人员进行实地考察的申请，座席直接在系统上进行申请单的登记和派发；具体支持的业务类别包括：预受理、报装、开通、报停、开信号、拆迁、更名、私接和下网等等。

客服系统利用客户信息系统及后台业务系统，话务员可以直接在座席界面上受理业务、派工、查询受理记录及每项业务的执行状态。

故障申告

座席通过与客户的在线沟通获取相关客户及其故障信息；把故障数据录入到系统中。对获得的用户的信息进行更新维护；通过访问知识库查询各种故障的可能原因、处置办法、报修流程给客户在线解答；对需要安排工程人员现场抢修的故障，座席人员在记录客户和故障信息并保存后，由系统自动生成抢修工单并根据抢修工单性质和内容自动派单。

同时，对于非常紧急的故障，客服系统在进行派单的同时可以通过短信、电话转接等手段直接将用户与高级人员连通，由高级人员直接处理。

投诉与建议

投诉建议是客服中心极为核心的功能，通过投诉建议受理可以了解用户的想法，从而提高整体服务水平。接受客户对广电提出的各项业务及服务过程的投诉与建议，支持多种受理方式和回复方式。客户选择"投诉与建议"服务后，可以留言或选择直接由座席代表接听。

投诉主要包括线路质量投诉、产品质量投诉、服务质量投诉等。能当场处理的立刻转入答复流程，否则转入后台处理流程；在投诉受理时，需要进行重复投诉、二次投诉的区分。

技术支持

客户和经销商可以通过电话、手机、传真、WEB等各种方式提出技术问题，由受过专业训练的座席人员或技术部门以最快速度解答，通过各种通信方式回复客户，给客户留下专业、快速、方便的技术服务印象。

主动呼出服务

主动呼出服务是客户服务系统交互式功能的一个重要组成部分。它包括两类：一是主动向客户发出的服务费用信息；另一类是其他的公共或者个性化通知消息，主动或者应客户要求发送，主要包括费用通知、费用催缴、业务回访、自动语音通知、业务推广。

（2）业务管理功能

系统的管理功能负责系统平台和各服务功能的管理，保证平台稳定运行和各种业务的有效和合法。

①质量管理

- 服务时限管理；
- 服务差错管理；
- 服务稽查管理；
- 违章犯规管理；
- 质量分析；
- 话务员考核；
- 客户服务质量抽查；
- 客户满意度统计；
- 黑名单管理。

②综合统计

- 业务统计；
- 分类统计；
- 岗位日志；
- 统计报表；
- 客户服务统计；
- 话务统计；
- 工作量统计。

③运行管理

- 平台运行监测：能监控各项业务的处理情况；

- 能监控系统全部队列或者某类队列的状态；
- 能监控系统全部话务员或者某组话务员的状态；
- 能进行话务检查；
- 数据库管理；
- 系统参数管理：系统参数包括客户服务系统的数据库客户口令、应用程序的本地化参数设置；
- 安全管理；
- 权限管理：通过对客户进行分级别，分工位的管理来实现。

④数据维护

对客户资料进行管理，方便用户对自身资料进行维护。

⑤数据接口管理

- 信息提交；
- 信息查询；
- 数据管理接口。

(3) 系统增值功能

增值业务的开通使呼叫中心系统从成本中心向利润中心的转变，是具有资源优势的广电呼叫中心的发展趋势。同时，增值业务的开展的前提是呼叫中心已经具备了充足的资源、而且已经提供了高质量的客户服务。增值业务功能的多少可以反映出呼叫中心的盈利能力。

- 出租座席；
- 社会信息台服务；
- 电话代付业务；
- 预订业务；
- 代办业务；
- 代管业务；
- 咨询热线；
- 电子商务。

三、航空客户服务中心

1. 建设航空客户服务中心的意义

客户服务中心作为一种能充分利用现代通信手段和计算机技术的全新现代化服务方式，其最大的优点之一在于能让用户随时随地获得各种灵活便捷的服务，已引起越来越多人的关注，已被广大企业领导者、政府官员和专家所认识。

目前，国外几乎所有发达国家的航空公司都在利用基于 CTI（计算机电信集成）技术的客户服务中心来增强市场竞争力、扩大销售渠道、提高对商务旅客为主的常旅客和货主的服务能力、建立良好的公众形象。对航空公司来说，客户服务中心能扩大服务范围、扩大公司影响、减少营业费用，并且对稳固航空公司最重要的客源——商务旅客有着重要的辅助作用；站在旅客和货主的角度，航空公司提供的这种服务提供了更多的方便，能不受时间空间限制地享受航空公司提供的服务。

国内的航空公司处于迅速发展的阶段，其逐渐增加的机群和完善的服务为中国的经济建设发挥着越来越大的作用。同时，国家最近组建的 6 大航空集团公司与国内 20 多家地方航空公司同时并存，必将使得航空公司之间的竞争日趋激烈。配备一个安全、高效、灵活、可靠的客户服务中心系统对于航空公司加强客户服务质量、提高客户服务水平、扩展业务途径、维护公众形象、提高工作效率必将发挥重要作用。目前，北方航空大连公司、中国南方航空公司、上海浦东国际机场等均已建立自身的客户服务中心（呼叫中心）。航空公司客户服务中心的建设在国内刚刚起步，但是发展速度非常快。

可能有人会问，已经有了客户咨询电话，为什么还要建设航空公司客户服务中心？电话是最原始的沟通手段，而且电话有它不可弥补的缺陷。电话只是 1 对 1 的服务，如果有第二个人打电话进来只能听见占线的声音。如果访问量很大的话，没有多少人能真正得到专家的指导。客户服务中心针对这个问题进行了开发，只要有一台语音服务器就可以容纳至少 200 人同时在线，而且系统运行正常。

通过客户服务中心的建设，航空公司不仅可以更大程度地提高服务质量及工作效率，更可以体现出航空公司的高科技特色、吸引众多旅客，同时也可以利用客户服务中心多种多样的增值业务来提高航空公司的利润、起到盈利的目的。

可见，客户服务中心系统是各航空公司提高服务质量的良好解决方案，是航空公司客户服务体系中的重要组成部分。

因此，建设航空公司客户服务中心系统同时也是体现和提高航空公司领导业绩的一条捷径。

建设航空公司客户服务中心的重要意义：

- 改善航空公司服务质量；
- 创造和提升航空公司的品牌优势；

- 优化航空公司的服务流程；
- 开辟新的收入来源；
- 提升信息化的水平。

2. 航空客户服务中心系统的特色

(1) 多种接入方式

公司航空客户服务中心提供多种接入方式，如电话、传真、电子邮件、互联网、手机、短消息、网络电话等。这种服务周到、快捷、全方位，为客户与航空公司之间架起一座密切联系的桥梁。

该系统具有自动排队机系统，主要实现电话呼入、呼出功能，还需要提供自动呼叫分配 ACD 系统；呼叫管理系统，用于有效管理所有话务；支持 IVR；提供 CTI Link 模块作为计算机/电话集成接口。

(2) 呼叫智能分配和路由技术

自动呼叫分配（ACD）系统是现代呼叫中心有别于一般的热线电话系统和自动应答系统的重要标志，其性能的优劣直接影响到呼叫中心的效率和顾客的满意度。在一个呼叫中心系统中，ACD 成批地处理来话呼叫，并将这些来话按规定路由传送给具有类似职责或技能的各组业务代表，下文会详细介绍。

(3) 自动文本转语音（TTS）技术

作为语音关键技术的语音合成又称"文语转换"，即 TTS（Text To Speech），就是让计算机把文字"朗读"出来。语音合成技术追求的目标是计算机输出的"合成语音"清晰、可懂、自然，具有丰富的表现力。

(4) 其他系统集成

系统通过网关与已有航空公司内部各种信息系统、办公自动化系统高度集成，从而在信息化管理上实现了对航空公司内部资源和外部资源的有效整合。网关实际上是个应用软件，可以安装在数据库服务器或者一个已有的服务器上。

四、社区服务呼叫中心

1. 概述

21 世纪，人类社会将全方位、多层次地向信息化社会迈进，知识经济和信息技术将从整体上引导世界经济和人类社会发展的进程。信息化已成为世界经济和社会发展的战略选择，成为各国参与世界范围内经济、政治和科学技术竞争，进行综合国力较量的焦点。

　　信息时代的中国现代城市面临的将是全方位的信息化，中国城市信息化建设是国民经济和社会信息化建设的核心内容。城市社区服务信息化建设将成为实现城市现代化，推动城市社区建设、社会进步和经济振兴的基础工程，是推行政务公开、服务群众、造福居民、巩固党群关系、落实"三个代表"重要思想的具体表现。城市社区服务信息化建设以互联网、通信、计算机技术相结合、以信息技术为核心、以互联网为基础、以公众电话网为补充、提供迅捷的信息管理和 24 小时服务的集成系统，比单一的网络系统更具有无可比拟的快速、高效、适时、全方位的信息服务优势，社区管理信息化建设因而获得了高速发展。建设一个高效的管理整个城市的社区居民基本信息的综合性管理系统，并同时利用信息化手段完善社区服务体系，疏通市民与政府的沟通渠道，对维护社会安定团结持续发展，加强政府的凝聚力号召力，帮助树立政府良好的形象起到了积极的作用。

　　《中华人民共和国国民经济和社会发展第十个五年计划纲要》提出：推进社区建设是新时期我国经济和社会发展的重要内容，要坚持政府指导和社会参与相结合，建立与社会主义市场经济体制相适应的社区管理体制和运行机制。加强社区组织和队伍建设，扩充社区管理职能，承接企业事业单位、政府机关剥离的部分社会职能和服务职能。以拓展社区服务为龙头，不断丰富社区建设的内容，繁荣社区文化，发展社区卫生，美化社区环境，加强社区治安，完善社区功能。努力建设管理有序、服务完善、环境优美、治安良好、生活便利、人际关系和谐的新型现代化社区。社区综合服务网络系统建设是国民经济和社会发展的必然要求。国家民政部《全国民政系统信息化 2001—2005 年发展规划纲要》要求：以社区服务为龙头，建立社区综合服务网络系统。社区综合服务网络系统将通过热线电话、互联网查询、智能终端呼叫器、传真、PDA、移动通信等设备接受社区居民的服务请求，在传统社区服务手段的支持下，为社区居民尤其是低保对象、下岗失业人员、离退休老年人提供方便快捷的服务，并在互联网上整合民政、劳动、公安、卫生等38 个联动机构业务的统一的社区服务信息平台，为城市居民提供全方位的服务。

2. 系统的建设和系统的组成

(1) 系统建设

①社区综合服务中心（社区呼叫中心）

　　建立一个社区综合服务中心（社区呼叫中心）。呼叫中心是社区综合服务系统的中心据点，它以为社区居民提供综合性的多样化服务为业务目标，系统地协调现有社会资源，实现社会资源居民共享的目的。

②社区用户

社区呼叫中心支持传统电话、手机、传真、传呼、呼叫器、短消息电话、手机短信、PDA、E－mail、WAP、Web 等多种接入服务手段，社区用户可以自由选择接入设备来获取社区呼叫中心提供的各种服务和信息。

通过社区呼叫中心，可以让居民享受到信息时代足不出户，即可享受优先、优质、快捷的规范化社区服务。居民可以通过社区呼叫中心摆脱直接跟社会各机构建立单向联系的烦琐服务方式，并且可以从被动要求社会各机构为其服务，转换成通过第三方（社区呼叫中心）的推介，由各机构主动为社区居民提供服务，且活动在相关职能部门的共同监督下进行，避免了居民如在大海捞针似寻求服务机构的被动局面。

③社区服务联动单位

社区服务系统建议采用区级中心—街道—居委会（即社区）的三级系统结构，区级中心设在顺德鸿联的外包社区呼叫中心内，街道和部分社区分别设立网络联动系统，使基层社区能够真正地进入这个网络，并能够从中跨社区、跨街道获取资源，真正实现系统的网络化，实现信息共享和资源共享，实现社区服务的"五网合一"即公安网、医疗网、信息网、家政网、物流网的综合运行网络。

当用户向社区呼叫中心提出服务请求时（通过呼叫器、电话、短消息电话、手机短信等），社区呼叫中心收到这个信息后，会在整个区级网络内根据就近、方便、快捷的原则寻找相应的服务单位为该居民提供服务；针对用户非常紧急的急救和治安服务请求，社区呼叫中心接到后会直接通知相关联动单位；若服务内容与居委会相关，把信息转发到请求方当地居委会，当地居委会收到这个信息后，会立即提供相应的服务内容；街道中心作为居委会的服务监督和管理单位；社区呼叫中心作为整个网络体系结构的核心，除了承担着整个网络的运行维护和管理，还对整个服务体系承担着监督和管理的职能。

（2）系统组成

在整个社区网络服务呼叫系统的网络体系中，居民始终是体系的中心，真正体现了社区服务为居民的思想。整个体系的服务关系如图 5－11 所示：

系统由社区服务网络管理中心（社区呼叫中心）、网络服务联动单位、居委会网络站点、社区居民等组成。社区居民将所要求的服务信息向中心传递后，中心即刻受理申请服务，如果是直接能为居民提供服务的项目如信息咨询

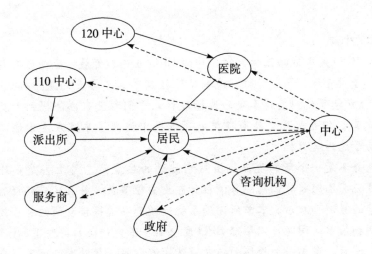

图5‑11　社区网络服务呼叫系统

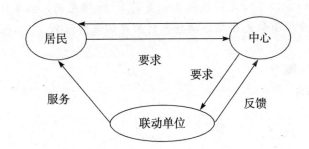

图5‑12　社区网络服务呼叫系统信息流程图

等,就直接为用户提供服务;如需要联动单位为居民提供服务的项目,即刻将信息打包转发到联动单位,联动单位接到信息后即刻为服务申请居民提供服务,同时向中心反馈处理意见。

联动单位包括120医务联动、110警务联动、家政综合服务商联动等,联动单位的服务质量接受居民的监督,居民可以直接就服务质量向中心投诉,中心将通过政府等监督部门解决存在的问题并反馈给居民。

其信息流程如图5‑12所示:

社区网络服务呼叫系统正是以上图所示的信息流动方式,为人们建设一个将居民端、中心、联动单位三部分系统的组合成一个三角的综合服务体系网络,其中以中心为基点,系统的协调联动单位与居民的关系。它的推出,大大提高了社区居民的生活质量、加快社区建设信息化进程。

本章小结

进行 BPO 是个战略选择问题，伴随 BPO 业务的开展，企业会有着来自组织机构、合同管理、团队合作、流程风险控制等各个方面的复杂模式与交集。无论 BPO 发包商使用怎样系统的选择过程，它们都没有办法找到十全十美的 BPO 接包商。但是如果发包商在接包商选择中使用了系统方法方法，那么一定会有助于达到其目标。

外包并不是一个新的现象，虽然它最近的热度让它看上去是如此。实际上，许多公司已经将它们的业务流程外包出去很多年，并且从外包经历中能够得到普遍的教训和启示。本章所述的系统地甄别和选择接包商的过程就来源于这些教训和启示，同时可以帮助 BPO 发包商在不失严格的条件下加速 BPO 生命周期。最后，遵循一个严格的接包商选择流程将会帮助发包商了解未知事宜并促使其选择一个能够成为真正战略伙伴的接包商。

通过系统的方法不一定能找到最完美的 BPO 接包商，但至少能让发包商避免因雇用一个没有做充分准备的接包商而产生负面结果。

关键词或概念

BPO 接包商

BPO 合同

服务水平协议

收费结构

定价模型

KPI 体系

简答题

1. 列出甄别 BPO 接包商的八个要素。

2. BPO 合同在起草、谈判、修改上应取得哪些法律支持？

3. 服务水平协议需要制订出哪些测评的服务水平和关键绩效指标？

4. BPO 合同中收费结构受哪些因素的影响？

5. BPO 定价模型中有哪几种定价法？

6. BPO 流程的管理包括哪几个级别？

7. KPI 体系流程的制定分为哪几个步骤？

编后记　再谈 BPO

　　提及 BPO，也许你"有耳闻"、也许你"无所闻"，但它已渐入人们的视线。人们似乎了解一些有关 BPO 浅显的理论，却缺乏系统、有效的讲解，在 BPO 逐渐成为大众关注焦点的同时，《BPO 基础知识》的编写以浅显、生动、形象的语言描绘、配合贴切的案例分析、加之图表、数据辅佐，旨在为学习者开启 BPO 之门，寄望于成为 BPO 从业人员及立志在 BPO 天地中大有可为的青年的有力指引。BPO 神话悄然上演，BPO 的未来期待你的参与。

　　故事案例：

　　国际知名 BPO 企业呼叫中心的首席坐席员莉莉这几天非常沮丧，刚参加完组长竞聘，结果是失败的。这个结果让她非常沮丧，为了这次竞聘，自己尽了全力去准备，在三年的客户服务工作过程中自己也一直在尽心尽力地工作。但依然失去了这次机会。这个结果让她陷入了茫然。

　　其实对这个结果莉莉是认同的，竞聘成功的王林确实在很多方面比自己优秀。她的沟通能力比自己强，不单单是对客户，对同事也是一样，哪个同事受了委屈或者有什么不顺心的事，经过王林的开导往往很快就解决了，自己也曾经被王林劝导过。还有，王林的工作能力确实很强，尤其是处理疑难投诉，很难的问题，到她手里轻松地就解决了。还有竞聘过程中的表现，王林一直镇定且有独到见解，而自己确实面对很多提问不知道该如何作答。

　　心里的认可并没有减轻莉莉的茫然，其实并不是一定要做组长。让莉莉茫然的是自己下一步该怎样发展？真的一直做座席员吗？座席员工作不是不好，其实这份工作很适合自己。自己喜欢这种工作性质，外表平凡但却可以得到一些乐趣，尤其是自己为客户解决了问题之后收到客户表扬后的那种满足感真的可以增加自己的成就感。同时，莉莉也能看到这个行业的前景。通过上专业网站和看专业杂志，她了解到，呼叫中心这个行业的前景非常好，尤其是在中国，其作用逐步为社会所认可，所创造的价值也越来越显著。并且这个行业其实是缺少一些素质高的管理者的。莉莉很愿意在这个行业中发展，作为初入社会的年轻人，她感觉自己找到了一个值得自己追求的行业。

正因如此，莉莉才更重视这次竞聘机会，她希望能抓住这个机会让自己得到进一步的提升。但事与愿违，失败的结果浇灭了莉莉的工作热情。她感到一种绝望，这次竞聘没成功，以后即便再有机会，自己就一定能成功吗？如果再失败怎么办呢？并且自己失败了，是不是说明领导对自己不满意呢？如果领导不认可自己的工作，那以后自己再努力是否也是枉然呢？还有，失败的结果会不会遭到同事的嘲笑呢？当初自己想参加竞聘的时候，好朋友芳芳就不赞同，她觉得老老实实做座席员就够了，当组长也够烦的，要面对那么大的压力，还要被员工质疑，到那时自己连朋友都失去了，何苦呢？而现在自己没听好朋友的劝告，这种失败大家会怎么看呢？

莉莉陷入深深的失望和茫然，也就失去了工作热情。作为一个 VIP 组的组员，今天竟然没有正确理解客户的意图从而导致了客户投诉，莉莉开始想退了，既然自己在这个公司得不到发展机会，那是否应该出去寻找其他的发展机会呢？她实在不想从一踏入社会之初就限定在了基础工作上，她需要得到提升，需要看到自己的发展道路。

管理视角——BPO 企业如何帮助员工规划职业生涯，找到正确的方向

其实，在 BPO 集团的团队中，类似莉莉的困惑往往普遍存在。即便 BPO 管理人员为每个职位、每次机会都给员工以公平竞争的机会，但毕竟管理者的机会是有限的，以有限的岗位对比庞大的员工队伍无疑会让一些有晋升要求的员工感到失望。更可怕的是，这种失望往往出现在优秀员工身上，因为他们对晋升的期望更高。

但是，作为 BPO 企业的管理者如果不能及时消除员工这种失望的话会导致员工工作热情降低，甚至会流失。这就需要我们帮助员工找到方向。

具体而言，很多时候 BPO 企业的管理者是要从战略和战术两个层面上进行修正，也许就可以获得完全不同的效果和作用。

在战略层面，必须思考企业将往何处去、将构建一个怎样的企业以及需要什么样的运作模式、什么样的人才梯队。这一步往往是许多企业省略的，员工的发展不是基于今天的企业去看未来自己的成长，组织的职位也不是以当下运作去设计和思考，而应该面向将来的运作效率提升、企业的发展作为基础来思考。许多企业无法设定企业的目标，仅以当下的人和事作为企业岗位和人才发展的素描，这是一个无关乎效率提升、人员发展的活动，正因为如此，在这样的体系下企业的干部不知道往哪里去，整体的人力发展、绩效管理、作业提升都不清楚，这样他们的下属又何能知道如何进行职业生涯发展和设计呢？

对于员工的职业生涯的发展，我们要问的是：CEO 将在未来 2～3 年成为什么样的人？2～3 年后企业将成为什么企业？将以何种方式和形式去运作？我们要问企业中层将会承担什么样的角色？将需要什么样的能力？如果在开始的时候没有这样的思考，接下来去展开员工的职业发展计划就会变成缘木求鱼、刻舟求剑了。

在战术层面上，我们必须完成相应的基础工作的设定，是什么去支持一个员工在公司高效地工作？从长远来看是职业发展，但从短期来看究竟是什么？同时长期职业发展匹配的企业管理体系应该是什么？若一个员工无法在企业中高效运作是他们无法正视当下的困难（无论是来自于工作、还是来自于环境氛围或管理压力），必须给他们将来的发展图景，这是讨论员工的职业发展生涯的逻辑和意义。

从战略和战术的角度看，许多企业以为用职业发展方法可以提高生产效率、提高员工向心力，而不是踏踏实实地完成 HR 最基础的工作，这样的热闹变革是无法获得所期望结果的。提高企业的运作能力的关键是提高管理层对问题的认知和思考能力，找到切实工作方向。这才是企业和员工都期望的长远发展的道路。

BPO 企业对年轻人的吸引力

在 BPO 行业中，每天发生的变化可以用"瞬息万变"来概括形容。作为公司来讲，除了老板任何人在任何时节离职都不足为怪，但是这其中不乏一些平时兢兢业业、不露声色的员工，他们或是业务的骨干分子、或是年久资深的忠实员工，对公司的日常运作起着基础性的稳定作用，他们的突然离职多少有点让人事经理和部门主管们措手不及。

尽管 BPO 行业中存在如此多的挑战，但 BPO 行业存在的机会仍使得 BPO 行业的工作充满吸引力，尤其是对年轻人，其诱惑力是 10 年期限内 50 多个不同的职业选择机会。

有许多例子说明在 BPO 行业的人发展更快。如果一个学生毕业后到 BPO 工作，另外一个 2000 年毕业的伙伴在制造业或银行做同一工作 7 年，那么很有可能的情况是从事 BPO 工作的这个人在薪金和职位上都比另一个人强得多。他们在 10 到 12 年内晋升为总经理（GM），而在政府部门则需要至少 25 年才能成为 GM，并且 BPO 里的 GM 的收入比政府部门 GM 的收入多两倍；没有其他行业能够提供如此多的角色。人们有充足的理由把它当做职业，而不仅是暂时的工作。快速的增长和高额的薪金涨幅让它成为最令人兴奋和最有前途的行业之一。这个行业轮岗用人并且给他们提供职业发展。这样我们就容易理解

BPO 行业的一个工作如何能在十年间开拓出 50 条不同的职业道路。最重要的是，这个行业可以宣称，员工在开始工作 1 500 天后就能得到 100 万美元的工资，并且已经有成千上万人实现了这个梦想。

BPO 神话给员工提供了发展空间

只有企业有发展，员工才可能谈发展；只有企业给员工创造发展条件，员工才可能有发展的机会；只有企业真正把员工当作主人，而不单纯是利益的创造者，员工才会有主人翁的精神，把企业当作自己的家，才会有归属感，在 BPO 行业的发展中，企业要真正认识到给员工提供发展空间的必要性。

一棵小树要长成参天大树，需要的条件不仅包括自身，也有许多外部因素。当然首先要求其自身没有问题，比如没有病毒，除此之外更大的问题来源于外部，比如土壤是否合适、温度是否合适、是否有充足的水分、是否有外部的破坏等。对呼叫中心的座席来说，也有类似的问题。当看到许多优秀座席离职后，企业也该找找自身存在的问题。存在问题的因素通常包括压力、薪资、环境、流程、管理等。

【案例分析】简柏特：卓越，从塑造人开始

6 年前，在中国的大地上，很少人知道什么是 BPO，一如那时很少人真正懂得 IT、互联网……9 年前，在世界的范围内，几乎没有人认识到起先只是着眼于节约企业成本的业务流程的外包操作居然可以发展成一个潜力巨大的"正经生意"并带动一个市场和行业的兴起，但是伊梅尔特（Jeff Immelt）这位睿智、极富前瞻性的长者、通用电气的掌门人高瞻远瞩并深谙其道，开始从 GE 大家庭内部培植其生根、发芽……

简柏特出现了。

从 GE 到简柏特

GE 是开跨国公司离岸服务先河的公司之一，8 年前，GE 第一个在印度建立为美国的金融业务进行后台支持（back-office）的服务中心———"通用金融国际服务公司"（GECIS）。后来，GE 相继在北美墨西哥、东欧匈牙利和中国大连建立了另外 3 家全球服务中心。

这 4 家公司按照区域分工明确。印度主要服务美国，墨西哥服务中心负责北美，匈牙利服务中心立足欧洲。而 2000 年建立的大连服务中心主要为 GE 在日本的非银行金融业务提供后台办公室的支持，包括数据分析、财务处理、IT 服务等。公司目前已经拥有 1 500 名员工，其中 67% 是具有大学本科以上学历的人才，除母语以外，掌握两门以上外语的人才已达 48%，其中有 28 人掌握了三门外语。

但随着 BPO 市场的迅速扩大，GE 已不仅仅把这块业务看作降低成本的工具了，而是以"正经生意"相看待。GE 全球将 GECIS 60％的股份出让给两家美国的风险投资商，从而引入外部资本将 GECIS 推向市场，开始在 BPO 领域拓展外部客户，简柏特集团由此产生。

走进简柏特，"Care People"（关心、珍视员工）的设计随处可见：为每人配备可 360 度自由旋转升降的键盘支架以供员工选择最舒适的工作姿势，为每个工作间配备电视每天例行播出健身操、眼保健操以督促员工强健身体，准备毽球、羽毛球等游戏工具以供完成任务小组间歇休闲……无论是哪种用心设计都清楚地折射出它的理念：员工是简柏特的最大财富。

从 13 人到 1 900 人

简柏特前身是 GE 的金融服务集团，当年的掌门人杰克·韦尔奇高瞻远瞩到全球 BPO（业务流程外包）业务将裂变为新的经济增长点，行业翘楚呼之欲出，大胆决定将其与传统业务分离，这一决定成就了全球 BPO 行业的领军者——今天的简柏特集团。

简柏特与中国结缘时间较短，从 2000 年在大连开始筹建亚洲服务中心的仅 13 人，到 2006 年已快速增长至 1 900 人，"而到 2008 年这个数字将是 5000 人"，简柏特大连有限公司人力资源总监李晶对此充满信心。虽然第一个在大连开展 BPO 业务，开始的生存环境里没有人才储备的基础，但她跑出了火箭的速度。规模呈几何级地增长，不久前又在长春开辟了"第二战场"，一边人员规模扩张，一边向外跑马圈地，其管理质量非但没有下降，反而蒸蒸日上，2005 年被业内评为 BPO 全球十佳杰出管理企业。

简柏特品牌虽然不像大众消费品一般众所周知，却是招聘市场上的领头羊，人才竞相争夺的雇主品牌。谈到这次"大连首届最佳雇主"的加冕，李晶坦言，没有什么诀窍或者捷径，公司一直以"Care People"为践行理念并溶化在日常工作中的方方面面，这种点滴积累让公司更了解员工需要什么，从而为他们的成长和发展提供更多的保护和更大的空间。

员工是最大的竞争力

作为行业的领先者，简柏特是如何保持服务和管理的高质量、让自己始终处于行业的前列呢？回答这个问题就不得不提到简柏特的文化价值观——"简柏特之道"，它们是：追求完美、以客户为中心和珍视员工（Care People）。

"无论是业务流程管理中的追求完美，还是以客户为中心的服务理念，最终都是由员工来实现的，员工是帮助企业创造财富最直接的桥梁，所以珍视员工是我们核心价值观的基础，"李晶说，"BPO 也是服务行业，只不过它的服务对象是企业。"

从成立之初，简柏特对于人的价值的理解就比一般行业企业来得深刻，所以一开始就把保护员工列为第一要务，简柏特对员工的呵护可以用"无微不至"甚至"溺爱"来形容。简柏特为员工制订全面的金融保障制度，除了为员工提供国家规定的必要保障外还为员工及其家人提供额外的医疗保险，制订了"储蓄计划"和"养老计划"，按照 1∶1 的比例，公司为参加保障计划的员工投入相应金额；除了完备的员工福利保障外，简柏特还聘请专门的环境健康监测员，设定每个工作间及会议室的容纳人数，从而控制空气中二氧化碳的含量，以保证员工的健康呼吸；出大价钱请专业的健身教练并配备电视等器材，办公室做"工间操"成为每天雷打不动的必修内容；为每个工作组免费提供绿色植物，并定期免费更换……这可不是某个领导的特权，而是每个普通员工都能得到的"享受"。简柏特"珍视员工"的理念，从这些周到的保障和细节中都得到了淋漓尽致的体现。

培训是杀手锏

无论是拥护者还是对手，都会惊讶于简柏特对于员工成长和发展不计成本的付出，卓越的培训体系不仅增强其人才竞争力，还使其成为 BPO 行业的人才发动机。

众所周知，简柏特的前身是通用金融国际服务集团，GE 的传统文化深刻影响着简柏特的发展。简柏特制订了一整套完善的培训体系，以促进员工专业技能的提高和领导能力的发展。李晶强调，我们广泛吸纳语言类的人才，对他们的专业技能进行在岗培训，使他们在业务技能上提高一个层次，使员工不仅是一个语言人才，更成为复合型的专业人才；我们还为员工提供再教育机会，如 MBA 教育、会计二学位教育等，使得他们自身在业务素质上有了显著的提高。除此之外，简柏特还提供各种语言培训、沟通培训、六个西格玛培训、海外培训等等，通过"简柏特大学"计划实现员工素质和技能的全面提高。最近，简柏特还启动了一项旨在把基层干部培养成中层干部的"GOLD 计划"，即 Global Operations Leadership Development，历时一年半，对有潜力的员工提供走出国门的机会，与其他国家简柏特公司的员工交流经验，沟通学习。"虽然对简柏特来说这是一项耗资巨大的工程，但是为员工的成长和发展创造条件和机会，我们不惜任何代价。"

简柏特告诉员工："选不选择简柏特不重要，重要的是选择一个强大的团体，这样才会有一个很大的发展空间，就是我们常说的'宁做凤尾，不做鸡头'。"正因为拥有了卓越的团队和完善的培训体制，对于实现"要做 BPO 行业里最优秀"的企业愿景，李晶充满信心，她指出，企业的发展主要靠人，人是基本，也是第一位的，而这正是简柏特的优势，因为简柏特能够培养出具有创造性和创新性的最优秀的员工。

HR 眼中的企业文化

相信大多数人都很感兴趣：在简柏特工作的感觉什么样？自由、舒服、充满活力成为每个简柏特人挂在嘴边的感受，而走在简柏特中只要稍微留意就可以捕捉到其每个细节所散发出来的文化魅力。就连办公场所的设计都是邀请清华顶级设计大师亲手描绘的：一进门便是一个无遮挡的空旷开间，直通楼顶，暖暖的阳光从通透的巨大屋顶玻璃直泻下来，休憩的员工来来回回，很难让人想到这是一幢办公大楼，却体现了简柏特追求完美的理念，即使建筑也追求实用与艺术的完美结合。

在简柏特你会感到从未有过的被信任，已经有过服务于四个雇主经历的李晶深有感触："这是简柏特与许多雇主的最大不同，从而你会有公平的发展空间，也会有很多意想不到的机遇和机会，我本身就是这样一种氛围的受益者。"谈到在简柏特的所得所感，李晶心怀感激："简柏特的培训对于一个人的成长是非常有益的，她不仅教给你知识和技能，给你提供提高的机会，更重要的是她帮助你完成从等着别人告诉或者不清楚未来职业发展，到如何确定及设计自己的职业发展道路，也就是帮你认清自己，从而知道自己缺少什么，应该从哪些方面弥补。"加入简柏特之前，李晶是一家日资银行的业务骨干，有着非常明朗的职业前途，但却毅然加入简柏特，从基层做起一干就是六年，在最初的两年被提拔了 3 次，"这让我意识到简柏特的发展渠道是畅通的，如果你是优秀的就会得到肯定，并会得到自我能力提升的机会。"两年的经历不仅使李晶坚定了在简柏特干下去的决心，同时下定决心让更多的人能够分享她在公司的经历，恰逢公司需要，李晶从业务部门转到人力资源部门。虽然公司少了一名业务骨干，却多了一个"员工在公司能够得到多样化发展"的活案例，激励着更多的员工奋发自强。

如今已成长为人力资源总监的李晶，对未来的职业发展仍充满期待，"在简柏特工作你不会感到厌倦，每一天都有新鲜感，每一天都是充满挑战的，作为简柏特人每一天都感觉到自己的成长，企业愿意为员工提供土壤，使他们成长，给予员工机会，提供养分，使得他们得以快快地长大"。这可能也就是别的企业常常面对人才流失，而简柏特却时常接受"人才回流"的原因吧。

打造行业第一品牌

更名之后的简柏特站在巨人的肩膀上，使得其起点就是要做世界一流。简柏特集团 9 年前从印度起家，目前已发展成为从事业务流程外包（BPO）领域最大的专业集团公司。全球拥有员工 2 万余人，分支机构 16 家。虽然塑造自主品牌时间较短，但一经推出就令业界振奋，在日前由 NeoIT and Global

Services 杂志组织的全球 BPO 业内最佳企业的评选中排名第二。

BPO 行业的服务对象基本上为跨国公司，对从业人员的素质和能力提出了很高的要求。而打造行业内的世界第一更要靠第一流的人才，那么，简柏特是如何赢得一流人才的呢？

简柏特"以员工为企业的最大财富"不是一句口号而是实实在在的行动。简柏特为员工的成长与发展提供培训，向各业务部门传播最佳实践、公司的举措以及学习的经验，传播公司的文化与价值观。简柏特深知，培训是一种投资，是一种双赢投资。员工通过培训可以提高自觉性、积极性、创造性，从而增加企业产出的效率和价值使企业受益，同时员工本身的素质和能力也在不断地提升，甚至一生受益。

在简柏特，培训早已成为员工工作中不可或缺的内容，甚至是员工最想得到的奖励。身边有太多的例子在告诉他们，这些培训对他们的自身价值提升起了至关重要的作用，并且这些为不同员工量身定做的培训在公司外无法享受到。简柏特的培训系统成体系并且有条理，给员工一种"润物细无声"的感觉，几乎每一位员工都能感觉到公司在努力打造自己。一位就职两年的员工说："这里像一所学校，它能给你一种满足感，让你不断地去追求，去突破。"说得没错，这里人才辈出，员工从来不缺少榜样，这里汇聚着顶尖 BPO 人才的目光，即使是那些世界一流的技术人员和管理人员依然可以在这里得到学习和提升。

简柏特在培训方面开展卓有成效的人才培养与发展计划。通过业务培训、六个西格玛培训、海外在岗培训、英、日文语言培训、会计培训、计算机技能培训、MBA/会计本科第二学历资助项目、项目管理培训、移管工具箱、新领导入门培训系列、工作技能培训（演讲、沟通、协调、面试技巧、辅导、非财会人员的财会培训等）、各种领导力培训（变革领导力、客户服务领导力、战略管理、销售领导力）等内部和外部培训全面提高员工的专业技能和综合素质。

培训不仅为了发展员工的个人能力，同时也与企业的发展息息相关。因为"人"在简柏特就是生产力，是能够直接创造价值的生产力，因为服务就是简柏特的产品，员工的正确性、生产性直接对"产品"的质量产生影响。正如简柏特全球 CEO Pramod Bhasin 所说，实现全球业务影响力的唯一途径就是不断培训和发展我们的员工。

创造自主发展空间

"简柏特"三个字在许多大学生心里与"快速成长"画了等号，就连已经工作了几年的老员工也依然对此赞赏不已。许多同行都知道，稚气未脱的职场新手经过简柏特的几年培养会成为技术骨干、管理者；刚刚走出校门的大学生在简柏特用不了几年的锤炼就可能会走上管理岗位……"你有多大才，我搭多大台"是简柏特给员工的承诺，也是公司发展的动力。许多员工都怀着一颗感恩的心，在简柏特为自己搭建的舞台上快乐地舞着。

简柏特为员工考虑得更多的是他们的职业生涯规划问题，为了给员工提供学习和发展的机会，简柏特会有意识地不确定他们的工作范围并经常扩大他们的工作范围，会给员工一个目标和时间并提供一些可利用的资源，然后对员工说："你们想办法看应该怎么做。"这种激励让员工不断地在面对挑战中完成自己的职业发展计划。

在开放的企业文化环境下，简柏特实行经理与员工双向沟通、分层制订个人发展计划的职业生涯管理，并为员工提供不同的职业发展路径，通过内部转职、轮岗和领导跨部门运作项目等方式提供员工多领域学习的机会。简柏特还为员工提供增强个人发展潜力的机会和各种支持。员工将有机会被派往其他城市或国外工作 3 个月至 1 年，了解不同的业务集团、参与跨部门的项目运作等，回来后将先进的方法和最佳实践和其他员工分享。

现在身为简柏特运营总监的曹润寰就是这种制度的受益者。在他眼里，简柏特能给予个人最大的发展空间和提升，能提供给员工发展所需要的工作机会与经历，帮助员工实现价值与能力的升华。而中途加入简柏特的王艳丽对此感受也颇深："在这里，你永远都是在学习，每天都有新的变化，提升和晋升的渠道非常畅通，不用论资排辈，只要你准备好，就会有机会。"

为员工提供多业务、轮岗等多种方式既开拓了员工视野，也搭建了更广阔的发展平台。做多种行业、公司的后台支持给员工也提供了接触多种行业以确定兴趣的机会。

人性管理，相互给予

BPO 是个知识密集型行业，其行业本身特点决定了它所需要的人才要"高技能、高素质、高品德"，培训和职业发展的不断完善使简柏特形成了"其他公司把业务流程交给简柏特，简柏特人把自己职业的发展和个人能力素质的完善交给简柏特"的共赢循环。然而简柏特的管理层仍然不断地问："如果我是员工，那么我还需要什么？"没有刻意地提出"人性化管理"，却营造出了包容的、国际化的、多元化的工作氛围。这里融合着来自全球各个地方的员工，包容着各种文化差异，汇聚着各类专业人才，但简柏特从容地表现出了那种来自实力的和谐美感。

在简柏特很难听到命令和指挥，很难看到紧锁的眉头和阴沉的脸，很难感受到国际 BPO 公司普遍存在的紧迫感和压抑，连必须遵守的制度都不教条。

BPO 业务的基本要求是客户信息的管理一定要严谨,简柏特没有不断地开会培训强调"保密性",而是在系统地培训后将各种"信息保密"的宣传画贴在办公区抬头可见的地方,对此,员工给予了更多的肯定,"这比一次次说教要有意义得多,我们现在都在遵守规则,因为上墙的制度已经给我们带来了潜移默化的影响。"

简柏特大家庭的温暖

温馨的"家庭活动日"让老人、孩子和所有参加者来有所得,充分体验到 Genpact 大家庭的温暖;在参加软件园和高新园区组织的各项运动性活动中屡创佳绩,可谓名声在外。为了丰富业余生活,针对公司年轻人多的特点,公司组建了一些兴趣小组,如篮球协会、足球协会、排球协会、毽球协会、电影协会、图书协会、集邮协会、钓鱼协会、乒乓球协会等,把兴趣相投的员工集中到一起。

过节的时候绝对热闹:到过节的时候,有的公司十分冷清,职员们都回家了,而在简柏特,这个时候却异常热闹,员工们的热情、一家人的感觉和公司的快乐平台为节日的狂欢点燃了激情。员工不是简柏特的工作机器,而是合作伙伴和知心朋友,关注员工的生活为简柏特赢得了更多的来自员工的真诚和给予。

"制度上墙":"保护客户隐私"的张贴画挂在墙上最抢眼的地方,似乎在告诉所有走进来的人:"隐私"在简柏特是守则中的"重中之重",无处不向员工透露着这个信息。就连坐落在大连软件园内的银灰色 6 层简柏特办公大厦外部也没有任何简柏特的标志,这种低调与神秘跟 BPO 后台业务的性质紧密相关。

简柏特通常会委婉地拒绝外部的参观活动,避免客户的业务和资料外泄。简柏特大连按服务对象不同而将办公区进行了物理分隔,其中任何一个分隔区域的工作人员都无法进入另一个区域。总之,杜绝"泄密"!

每天两次的广播体操:员工的身体可是简柏特"革命"的本钱。一定要给员工一个健康的工作环境和氛围。每个工作区配备有线电视,提供每天两次的眼保健操及健身操广播,并且还将"自助工间操"的示意图也贴了出来,健身重要,科学健身更重要……简柏特真是太无微不至了,在每个办公区设置绿色植物,并特别为 TM 区域配置了桌面盆栽,绿化环境更有利于员工的健康。另外,简柏特还为员工配备了可以调整角度升降的键盘架,可以有效保护员工手腕、肩背健康……简柏特为员工做得太多了!

不止办公桌可以个性化:看看这些员工的办公桌就可以知道简柏特的管理风格。员工们乐意把办公桌装扮得靓丽,上班时心情也会不错。这些"扮相"

迥异的办公桌给整个办公区带来了丰富的色彩和青春的活力。要知道，简柏特人的平均年龄只有 27 岁，当然，办公桌只是简柏特提倡员工个性化发展的一个缩影。

内部招兵买马张榜：这么多职位辐射了多个职位层次和多个部门。在简柏特，只要你有能力，就有机会！这种内部招聘经常组织，将招聘职位罗列在通知牌上，设置在最醒目的各个办公区入口……在开放的企业文化环境下，公司十分注重员工的个人职业发展，倡导每个员工自主规划个人的职业发展，公司为其提供增强个人发展潜力的机会和各种支持。

人性化管理也上墙：简柏特办公区里的墙面可不简单，它对管理的作用不可小觑。人性化管理不能只嘴上说，看看这幅张贴画——对房间温度、邮件管理、保安保洁、前台等不满意？想了解申请文具、名片、推桶的流程？想咨询行政政策？桌椅、复印机、传真机坏了怎么办？现在可以马上得到解决了，简柏特再次告诉员工：员工的事没有小事。

温馨茶水间：这里是员工休息聊天、吃工作餐的场所，提供了包括咖啡、茶叶、糖和植脂末在内的一些饮品；简柏特还为员工准备了广告板用于交流，事情不论大小，板上交流方便多了；供员工打私人电话的电话机、冰箱、饮水机、微波炉甚至急救箱、针线包都一应俱全，而且公司饮水机定期消毒，并对送水人员也要求提供健康证明……也许连你都没有想到，但简柏特已经为你准备好了！

这就是简柏特：一个崇尚诚信为本、以员工为最大财富、倡导"褒奖德才兼备、培养精英人才"的人性化公司；一个让员工作主自我发展、并为员工提供多种语言和全球化的工作环境及完备卓越的培训和发展机会，帮助员工充分发挥潜能，从而实现员工与公司共同成长、共同发展的国际化舞台。

BPO 企业的未来[①]

BPO 自创建伊始发展到现在一路辉煌，但未来情况怎样？是否会继续前进？前方是否有风险？我们在这里就 BPO 的未来做个简要的归纳。

人们一致认为，未来五年 BPO 市场会以 30% 到 40% 的年增长率持续增长。到 2015 年，市场收入超过 200 亿美元。其中大部分份额即 100 亿美元以上来自于知识流程外包（KPO）或高端业务。这个行业雇用的员工将超过 150 万人。我们说的这些数字是指在未来五年，这个行业将是过去七年产量的三倍。这是个巨大的成就，世界上没有其他的行业可以匹敌，现实情况是我们只

① Robert C. Feenstra, Gordon H. Hanson. Globalization, Outsourcing and Wage Inequality. The American Economic Review, Vol. 86, No. 2：240 - 245.

有 10％的全球 BPO 市场份额。

这个梦想推动了每个公司的发展策略。多数公司将重点发展广阔的非语音业务。纯粹的语音公司正和低收入、高人员流失艰苦搏斗，把交易流程行业看做是盈利更多、范围更多的榜样。

我们预测的依据是我们从行业领导那里听来的信息以及我们观察到的全球趋势。我们曾和这个行业的领导、顾客、分析师和咨询师谈话，然后来到 15 个业务出货方向核实。我们所有的预测将在未来五年得到验证。

70—30 规则：

成功的大型公司 70％的业务是非语音业务，30％是语音业务。这反映出了全球的发展趋势和外包业务规模。今后五年大型 BPO 公司的年收入将超过 10 亿美元。我们预测五年后至少有 BPO 公司将达到这个经营规模。其中 30％到 40％为有机增长，其他是通过非有机增长。

在总年收入 10 亿美元中，30％语音业务的收入达到 3 亿美元。这个数额巨大。语音业务的成本不一定低。高端技术支持和诊断呼叫中心业务有保险费率，而且这个费率必须比交易流程活动的要高。

80—20 规则：

期望越高往往收获就多。我们看看 IT 市场，TCS、Wipro、Infosys、Satyam、Cognizant 和 HCL 这六个大公司的年收入占了全球 IT 产业总年收入的 80％以上。今天六家最大的 BPO 公司却只占不到 25％。BPO 的趋势想反映出 IT 的趋势。顾客交易在增多，他们和大公司打交道感觉舒适且安全。

大公司容易扩大规模。最初 BPO 行业的茁壮成长使一些企业家一夜暴富，但今天的市场慢慢地不为他们控制了。IT - BPO 联合经营似乎已成趋势。尽管 IT 的顾客界面（首席信息官 CIO）和 BPO 的顾客界面（顾客服务，首席财政官 CFO 或者经营团队）不同，世界 500 强的大型公司正在提出总体外包项目提案的联合要求。这提前给 IT - BPO 公司提供了优势。

劳动力套利不再是个区别，公司都专注于通过最优化获利，有咨询部门的大型公司会继续盈利。咨询加上深入的专业知识将帮助顾客实现这个愿望。

自营公司的成本结构比第三方公司高出 40％。第三发的规模和份额要比自营公司大。当前 50％对 50％的比例将变为 70％对 30％，这对第三方有利。

共享服务中心：

共享服务不是专为一个客户服务。它利用培训的人力为同一行业的众多顾客提供服务。结算公司就是个例子。共享服务中心在欧洲做得很成功。

交易流程的共享服务中心发展迅速。它受业务驱动而增长，以保持生产力和利润。如果给一个顾客做应付账款工作，员工每天最多做五到六个账单，占他两三个小时。共享服务中心业务的例子还包括管理工资单和所得税的公司返款或者后端律师工作、权益和公司调查。

这个工作的基础是让你的团队分为多工种来确保任务动态平衡。通常来说如果顾客着急，你给员工分配最大的工作量。在业务不忙的时期，生产率会下降。共享服务中心要跟许多顾客打交道，以交易为基础来定价。

共享服务中心领军的尖端业务都是每个公司差不多的基于规则的流程操作。这有助于建立第一层的计算业务。多数共享服务中心有跨国公司建立，为了避免泄露机密信息的麻烦。但是这一领域也有大型的第三方公司。

对于顾客和服务提供者来说，这是个双赢的业务，顾客会看到成本下降了15％到20％。

全球中心：

成功的 BPO 要覆盖全球。大宗的生意不仅是 IT - BPO 联合业务，也有跨国业务。来自微软或通用电气的一个 RFP 可能需要合作者在 50 多个国家用 25 种以上的语言提供服务，必须要求每个大陆都有 BPO 公司存在。

作为起点，公司必须在中国、东欧、南美和墨西哥都设立中心。随之我们会看到 BPO 公司的全球化。西班牙语是除英语外最常用的语言，至少 24 个国家在使用，墨西哥和阿根廷这样的低成本国家有了更多的机会。

一体化将出现，我们看到更多外国人在经营。由 Evalueserve 做的一项研究表明，到 2010 年，许多外国人国外媒体报道所吸引，来到这个被越来越多媒体称为充满活力的国家。还有什么方法比到 BPO 工作能更好地定居下来、了解这个国家吗？这个经历写在履历上也是看起来不错的。

BPO 行业主要在三个特殊领域招聘外国人——培训、交易、移民手续和质量管理。

要接受一个过渡程序，培训是必需的。母公司/客户派来一个人进行 6 个月到 1 年的培训，而不必送 150 人到国外。这些员工从上班第一天就能发挥作用，公司节省了这比培训费用。这些雇员得到工作的机会并且有机会了解这个国家。有许多国外的年轻人把这看做是在飞速发展的外国的一个带薪假期。

就地安置：

IT 公司至少 30％到 40％的收入来自现场营业额。而对于 BPO 公司而言，100％的收入来自离岸营业额。这个情况即将产生变化，员工提升的市场很广阔。

20 世纪 60 年代和 70 年代的人才流失为 80 年代和 90 年代向外包业务提供了基础。最初签署外包合同是基础对公司经理的信任，他们曾在美国大公司里表现出色。

全球的 BPO 员工队伍庞大——这些公司不仅开展员工提升课程，而且许多特聘顾问把 BPO 员工放到国外作为业务模范。公司也有机会在美国小城镇开设商店。

交易平台：

交易流程空间的多数工作都是按照规定进行的、重复性的工作。这可通过一个平台自动进行。未来的比尔·盖茨会提出节省人力的新方案，让按照规定进行的工作通过平台完成。

在 HR，BPO 公司已经看到这个潮流，工资表、401K 和其他的收益正在由平台策略推进。

工资泡沫可能破碎：

工资泡沫可能破碎。随着产业合并与新员工入行要求提高，BPO 产业的工资将有一个合理化的过程。年收入提高 30% 到 40% 将成为历史。行业很快会意识到那样的定价会把他们挤出市场。

人员流失会减少：

随着行业的成熟和主要公司品牌的确立，这个行业的人员流失率将降低。它不会达到 12% 到 20% 的 IT 公司的流失率，但可控制在 30% 到 40% 之间。人员流失降低会促进竞争率的提高。

现在非语音业务的人员流失不到 30%。非语音业务占 BPO 市场的 75%，这将有助于整体流失率的下降。临时工、兼职工和居家办公的观念会广为接受。这部分的流失率很低。

大型公司发展快，任期内的雇员职业发展迅速。BPO 工作将开始变成多种职业的选择 ——特别是对那些为了满足人才的野心而向小城市扩张的 BPO 公司。

这个行业将成熟起来并且朝着解决草根问题而努力。它将完成降低压力的现实的业绩目标。左翼和工会将对实现大量员工工作条件的现代化提供建设性的指导纲领。这些都会使压力降低，人员流失自然就减少了。

几家公司为了实现上层市场更高的转化率开始做了一些工作，这些工作将会见效。完成学业、改革后的大学课程和 BPO 集训中心与课程将有助于成千上万人加入新员工队伍。所有这些措施都将使人员流失率降低。

BPO 城市会出现：

包含办公室、住房、宿舍、购物中心和医院的综合性镇区/经济特区（SEZ）将出现。这将是出行和通勤的时间降到最低。将出现在二、三级城市。这些甚至可能在像 Gujarat 的 Anand 和 Karnataka 的 Manipal 的大学城。BPO 将允许学生来做兼职工作并给他们支付学费。与行业经营时间一致，这些城市将实行 24×7 的工作时间。

20 世纪 60 年代联合钢铁厂在 Rourkela，Bhilai，Durgapur 和 Bokaro 成立时使用过相似的观念，发展过综合镇区。这帮助推进了当地的经济。在 Metro Manila 已经有无数的开放商，他们已计划建立镇区。

临时工将出现：

全球 BPO 行业 40% 的员工是临时代理商处招聘来的临时工。代理商招聘、培训和部署人员。如有人员流失，他们的责任是提供替代力量。我们刚也看到一些自营公司也在尝试这个模式。一家主要的跨国银行新近成立了一家 RFP。这家 RFP 的一项条款就是员工减少时服务商有责任提供替代人员。主要的 BPO 公司也参与竞争。这是条明智的动议，我们希望这个趋势能被更多地效仿。

不仅临时工，招聘流程外包（RPO）很快也会成为成本效益方案，可预测出公司招聘员工的数量。外包的基础集中在核心能力上，公司现在为了满足员工的需求花费了大量时间。除了临时工外，我们还看到居家办公的人数增多。良好的通讯设施为此提供了便利。这个做法始于美国的航空公司，他们的尝试取得了成功。

对 IT 工具和技术的投资：

公司将需要对 IT 系统大量投资。企业资源规划（ERP）、人员管理（WFA）和数据存储工具对公司管理全球员工和消除主观性很有必要。人力成本降低，这些工具的成本会自动回来。

自助服务、预测工具和远程诊断将帮助公司更快速地解决顾客问题。随着 3G 宽带 CDMA 的普及，今天的语音电话很快会变成可视电话。随着影像交流更加便利，顾客服务的方式将发生彻底变革。

不要忽视国内市场：

管理大型的 BPO 业务给你更高的席位利用率，并帮助你分期偿还基础设施的花销。这个道理不容质疑，但为什么没有落实却是个谜。公司都在争取提高底线，所以和让员工周六加班或者每天工作 10 小时相比，他们更愿意采取这样的革新方案。

通讯公司和银行正在达到全球从业者的经营范围和规模。顾客将需要最好的服务。考虑到成本，工作将转移至小城镇和三级城市。

居家代理商：

居家代理商是指那些利用自有时间在家工作的个人，他们的报酬依据完成的交易量来支付。他们不是全职人员，也不是临时工。据最近的统计数据，仅美国就有 10 万多名为不同公司工作的居家代理商。Jet Blue 是几年前新建的一家航空公司，其票务代理就采取这种模式。据说连必胜客都有大量的居家代理商。

这种模式很简单——个人注册并提供电话号码。根据他们所在地区的邮政编码拨去电话。如果电话响了两次无人接听，就会接到下一个代理商那里。代理商一旦接听电话，他们就完成了一个简单的工作，像接一份订单或预订一个座位。

国内 BPO 行业的居家代理市场开发潜力巨大，这不仅限于呼叫中心业务，也包括交易流程业务。

员工数据库和认证：

软件服务公司全国联合会（NASSCOM）正在致力于设立一个 BPO 员工中央数据库和一个通用测试，用来作为所有 BPO 公司的选人标准。这将在时间和选拔成本上简化选人程序。

连锁反应：

服务于这个行业的生态系统将发生彻底变革。许多母公司的经营范围和规模将扩大。如果 Hertz 或 Avis 为迎合 BPO 市场开展汽车服务业务，我们不要感到惊奇。由小汽车、卡车甚至公交车组成的综合交通系统将为某一城市的所有 BPO 公司开展业务。这带来了资源的充分利用。在 BPO 公司办公地点所在地，他们将在各条路线提供 24×7 的服务。

由成千上万的公司分散进行的招聘和培训将统一起来，由提供 BPO 和监管方案的头脑清楚的行业领导进行管理。2007 年 IT/BPO 招聘市场超过 100 亿卢比（2.5 亿美元）；到 2012 年将拓展至 300 亿卢比（7.5 亿美元）。评估和背景调查等相关服务将成为支持招聘行业的诸多行业。

风险与需求的新领域：

坚挺的货币支持会影响边际利润。货币增值会使边际利润受损，行业专家称这个趋势无法阻止。经济发展和基础设施投资需要大量的外国直接投资（FDI）。自由市场改革和 FDI 在多个领域的准入将帮助 BPO 市场未来 5 至 10 年达到 9% 到 10% 的增长率。这将带来货币的继续增值。

多数 BPO 公司的边际利益在 9% 到 15%。这将随着货币增值而降低。顾客不太热衷于通过提高比率来帮助弥补这个亏空。大型 BPO 公司还能应付，而 100% 依靠美国市场的小型 BPO 公司则将难以生存。看到这个趋势，许多更小的公司已经开始出售，而这又将加重这个趋势。政府没心情去关心这个行业并且提供安慰和支持。他们还有其他更严峻的调整——农业问题更重要。

新兴国家的出现：

如果中国采取得当的举措，未来将在 BPO 空间有迅速发展。训练有素的员工、得力的政府支持加上强大的基础设施使它成为一项颇具吸引力的事业。中国的成本结构灵活，英语技能的欠缺将限制英语联络中心的发展；交易流程行业将是中国大有可为的行业。邻近的韩国和日本也将从这些发达国家获得业务。

构建平台：

通过人力和规则完成的事都可通过平台来执行。一些专注于此的高智商人才将成为下一个微软或谷歌创始人。市场的规模足够大，能让每个人来关注并找到正确的方法。自动化是对 BPO 行业的最大威胁。智能自助和预测治疗可以挤垮整个技术咨询业务。自动语音回应系统已被美国多家航空公司使用。

在这本教材编写结束送到同学们手中的时候，我们希望你们知道一个数字，据估算，IT 和 BPO 公司创造的财富是高得惊人的。

我们正在谈论的是可拥有成千上万亿美元的一件事。

参 考 文 献

1. 詹晓宁，邢厚媛．我国承接服务外包的战略思考［J］．中国对外贸易，2005，(2)：4～5

2. 亚太总裁协会，国际外包中心．2008 全球服务外包发展报告．中国网，2009～01～09

3. 江小娟．服务外包与中国服务业发展．北京：人民出版社，2008．

4. 苏敬勤，孙大鹏．资源外包理论与管理研究［M］．大连：大连理工大学出版社，2006

5. Kim Wu, Ellen Weber. The Impact of Process Standardization on Business Process Outsourcing Success, Information Systems Outsourcing. 2010：527～548

6. 李灿强．基于业务模型的服务编排技术研究［D］．北京：清华大学出版社，2009

7. 褚博洋．我国发展服务外包的战略选择［J］．合作经济和科技，2009，(02)：42～45

8. Biswajit Nag. Business process outsourcing：impact and implications，Bulletin on Asia-Pacific Perspectives 2005，(2)：1～6

9. 陈秀莲．服务外包，机遇与挑战并存［J］．大经贸，2007 (1)：21～39

10. 温晓红．国际服务外包发展趋势及其对中国的启示［J］．福建财会管理干部学院学报，2008 (1)：1～22

11. 刘宁．通过国际并购快速推进 BPO 业务海外拓展．中国外资，2010，(4)：21～26

12. Fagan Sen, Michael Shale. From business process outsourcing（BPO）to know ledge process outsourcing（KPO）：Some Issues［J］．Human System Management，2010，25：145～155

13. 王燕妮，李华．欧美服务外包（BPO）的发展模式分析及启示——基于承包商的视角．科技管理研究，2008，(3)：18～24

14. 华德亚，董有德．承接跨国公司服务外包对中国服务业发展的影响［J］．商业研究，2008 (1)：19～22

15. Gabriela Kennedy, Douglas Clark. Outsourcing to China - Risks and Benefits［J］．Computer Law & Security Report，2008 (3)：250～253

16. 任彦辉．BPO 运作过程及其潜在问题分析［J］．山西财经大学学报，2008，(04)：

28~29

17. 张继焦. 价值链管理. 北京：中国物价出版社，2008

18. 李平. 浅析业务流程外包的标准化. 广东省标准化研究院. 标准科学，2009，（5）：32~33

19. 唐宜红，陈凡. 承接离岸服务外包的国别环境分析 [J]. 国际经济合作，2007，（4）：38~41

20. 赵楠. 印度发展服务外包模式探析 [J]. 当代亚太，2007 (3)：57~83

21. 2010 年中国服务外包企业 BPO 业务最佳实践 TOP20. 中国外包网

22. 朱晓明，潘龙清. 服务外包：把握现代服务业发展新机遇 [M]. 上海：上海交通大学出版社，2007

23. Yongmin Chen, Jota Ishikawa, Zhihao Yu. Trade Liberalization and Strategic Outsourcing [J]. Journal of International Economics，2009 (7)：419~436

24. 黄建锋，崔荣燕. 服务外包兴起与中国的对策分析 [J]. 南通大学学报（社会科学版），2009 (06)：127~132

25. Robert C. Feenstra, Gordon H. Hanson. Globalization, Outsourcing and Wage Inequality. The American Economic Review，Vol. 86，No. 2：240~245